融生教育
二十年的探索

岭南中医药文化进校园的实践

王丽玲　郑思东　谢晓婷　孙　静 / 著

中国纺织出版社有限公司

图书在版编目（CIP）数据

融生教育二十年的探索：岭南中医药文化进校园的实践/王丽玲等著. -- 北京：中国纺织出版社有限公司，2025.3. -- ISBN 978-7-5229-2583-7

Ⅰ.R2-05；G637

中国国家版本馆CIP数据核字第2025MY1257号

责任编辑：李凤琴　　责任校对：高　涵　　责任印制：储志伟

中国纺织出版社有限公司出版发行
地址：北京市朝阳区百子湾东里A407号楼　邮政编码：100124
销售电话：010—67004422　传真：010—87155801
http://www.c-textilep.com
中国纺织出版社天猫旗舰店
官方微博http://weibo.com/2119887771
北京华联印刷有限公司印刷　各地新华书店经销
2025年3月第1版第1次印刷
开本：710×1000　1/16　印张：16
字数：220千字　定价：65.00元

凡购本书，如有缺页、倒页、脱页，由本社图书营销中心调换

序一
赏真光融生教育之美，
探中医药文化校园传承之韵

中医药学包含着中华民族几千年的健康养生理念及其实践经验，是中华文明的瑰宝，凝聚着中华民族的博大智慧。作为一名中医药教学工作者，我深知中医药文化对于中华民族乃至全球健康事业的重要性。当《融生教育二十年的探索：岭南中医药文化进校园的实践》一书呈现在我眼前时，我怀揣着对中医药文化传承的深切关注，仔细研读了这部著作。

真光中学将岭南中医药文化融入校园教育的多维探索与实践，无疑为中医药文化的传承与发展开辟了新的视野和路径。在科技迅猛发展与全球化浪潮涌来的今天，中医药文化面临前所未有的挑战与机遇。真光中学以其实践成果，向我们展示了中医药文化不仅可以在校园中生根发芽，而且能够与现代教育体系相融共生，展现出强大的生命力和创新力。

书中详尽介绍了真光中学在中医药文化传承方面的点点滴滴。从特色课程的开设、研学活动的组织，到中医药知识在学科教学中的渗透、德育管理中的应用，再到学生社团实践活动的丰富多样，真光中学的多维实践为我们展现出一幅生动的中医药文化传承画卷。这种将传统文化精髓融入现代教育体系的做法，不仅有助于培养学生的健康素养和创新能力，更能激发他们的文化自信和民族自豪感。

在阅读过程中，我被书中那些生动而具体的案例深深吸引。例如，"中医智慧屏"的引入，让学生能够通过现代科技手段直观了解自己的体质特征，感受中医药文化的科学魅力；又如，"岭南中医药文化研学课程"的开发，通过项目式学习的方式，让学生在制作凉茶、药膳，实地考察中医药馆等活动中，亲身体验中医药文化的博大精深。这些案例不仅展示了真光中学在中医药文化传承方面的创新实践，更为我们提供了宝贵的经验和启示。

真光中学的成功实践，让我深刻认识到中医药文化在校园传承中的巨大潜力和价值。中医药文化不仅是一种医学体系，更是一种蕴含丰富哲学思想、人文精神和道德伦理的文化形态。将其融入校园教育，不仅能够培养学生的健康观念和行为模式，更能够潜移默化地影响他们的思想品质和道德情操。这对于培养具有民族情怀、创新精神和社会责任感的新时代人才具有重要意义。

此外，书中通过丰富的案例和翔实的数据，展示了岭南中医药文化在学科教学中的渗透以及在学校德育管理中的应用成果。这些成果不仅证明了中医药文化在现代教育中的可行性和有效性，更为我们提供了实践经验和理论支撑。它们告诉我们，中医药文化的传承与发展需要创新思维和实践探索的支撑，同时，也需要社会各界的广泛关注和支持。

作为一名高校的中医学教师，我深感自己肩负着传承与发展中医药文化的重任。真光中学的成功实践让我看到了中医药文化传承的希望和未来。我相信，在不久的将来，会有更多的学校加入中医药文化进校园的行列中来，共同为中医药文化的传承与发展贡献力量。同时，我也期待更多的教育工作者能够关注和支持中医药文化的校园传承工作，共同推动中医药文化在现代社会的创新与发展。

在此，我要对本书的编写者表示衷心的感谢，并致以崇高的敬意。他们以高度的责任感和使命感，深入调研、精心编写，为我们奉上了一部内容丰富、思想深刻、实践性强的佳作。这本书不仅记录了真光中学在中医药文化传承方面的宝贵经验，更为我们提供了一个观察、思考和创新的视角。我相信，随着这本书的广泛传播和深入影响，将会有更多的人关注中医药文化的传承与发展，共同为中华民族的伟大复兴和世界人民的健康福祉贡献力量。

全国优秀教师、国家岐黄学者、广东省名中医、南方医科大学中医药学院

中医骨伤学科带头人

序二

在教育发展的道路上，每一次改革都如点亮一盏明灯，指引教育实践的方向。在广州市荔湾区政府和华东师范大学的支持下，荔湾区教育局与华东师范大学基础教育改革与发展研究所合作成立了"广州中心"，为荔湾教育注入新的活力。

作为"广州中心"的实验学校，广州市真光中学一直走在教育改革的前沿。在"双新"背景下，如何高质量实施中小学课程改革，成为基础教育面临的重要任务。真光中学开展的"岭南中医药文化进校园"项目，正是对这一任务的有益探索。

"岭南中医药文化进校园"项目持续开展了二十余年，在对这个项目深入了解之后，我深感真光中学师生对传统文化的热爱和对教育创新的追求。他们不仅将岭南中医药文化引入校园、引入课程，特别是充分挖掘其中的德育资源，与学校的德育工作紧密结合。

中医药文化蕴含丰富的哲学思想、人文精神和道德理念，如"天人合一"的整体观、"仁心仁术"的医德观等，这些都是对学生进行道德教育的宝贵素材。真光中学通过讲座、志愿服务、开设校本课程等多种方式，将中医药文化的德育元素融入学生的日常生活，潜移默化他们的思想观念和行为习惯。

在此基础上，真光中学还将岭南中医药文化与项目式学习、跨学科教学等教育方式相结合。学生们围绕中医药文化的主题，自主选择研究课题，进行深入探究。这种学习方式激发了他们的学习兴趣，培养了他们问题解决的能力、团队协作能力和创新能力。

同时，跨学科教学的运用也让这一项目更加丰富多彩。真光中学将中医药文化与语文、历史、生物等学科相融合，让学生在跨学科的学习中更全面地了解中医药文化，促进综合素养的提升。

在和项目组成员进行对话过程中，我提出了一些意见和建议，也见证了项目的不断深化和完善。项目组成员勇于尝试新的教育理念和方法，为岭南中医药文化的传承与发展开辟新的路径，也为学校的德育工作注入新的活力。

本书是对真光中学岭南中医药文化进校园项目实践成果的总结。它不仅记录了项目的实施过程和宝贵经验，还展示了真光中学在教育改革道路上的勇气和智慧。这本书的出版，将有助于推动中华优秀传统文化在校园的传播，让更多学生感受中医药文化的魅力，也为学校的德育工作提供新的思路。

同时，我也希望这本书能成为"双新"背景下中小学课程高质量实施的一个参考。项目式学习、跨学科教学等教育理念和方法，是当前教育改革的趋势。本书的出版和传播，有助于更多的学校和教育工作者了解这些理念和方法，并将其应用到教学实践中，为中小学教育质量的提升贡献力量。

展望未来，希望真光中学能继续秉承教育创新的理念，勇于探索和实践，进一步挖掘岭南中医药文化中的德育资源，为荔湾教育乃至全国教育事业的改革发展贡献更多智慧。我也期待"广州中心"能继续发挥平台优势，汇聚更多教育力量，共同推动荔湾教育的发展。让我们携手共进，为培养具有深厚文化底蕴、创新精神、实践能力和良好道德品质的时代新人而努力。

唐汉卫

华东师范大学基础教育改革与发展研究所学校德育研究中心主任
教育部基础教育教指委中小学德育工作指导专委会副主任委员

序三
教育是静待花开的艺术，
文化传承更需代代耕耘

中医药文化作为中华优秀传统文化的瑰宝，凝聚着中华民族几千年的智慧结晶。如何让这一文化瑰宝在青少年心中生根发芽？如何将中医药的智慧转化为现代教育的养分？是时代赋予教育工作者的重要课题。真光中学的实践始于三个核心追问：其一，如何让中医药文化自然渗透于校园生活，而非成为学生的额外负担？其二，如何激发青少年对中医药文化的深层认同，使其转化为健康生活的自觉实践？其三，如何在学科壁垒中开辟路径，让中医药文化的哲学内涵与育人价值深度交融？

这些问题的答案，藏在"融生"二字的智慧中。"融"为融入、融通，是方法与路径，强调文化沁润、学科融合与资源融通；"生"为创生，是目标与价值，指向文化创生、主体生长与生态构建。"融生"教育理念是融合学科知识、传统文化、传播主体、推进路径，创生出系统化课程、项目化活动、健康化生活，实现主体有益发展、路径有力推广、文化有效传承的教育理念。

一、实践探索：从萌芽到辐射的历程

1.萌芽期（2003—2008）：以草木为媒，播撒文化种子

一切始于校园中的一草一木。2003年广州市中学生物教学研究会和广州市青少年科技教育学会联合举办"广州地区常见中草药植物识别比赛"活动，真光中学成立"校园中草药植物研究"社团，师生共同踏勘校园，辨识药用植物，建设开放式"百草园"。2004年秋，这一实践被提炼为校本课程；2008年12月，校本教材《真光校园中草药植物研究》正式出版。这一阶段，岭南中医药文化以生物学科为起点，通过劳动种植、科学探究与艺术创作，悄然扎根于

学生的日常学习活动。

2.发展期（2009—2014）：跨学科融合，构建育人体系

2010年，时任校长荀万祥发表论文《煲一锅"德育"靓汤》并积极倡导，真光中学以岭南中医药文化为纽带，开启从单一课程向多学科融合的深度探索。语文课上，学生以药膳制作为题撰写过程性作文；历史课上，岭南医家故事成为理解地域文化的窗口；德育活动中，"中医十六字箴言——作息有序、饮食有度、生活有趣、心中有数"被提炼为健康生活准则。学校将中医药元素融入"运动节""科技节"等学校重大节庆活动，逐步构建起以"文化沁润、学科联动、践行体验"为核心的育人体系。

3.成熟期（2015—2019）：学术深耕，辐射区域

2015年起，项目团队申报多项省市课题，学校成为STEM教育基地，与南方医科大学中医药学院、白鹤洞社区医院等机构合作，为课程注入专业力量，学术成果丰硕。2019年，"STEM教育理念下《真光植物地图》的开发与实践"获得广东省青少年科技创新大赛优秀科技实践活动"二等奖"，标志着中医药文化与现代教育理念的成功嫁接。

4.辐射期（2020—至今）：数字赋能，构建文化生态圈

2021年，"探中医奥秘，品岭南瑰宝"慕课上线，融合AI体质检测、云端研讨与线下实践，学员除广州市真光集团学生，还有广州各市区以及省外的学生。微信公众号"岭南中医药文化进校园"吸引全国32个省市地区的粉丝，单条推文阅读量超过2.5万次。二维码植物挂牌让药用植物成为"会说话"的文化媒介。学生社团"岭南中医药文化弘扬社"构建"1+N"的志愿服务项目，以"弘扬岭南中医药文化"为主题，提供若干项岭南中医药文化宣传进课堂、进校园、进家庭、进社区的项目化志愿服务活动，推动文化传播从校园走向社会。2024年12月，学校承办荔湾区教育系统教职工健身气功、八段锦比赛，吸引1500多人参与。这一阶段，"融生教育"突破地域限制，形成"课程—活动—社群—媒介"四位一体的文化生态。

二、成果凝练：融生理念下的多维创新

岭南中医药文化进校园经过22年探索，成果丰硕，其核心可概括为"三个创生"。

其一，活化资源，创生文化传播媒介。校园内200余种中草药植物经科学识别与数字化改造，成为跨学科教学的活教材。学生制作的药膳视频、作文美篇、绘画作品等，通过二维码挂牌与公众号传播，让草木之灵跃然于云端。

其二，打破边界，创生文化传播路径。从校本课程到慕课平台，从社团活动到社区志愿服务，岭南中医药文化通过"校园—家庭—社会"三级沁润生活。学科融合更开辟了独特的教育范式——生物课认种调查、历史课追溯医史、语文课书写药香、化学课解析本草、劳动课种植栽培……知识在文化脉络中焕发新生。

其三，培育主体，创生文化传承新人。项目直接惠及4万余名学生，真光学子报考医药院校比例达全省平均水平的1.6倍。更可贵的是，学生从文化的接受者转变为传播者，在健康管理、志愿活动中展现自信担当。

三、反思与展望：让文化之树常青

回首22年的探索实践，我们深刻认识到传统文化教育绝非简单的知识灌输，而是价值观的沁润、生活方式的塑造与主体精神的唤醒。实践中，我们亦面临挑战：如何建立更科学的评估体系？如何深化"校—家—社"协同机制？如何应对数字化时代的文化传播变革？

未来，我们将以"融生教育"为基石，推动三大升级：一是从"体验式学习"转向"深度学习"，挖掘中医药文化与现代科学的融合；二是构建"跨学科教研共同体"，促进教师文化素养与教学能力的同步提升；三是扩大"文化生态圈"，通过"一带一路"中医药研学等项目，让岭南智慧惠及更广人群。

教育是静待花开的艺术，文化传承更需代代耕耘。本书不仅是对22年实践

的总结，更是一份面向未来的倡议书。愿每一位教育工作者都能成为文化根脉的守护者，让中医药文化在校园中生根发芽，让"自信健康人"的种子播撒四方。

谨以此书，致敬所有为传统文化教育倾注心血的同仁，并献给每一位在百草园中探寻生命奥秘的少年。

2025年3月3日

目录

第一章 "融生"教育的思考 001
一、"融生"教育的内涵 002
二、"融生"教育理念形成的背景 003
三、"融生"教育的实施原则 004
四、"融生"教育的特点 005
五、"融生"教育的价值 007

第二章 岭南中医药文化及其传承 009
一、中医药和中医药文化 011
二、中医药文化的主要内容 012
三、中医药文化在中华传统文化中的地位和作用 014
四、岭南文化与岭南中医药文化 020

第三章 岭南中医药文化进校园的意义和价值 035
一、岭南中医药文化进校园的教育意义 036
二、岭南中医药文化进校园的教育价值 037

第四章 岭南中医药文化进校园的实施路径 043
一、文化传播与中医药文化进校园 044
二、岭南中医药文化进校园的实践模型 048

第五章 "探中医奥秘,品岭南瑰宝"岭南中医药文化研学课程 061
一、课程开发背景 062
二、课程性质 063
三、课程理念 064
四、课程目标 064

五、课程内容　065

　　六、课程实施　066

　　七、课程实施效果　071

　　八、课程测评工具　075

第六章　岭南中医药文化与学科教学的融合　085

　　一、品读经典，将中医药文化融入语文教学　086

　　二、融通中外，将中医药文化融入英语教学　099

　　三、德法并蓄，将中医药文化融入思政课堂　102

　　四、博古通今，将中医药史辅助历史教学　106

　　五、传承千古人文，将中医药文化融入地理学科　111

　　六、生生不息，将中医药文化融入生物学　113

　　七、化生万物，将中医药文化融入化学教学　118

　　八、注重实践，将中医药文化融入体、美、劳教育　120

第七章　中医药文化与学校德育相融合　131

　　一、中医药文化与中学德育　132

　　二、中医药文化对中学德育的启示　136

　　三、中医药文化渗透学校德育的具体路径　148

第八章　中医药文化与社团实践相融合　159

　　一、岭南中医药文化融入传统节日　160

　　二、岭南中医药文化融入科技实践活动　185

　　三、岭南中医药文化融入生活才艺　209

　　四、岭南中医药文化融入社区采风活动　221

　　五、岭南中医药文化融入志愿服务项目　232

参考文献　237

附录　活化校园中草药植物，创生文化传播媒介　239

后记　243

第一章

"融生"教育的思考

一、"融生"教育的内涵

"融生"教育是一种教育理念，其核心在于融合、生长与创生。这一理念强调在教育过程中，将各种教育资源、方法和手段进行有机融合，以促进学生全面发展。同时，"融生"教育也关注学生的生长与创生，即通过教育引导学生自主成长，激发其创新精神和实践能力。

"融生"教育是一种全面、整合、创新的教育理念。它强调教育资源的有机融合、学生的自主成长以及创新精神的培养。通过实施"融生"教育，我们可以为学生提供一个更加开放、多元、富有活力的学习环境，促进他们全面发展和社会适应能力的提升。

（一）"融生"教育中的"融"具有多重含义

在教育领域，"融"表示不同教育资源、学科知识和教育方法的融合。这意味着教育者需要打破传统的教学模式，将不同领域的知识进行有机整合，形成一个相互关联、相互促进的教学体系。这种融合不仅有助于开阔学生的知识视野，而且能培养他们的跨学科思维能力和综合应用能力。

（二）"融生"教育强调学生的"生长"

教育的根本目的在于促进学生的发展，帮助他们实现自我成长。在"融生"教育理念的指引下，教育者需要关注学生的个性化需求和发展潜力，为他们提供多样化的学习资源和成长路径。同时，教育者还需要为学生创设一个积极、健康、和谐的学习环境，激发学生的学习兴趣和动力，引导他们自主探索、实践和创新。

（三）"融生"教育注重学生的"创生"

创新是现代社会发展的核心动力，也是教育的重要目标之一。在"融生"教育理念的指引下，教育者需要培养学生的创新精神和实践能力，鼓励他们勇于尝试、敢于创新。这要求教育者在教学过程中注重培养学生的批判性思维、创造性思维和解决问题的能力，同时为他们提供丰富的实践机会和平台，让他们在实践中锻炼和提升自己的创新能力。

二、"融生"教育理念形成的背景

"融生"教育理念形成的背景是多元化的，包括社会文化、教育改革、学科融合和学生发展等多个方面。这一理念的提出和实施，对于推动教育质量的提升和全面育人的实现具有重要意义。

（一）社会文化背景

中国作为一个拥有悠久历史和丰富文化的国家，其传统文化对于现代教育理念的形成具有深远影响。岭南中医药文化作为中国传统文化的一部分，蕴含深厚的医学智慧和生命哲学。在这种社会文化背景下，"融生"教育理念得以孕育，其强调教育应融入传统文化，使学生在学习中体验和感悟生命的价值。

（二）教育改革背景

近年来，我国教育领域进行了一系列改革和创新，旨在推动教育质量的提升和全面育人的实现。在这种教育改革的背景下，"融生"教育理念应运而生，它符合当前教育改革的趋势，强调教育的综合性、实践性和创新性，旨在培养具有全面素养和创新精神的人才。

(三)学科融合背景

随着科学技术的不断发展和学科之间的交叉融合,单一学科的教育已经无法满足现代社会对人才的需求。在这种学科融合的背景下,"融生"教育理念强调不同学科之间的融合和贯通,使学生在学习中能够跨越学科界限,形成综合性的知识体系和思维方式。

(四)学生发展背景

现代教育的目标是培养具有全面发展能力的人才。在当前社会竞争激烈的环境下,学生不仅需要具备扎实的学科知识,还需要具备良好的综合素质和创新能力。因此,"融生"教育理念注重学生的全面发展,通过系列化的综合实践活动,让学生在参与中提升能力、认同文化,实现身心健康发展。

三、"融生"教育的实施原则

"融生"教育作为一种独特的教育理念,其实施原则是一个综合性体系,它涵盖了融合、创新、生成和生命发展等多个方面。在教育实践中,只有全面贯彻这些原则,才能真正实现"融生"教育的目标,培养出既有知识又有能力、既有创新精神又有生命情怀的新时代人才。

(一)融合性原则

"融生"教育的首要原则就是融合性原则,这包括学科知识的融合、教育资源的融合以及文化的融合。在教育实践中,应当打破学科壁垒,实现跨学科的教学和学习,使学生能够在融合的知识体系中获得更全面的认识和理解。同时,还要整合各类教育资源,包括学校、家庭、社区等,形成教育合力,共同促进学生的发展。文化的融合则是指要尊重并传承本土文化,同时吸收和借鉴其他文化的精髓,培养学生的跨文化理解能力和尊重其他文化的良好品质。

（二）创新性原则

"融生"教育强调培养学生的创新意识和创新能力。在教育实践中，教师要注重激发学生的好奇心和探究欲，鼓励他们勇于尝试、敢于创新。同时，教师也要不断更新教学方法和手段，以适应时代的发展和学生的需求。此外，还要注重培养学生的批判性思维，使他们能够在面对问题时独立思考、勇于质疑。

（三）生成性原则

"融生"教育认为，教育是一个动态生成的过程。在教育实践中，要注重学生的主体性和参与性，鼓励他们积极参与教育过程，成为知识的生成者和创造者。同时，教师也要关注学生的学习过程，及时发现并引导他们的生成性思维，帮助他们建立自己的知识体系。

（四）生命发展原则

"融生"教育的最终目标是促进学生的生命发展。在教育实践中，教师要关注学生的全面发展和个性发展，尊重他们的兴趣和特长，为他们提供多样化的教育选择和发展空间。同时，还要注重培养学生的自我认知和自我管理能力，使他们能够成为有责任感、有担当的人。

四、"融生"教育的特点

"融生"教育是一种独特的教育理念，它强调知识、能力、情感等各个方面的融入与融合，是一种具有综合性、实践性、情感性、个性化和创新性等特点的教育理念，它旨在促进学生的全面发展，提升他们的综合素质和能力。在未来的教育发展中，"融生"教育理念将发挥越来越重要的作用，为培养更多优秀人才做贡献。

（一）综合性与跨学科性

"融生"教育强调将不同学科的知识和方法融合在一起，形成跨学科的综合教学。这种综合性的教学方法有助于学生从多个角度和层面理解和掌握知识，培养他们的综合思维能力和解决问题的能力。

（二）实践性与体验性

"融生"教育注重将理论知识与实践活动相结合，让学生在亲身体验中学习和成长。通过实践活动，学生可以更好地理解和掌握知识，同时能够提升自身的动手能力和实践操作能力。

（三）情感性与人文关怀

"融生"教育不仅关注学生的知识学习，还注重学生的情感发展和人文关怀。它强调在教学过程中教师要关注学生的情感需求，培养他们的情感素养和人文关怀精神。

（四）个性与差异性

"融生"教育尊重学生的个性化和差异性，强调因材施教，根据学生的不同特点和需求制定个性化的教学方案。这有助于激发学生的学习兴趣和潜力，促进他们的个性化发展。

（五）创新性与创造性

"融生"教育鼓励学生进行创新和创造，以培养他们的创新思维和创造能力。在教学过程中，教师会提供各种机会和平台，让学生展示自己的创新成果，激发他们的创造潜能。

五、"融生"教育的价值

"融生"教育是一种独特的教育理念,它强调知识、能力、情感等多方面的融合与生长,旨在全面提升学生的综合素养。"融生"教育具有促进学生全面发展、培养学生创新精神和实践能力、传承和弘扬中华优秀传统文化、构建和谐校园文化以及提升教育质量和效益等多方面的价值。这种教育理念对于推动教育改革和发展具有重要意义。

(一)促进学生全面发展

"融生"教育注重学生的全面发展,不仅关注学生的知识学习,还注重培养学生的能力、情感和价值观。通过系列化的综合实践活动,让学生在主动参与中潜移默化地收获知识、提升能力,增强文化认同感,实现知识、能力、情感的全面发展。

(二)培养学生的创新精神和实践能力

"融生"教育鼓励学生主动探究、创新思维,通过实践活动让学生亲身体验知识的生成和应用过程。这种教育方式有助于培养学生的创新精神和实践能力,使学生能够更好地适应未来社会的发展需求。

(三)传承和弘扬中华优秀传统文化

"融生"教育将中华优秀传统文化融入教育实践中,让学生在参与活动的过程中感受中华优秀传统文化的魅力,增强文化自信。同时,通过传承和弘扬中华优秀传统文化,有助于培养学生的民族自豪感和责任感。

(四)构建和谐校园文化

"融生"教育强调校园文化的融合与生长,它通过系列化的综合实践活动将岭南中医药文化等传统文化融入校园文化中,形成独具特色的校园文化氛围。这种校园文化氛围有助于增强学生的归属感和凝聚力，促进校园和谐稳定。

（五）提升教育质量和效益

"融生"教育通过创新教育理念和实践模型，实现了教育资源的优化配置和教育过程的优化管理。这种教育方式有助于提升教育质量和效益，为学生的全面发展提供更好的教育保障。

第二章

岭南中医药文化及其传承

中医药文化犹如一股清泉，流淌千年，滋养着华夏儿女的身心健康，其独特的魅力使之成为中华传统文化中一颗耀眼的明珠。不仅承载着深厚的文化底蕴，更在历史的长河中不断发展、创新，为人类的健康福祉做出了不可磨灭的贡献。而岭南，这片坐落于我国南疆的神奇土地，不仅自然风光旖旎，人文历史底蕴深厚，更在中医药文化的传承与弘扬中扮演着举足轻重的角色。

岭南，这片独特的地理区域，以其丰富的自然资源和深厚的文化底蕴，孕育了独具特色的岭南中医药文化。岭南中医药文化在传承中医药精髓的同时，巧妙地融入了岭南地区的独特风情和民俗习惯，形成别具一格的文化特色。其形成与发展，与岭南地区的自然环境、气候条件、人文历史等因素紧密相连，共同构成了岭南中医药文化的独特魅力。

岭南中医药文化不仅体现在其丰富的医疗经验和独特的诊疗方法上，更蕴含了深厚的文化底蕴和人文精神。它强调人与自然的和谐共生，注重身心的平衡与调节，倡导预防为主、治疗为辅的健康理念。这种理念与现代健康观念不谋而合，为人们提供了一种全新的生活方式和思考方式。在岭南地区，中医药文化已经深入人心，成为人们日常生活中不可或缺的一部分。

岭南中医药文化作为中华传统文化的重要组成部分，具有独特的魅力和价值。在新时代背景下，我们需要加强对岭南中医药文化的传承与发展工作，为人类的健康事业贡献更多的智慧和力量。

一、中医药和中医药文化

1.概念

中医药和中医药文化是一体两面，两者相互依存、相辅相成，共同构成独特的中医学理论体系。

中医药（Traditional Chinese Medicine, TCM）：中医药指中医药的理论内容，包括中药的产地、采集、贮藏与疗效的关系；适时采集对药效的影响及相关的基本知识；贮藏过程中影响中药变异的常见外界因素、变异现象及有效的贮藏方法；中药的炮制方法及其对药物性能的保持，如四气、五味、升降浮沉、归经、毒性等药物作用特性；用药禁忌，涵盖配伍禁忌、证候用药禁忌、妊娠用药禁忌及服药时的饮食禁忌等内容；用药剂量与用法，包括剂量与疗效的关系、剂量的确定依据和中药的煎服方法等。

中医药文化（Traditional Chinese Medicine Culture）：中医药文化是指与中医药相关的文化体系，中医药文化是指与中医药相关的文化体系，是中华传统医学的核心内容，包括中医理论、中草药文化、针灸文化、养生文化、中医诊断方法和治疗方法、中医药整体观念和辨证理论、阴阳五行学说理论，经络学说等内容。中医药文化不仅包含中医药的理论知识，还涵盖了与中医药有关的哲学、伦理、道德、艺术等方面的内容。

2.区别

中医药强调的是中医药的应用，主要关注疾病的诊断和治疗方法，注重临床实践和应用。而中医药文化更广泛，涉及中医医学的理论基础、历史渊源、文化背景以及与中医药相关的民俗、艺术等方面。

中医药是一门实践性很强的学科，注重解决实际临床问题。而中医药文化则更注重文化传承、历史沿革和文化研究，通过对中医药的思想、经典、养生理念等进行研究和传承，让人们更好地理解中医药的文化内涵和历史意义。

另外，中医药文化还包括中草药文化、针灸文化、养生文化等，它们与中医药的实践有关，但同时超越了临床实践的范畴，涉及更广泛的文化领域。

因此，中医药强调的是一种医学系统，注重实践应用。而中医药文化是围绕中医药形成的文化体系，更广泛地包括历史、哲学、艺术等方面的内容。中医药文化是对中医药的文化传承和研究，能够使人们更好地理解中医药的文化内涵和历史意义。

二、中医药文化的主要内容

1.中医药文化的思想内涵

中医药文化是中华传统文化的重要组成部分，蕴含丰富的思想内涵，包括天与人的关系、人体藏象之间的关系、整体辨证、系统论思维、阴阳五行系统论等内容。

整体观念：中医药文化倡导人与自然的和谐统一。中医药将人体视为一个有机整体，与自然界的变化和规律相互联系。中医药强调人与自然之间的相互关系，追求人体与自然界的和谐统一。

阴阳五行：中医药理论的核心概念是阴阳和五行。阴阳代表着事物的两个相对而又互相依存的方面，如寒热、静动、内外等。五行代表着五种基本的物质和运动形态，即木、火、土、金、水。中医药认为人体的生理状况和疾病变化都与阴阳和五行的失衡有关。

辨证施治：中医药的核心治疗原则是辨证施治。辨证是指通过观察患者的症状、脉象、舌苔等，辨别病机的不同类型和特点。施治是指根据辨证结果，选用相应的治疗方法，包括中草药、针灸、推拿、按摩等，以调节人体的阴阳平衡，恢复健康。

预防为主：中医药注重疾病的预防与保健。中医药强调强身健体、调养阴阳、顺应自然，通过调整饮食、锻炼、养生保健等方法，预防疾病的发生，提高身体的抵抗力和免疫力。

个体化治疗：中医药重视个体化治疗，不同的人因体质、病情不同而有不同的治疗方法。中医药认为每个人的体质和病情都是独特的，治疗应该因人而异，因此注重个体化的辨证施治。

中医药文化的思想内涵贯穿于中医药的理论与实践之中，强调人与自然的和谐、平衡和个体化治疗。这些思想对中医药的发展和实践起到了重要的指导作用，也对人们的健康观念和生活方式产生了深远影响。

2.中医药文化的历史起源

中医，这门蕴含深厚文化底蕴的传统医学，其历史之悠久，可追溯至千百年前的古老时代。在漫长的历史长河中，中医犹如一股清泉，滋润着华夏大地每一个角落，为无数华夏儿女解除病痛、守护健康。中医以其独特的理论体系和治疗方法，凭借着对生命、自然和宇宙的深刻理解，形成别具一格的医学体系。从古代的《黄帝内经》这部中医经典之作，到如今琳琅满目的各种中医典籍，无一不彰显着中医的博大精深与源远流长。这些典籍不仅记录了中医的发展历程，更承载着中华民族对健康的追求和对生命的尊重，让中医的智慧得以代代相传，生生不息。

起源于远古时代：中医药文化的起源可以追溯到中国的远古时代，早在5000年前的新石器时代晚期，中国人就开始使用草药进行治疗。这些早期的草药治疗经验逐渐积累并传承下去，奠定了中医药的基础。

中医药文化的理论体系雏形可追溯至商周时期。商周时期通过甲骨文卜辞记载了早期疾病与祭祀疗法，周代《周礼·天官》已出现"医师掌医之政令"的职官记载。

发展于战国秦汉时期：战国至秦汉时期是中医药文化发展的重要时期。战国时期的医家如扁鹊、华佗等，对中医药的理论和实践做出了重要贡献。秦汉时期的《黄帝内经》成为中医药理论的重要经典，奠定了阴阳五行、经络学说和辨证论治的基础理论。

完善于唐宋明清时期：唐宋时期，中医药理论进一步完善和发展。唐代的《备急千金要方》、宋代的《太平惠民和剂局方》等方剂学经典编纂出版，丰富了中药方剂的应用。明清时期，中医药理论得到进一步整理和总结，出现了一批著名的医书如《本草纲目》《医学衷中参西录》等。

现代发展：近代以来，中医药文化逐渐与现代科学相结合，中医药的研究和应用得到进一步发展。中医药在现代医学领域扮演着重要的角色，并受到国际社会的广泛关注和认可。中国政府也积极推动中医药文化的传承和发展，并制定相关政策和措施，推动中医药的现代化和国际化。

总体来说，中医药文化的历史起源悠久，经历了漫长的发展过程。它在中国古代的思想、哲学和医学实践中形成和发展，并逐渐成为一门独特的传统医学体系。中医药文化的传承和发展为世界提供了独特的医疗资源和健康理念。

三、中医药文化在中华传统文化中的地位和作用

1.中医药文化是中华传统文化的重要组成部分

中医药文化，是中华民族数千年智慧与文明的结晶，历经千百年的传承与发展，已经深深地融入了中国文化的血脉之中，成为其不可或缺的一部分。它不仅是一门严谨而深邃的医学科学，更是一种独特而丰富的文化现象，其中蕴含深厚的哲学思想、人文精神以及道德伦理观念。中医药文化的独特理论体系、辨证施治的诊疗方法以及丰富多样的草药运用，都充分展现了中华民族对生命健康的独特理解和深刻洞察，体现了中华民族与自然和谐共生的智慧。因此，中医药文化无疑是中国文化的重要组成部分，承载着中华民族的健康智慧与生命哲学，为世界医学文化的多样性与繁荣贡献了独特的力量，彰显了中华文化的魅力与价值。

历史渊源：中医药文化在中华民族的历史中具有悠久的传承和发展。早在《黄帝内经》等古代医学经典中，就可以找到对中医药理论和实践的系统总结和论述。随着历史的演进，中医药文化逐渐形成了独特的理论体系和实践方法，并成为中华民族重要的文化遗产。中医药文化经过千年的发展和实践，与中华传统文化紧密融合，共同构成了中华传统文化的重要组成部分。

理论体系：中医药文化拥有独特的理论体系，如阴阳五行理论、气血津液理论、经络学说等，这些理论构建了中医药的独特认知方式和治疗思维。这些

理论不仅影响了中医药的实践，也对中华传统文化的思维方式和哲学观念产生深远影响。中医药文化中的理论体系与中华传统文化中的天人合一、和谐思维等观念相契合，共同构成了中华传统文化的宇宙观和价值观。

实践方法：中医药文化以中草药为主要治疗手段，结合针灸、推拿、气功等多种疗法，形成了独特的治疗体系。中医药的实践方法注重个体化治疗、辨证施治，强调平衡身体阴阳、调整气血等。这些实践方法在中华传统文化中的养生保健、和谐生活等方面产生深远影响。中医药文化通过实践方法的传承和发展，与中华传统文化中的养生保健、顺应自然等观念相呼应，共同塑造了中华传统文化中的生活方式和价值取向。

文化符号与象征：中医药文化有中药材、针灸图、养生经等丰富的文化符号，代表着中华传统文化中的智慧和审美观念。中医药文化中的木火水土金五行元素，以及经络、气血等概念，与中华传统文化中的自然观念、宇宙观念相呼应，共同构成中华传统文化的符号系统和艺术表现形式。

中医药文化作为中华传统文化的重要组成部分，凭借其历史渊源、理论体系、实践方法和文化符号等方面的特点，与中华传统文化相互交融、相互影响，共同构建了中华传统文化的丰富内涵和多元面貌。中医药文化在中华传统文化中的地位和作用不可忽视，为中华传统文化增添了深厚的人文底蕴和独特的文化特色。

2.中医药文化与中华传统文化人文理念

中医理论思想，凭借其独特而完整的理论体系、精妙绝伦的诊疗方法和深邃的哲学观念，全面而深刻地展现了中华民族对生命、健康以及自然界的独到认识和深刻理解。这种认识，不仅仅停留在对疾病表象的简单描述上，而是深入洞察生命的本质和宇宙的规律，揭示人与自然、宇宙之间的内在联系。

中医的整体观念认为，人体是一个有机而统一的整体，各脏腑、经络、气血之间相互依存、相互制约，共同维持人体的生命活动和健康状态。这种观念的形成，源自中国人对宇宙万物的整体认识和深刻理解，即天人相应的哲学思想。在这种观念的指导下，中医注重从整体上把握人体的生理病理变化，强调人体与自然环境、社会环境的和谐统一，认为人体不是孤立存在的，而是与天地万物相互感应、相互影响。这种整体性的思维方式，不仅体现了中国人对事物全面、系统的认识能力，更彰显了对宇宙、自然、生命之间密切联系的深刻洞察和独特理解。

中医的辨证施治是根据患者的具体病情和体质特点，量身定制个性化的治疗方案。这种个性化的治疗方法，源自中国人对个体差异的尊重和深刻认识。中医认为，每个人都是独一无二的个体，具有独特的生理特点和病理变化，因此治疗方法也应该因人而异，注重个体差异。这种尊重个体差异、注重个性化的思维方式，不仅体现了中国人对人性的深刻理解和关怀，更彰显了医疗实践中的灵活性和针对性，使得中医能够更准确地把握患者的病情，制定出更为有效的治疗方案。

中医的文化理念，如阴阳五行等，更是中华民族智慧的结晶和瑰宝。这些观念不仅揭示了宇宙万物的运行规律和内在联系，更为中医理论思想提供了深厚的哲学基础和独特的思维方式。在这种哲学观念的指导下，中医注重顺应自然规律，调整人体的阴阳平衡，使人体与自然环境保持和谐统一。阴阳五行理论揭示了事物之间的相互作用和转化关系，为中医认识人体生理病理变化提供了独特的视角和方法。这种顺应自然、调和阴阳的智慧，不仅体现了中国人对宇宙、自然、生命的独特理解和深刻洞察，更为中医理论思想的发展注入源源不断的活力和动力。

在成就方面，中医理论思想的形成和发展，离不开古代中国在天文、历法、农学、解剖学等方面的文化成就。例如，中医的经络学说就是基于古代中国人对人体解剖和生理的深入探索而形成的。经络是人体内气血运行的通道，是中医诊疗和治疗的重要依据。古代中国人通过长期的医疗实践和观察，逐渐发现了经络的存在和运行规律，并将其巧妙地运用于中医的诊断和治疗中，取得了显著的疗效。中药的发现和运用也离不开古代中国人对植物、动物、矿物等自然资源的深入研究和利用。中药种类繁多、功效各异，且讲究配伍和煎煮方法。古代中国人通过长期的医疗实践和观察，逐渐发现了许多具有药用价值的植物、动物和矿物,并将其精心配伍和煎煮,形成了独具特色的中药学体系,为中医理论思想的发展提供了丰富的药物资源和治疗手段。

同时,中医理论思想也汲取了中华文明的文化艺术精髓。中医的诊疗过程注重望、闻、问、切四诊合参,其中就蕴含丰富的文化艺术元素。望诊中的神色观察需要医生具备敏锐的观察力和审美力,以准确判断患者的病情;问诊中的语言交流需要医生具备良好的沟通技巧和表达能力,以更好地了解患者的病情和需求,等等。中医典籍的撰写更是融合古代文学的修辞手法和哲学思考,使得中医理论思想更加生动、形象,易于传承和理解。这些文化艺术元素的融入,使得中医理论思想更加丰富多彩、独具魅力,也体现了中国人对医学与文化艺术相互融合的独特见解和追求。

中医理论思想蕴含无数中国人的智慧结晶。这些智慧不仅体现在对生命、健康、自然的深刻认识上,还体现在对疾病诊疗和治疗的独特方法上。例如,中医的针灸疗法通过刺激人体的穴位,调节人体的气血运行,达到治疗疾病的目的。这种疗法不仅简便易行、效果显著,而且蕴含深刻的哲学思想和人体生理病理知识。针灸的发明和运用体现了中国人对生命奥秘的深刻探索和独特理解,以及对人体经络、气血运行的精准把握,是中医智慧的重要体现。

再如,中药学也是中国人智慧的结晶。中药的运用需要根据患者的具体病情和体质来制定个性化的治疗方案。这种个性化的治疗方法不仅体现了中国人对个体差异的尊重和认识,也体现了中国人对药物性质的深入研究和独特理解。中药的配伍原则、煎煮方法以及药效的发挥都蕴含中国人对自然规律的深刻洞察和巧妙运用。中药学中的药物归经、性味功效、配伍禁忌等都是中国人长期医疗实践的结晶,体现了中国人对药物性质的精准把握和独特运用。

此外,中医还注重预防为主的思想,强调"治未病"。这一思想体现了中国人对健康的深刻理解和前瞻性思维。中医认为,预防疾病的发生比治疗已经发生的疾病更为重要。因此,中医注重调养身心、顺应自然规律、保持良好的生活习惯等,以预防疾病的发生。这种预防为主的思想不仅体现了对健康的重视,也体现了对生命质量的追求和提升。中医通过调养身心、顺应自然、预防疾病等方法，帮助人们保持身心健康、延缓衰老、提高生命质量，体现了中国人对生命智慧的独特见解和追求。

中医理论思想与中华文明紧密相连，共同彰显了中国人的独特智慧与创造力。中医理论思想中的整体观念、辨证施治、哲学观念以及针灸疗法、中药学等，都是中华民族智慧的结晶和瑰宝。这些智慧不仅为中医理论思想的形成和发展提供了有力的支撑和保障，也为世界医学文化的发展做出了重要贡献。

3.中医药文化与中华优秀传统文化的"道术合一"理念

中医药文化作为中华优秀传统文化的重要组成部分，其核心理念之一便是"道术合一"。所谓"道"，指的是中医药学中的文化思想和理论原则，如"天人相应"的整体观念；而"术"则是指具体的医疗技术和操作方法。在中医药文化中，"道"与"术"相辅相成，不可分割。中医的"道"强调人与自然的和谐统一，倡导"天人相应"的理念；而"术"则是以"天、地、人"为根本，通过具体的医疗手段来实现对疾病的预防和治疗。

《黄帝内经·灵枢·岁露》有言："人与天地相参也，与日月相应也。"而《灵枢·邪客》更是做了生动的比拟："天有日月，人有两目；地有九州，人有九窍；天有风雨，人有喜怒；天有雷电，人有音声；天有四时，人有四肢；天有五音，人有五脏；天有六律，人有六腑；天有冬夏，人有寒热；地有高山，人有肩膝；地有深谷，人有腋腘；地有十二经水，人有十二经脉。"最后总结出"此人与天地相应者也"，这便是"天人相应"的理念，即人和天地大自然相对应、相顺应、相适应。

《素问·宝命全形论》中述："人生于地，悬命于天，天地合气，命之曰人。人能应四时者，天地为之父母……人以天地之气生，四时之法成。"这段论述表明，人虽由大地化生，但其生命形成与日月星辰等天体的运动周期密切相关。天地二气交相结合，才化生了人形。人类能适应四季的变换，都是因为天地如同父母一般滋养着万物。换言之，人类与世间万物皆为大自然的子女，由天地之气化生，并随着四季的规律成长。在《黄帝内经》的视角下，人、万物与天地构成了子女与父母的关系。

古人将天地（大自然）视为父母，因此，要了解人的生理功能和病理特点，就需"仰以观于天文，俯以察于地理，中知人事"，医生的知识结构也应秉持这一原则。观察自然规律，可以测知生命规律；观察日月星辰的运动，可以洞悉生物的生理病理变化，因为人与天地是相应的。从这一观点出发，地球上生物的生理活动和病理变化具有昼夜节律，这与地球的自转息息相关。而四季节律和年节律，则与地球绕太阳公转有关。倘若地球自转周期不是24小时，而是30小时，那么地球上生命的昼夜节律也将随之变为30小时。同样，如果地球绕太阳的周期不是365天，而是400天，地球上生物的四季节律和年节律也将发生相应的变化，这是不难理解的。

地球的自转和公转使人体出现昼夜节律、四季节律和年节律；月球的绕地运动则带来月节律和七日节律。大自然的时间节律控制着人体的生理功能和病理变化，这正是"天人相应"理念的体现。

《素问·四气调神大论》有云："夫四时阴阳者，万物之根本也。所以圣人春夏养阳，秋冬养阴，以从其根，故与万物沉浮于生长之门。逆其根，则伐其本，坏其真矣。故阴阳四时者，万物之终始也，死生之本也。逆之则灾害生，从之则苛疾不起，是谓得道。道者，圣人行之，愚者悖之。从阴阳则生，逆之则死；从之则治，逆之则乱。"这段论述强调，四时阴阳的消长变化是万物生灭的本源。智者应顺应春夏养阳、秋冬养阴的规律，这是顺应生命的根本规律，与万物共同生长。违背这一规律则会招致灾病，顺应则疾病不生，这是养生之道。再次强调，顺应阴阳四季的变化，生理功能正常则身体健康；违逆则生理功能紊乱而患病夭亡。

中医经典著作，以《黄帝内经》为代表，深刻彰显了中医药文化的"道术合一"理念。在"道"的层面，中医药学秉持着人与自然和谐统一的哲学思想，强调整体观念和辨证施治的原则。这一思想不仅为中医认识和治疗疾病提供理论指导，也深刻影响其对健康和养生的独特理解。中医认为，人体的健康与自然环境、季节变化、情绪波动等因素密切相关，因此，在治疗疾病时，必须综合考虑各种因素，做到因人而异、因病而异。

而在"术"的层面,中医药学通过针灸、推拿、中药等丰富多样的医疗技术和操作方法,将"道"的理念转化为实际的医疗实践。这些技术和方法不仅具有极高的适用性,而且体现了中医对生命规律和自然规律的深刻认识。通过运用这些"术",中医能够有效地预防和治疗各种疾病,维护人体的健康和平衡。

这种"道术合一"的理念贯穿于中医药学的始终,使得中医药学既具有深厚的哲学底蕴,又具备实用的医疗价值。它不仅是中医药文化的核心特征,也是中华优秀传统文化的重要组成部分。中国文化始终强调人与自然的和谐共生,倡导与天地规律相协调。中医药学作为中国文化的重要载体,不仅传承了这种思想,而且在实际医疗实践中不断加以丰富和发展,为人类的健康事业做出巨大贡献。

四、岭南文化与岭南中医药文化

岭南是我国南方五岭以南地区的概称,以五岭为界与内陆相隔。五岭由越城岭、都庞岭、萌渚岭、骑田岭、大庾岭五座主要山岭组成,大体分布在广西东部至广东东部和湖南、江西四省边界处。现在提及岭南一词,特指广东、广西、海南、香港、澳门三省二特区。岭南的南部与北部温差较大,冬天一般只有北部降雪,南部极少降雪,高温多雨为主要气候特征。岭南文化是由本根文化(语言认同文化)、百越文化(固有的本土文化)、中原文化(南迁的北方文化)、海外文化(舶来的域外文化)四部分组成,其内涵丰富多彩。近代相继出土大量的文物,实证了岭南在秦之前已经存在灿烂的新石器时代和青铜时代高度文明,是中华文明的发源地之一。

岭南中医药文化重视岭南地区的特产药材和民间经验,主要是应用岭南地区的医药资源进行医疗和保健,成为中国传统医学文化中一个重要的组成部分。几千年来,岭南地区的群众始终对中医药文化比较信赖,煲药膳汤、喝凉茶在岭南地区群众的生活中占有很重的分量。随着海外中医药文化热的兴起,马来西亚、新加坡等东南亚的一些国家对岭南中医药地域文化的信赖有增无减，并且日益受到世界各地人民的重视。当今，岭南凉茶中医药文化已走向世界，如在国外的食品店有作为辅助食物出售，或以饮料形式摆上超市的货架。

（一）岭南文化的内容和特点

1.岭南文化的内容

岭南文化是中国传统文化中的重要分支，主要指中国南方地区（包括广东、广西、香港、澳门等地）独特的地域文化。岭南文化内涵丰富，具体包括以下主要内容。

建筑艺术：岭南地区的建筑艺术以其独特的风格和精湛的工艺而闻名。岭南地区的传统建筑多采用木结构，并注重建筑的色彩、图案和装饰。岭南建筑的特点包括飞檐翘角、雕花窗棂、彩绘壁画等，这些充满了浓厚的地方特色和艺术氛围。岭南地区还有许多著名的古建筑，如广州的陈家祠、梁园，河源的大夫第等，这些建筑代表了岭南地区建筑艺术的精华。

饮食文化：岭南地区以其丰富多样的饮食文化而著名。广东菜是中国八大菜系之一，以其独特的口味和烹饪技艺享誉全国乃至全球。广东菜注重食材的新鲜和烹饪的精细，追求色、香、味、形的完美结合。岭南地区还有独特的茶文化，茶艺表演和品茶活动在岭南地区非常流行。岭南地区的早茶文化也是当地一大特色，人们喜欢在早上聚集在茶楼或茶餐厅享用早茶，品尝小吃和茶点。

文学艺术：岭南地区有着丰富的文学艺术传统。岭南文学以诗、词、曲为主要形式，其特点是抒发真情实感、崇尚自然、崇敬乡土。岭南地区的音乐和戏曲也有着悠久的历史和独特的风格，如粤剧、潮剧、客家山歌等，都是岭南文化的重要组成部分。

传统节日和民俗活动：岭南地区有许多丰富多彩的传统节日和民俗活动。例如，广东的春节庙会、中秋赏月、端午龙舟比赛等都是岭南地区的传统节日和民俗活动。此外，岭南地区还有一些特色的民俗活动，如广东的舞狮、舞龙、打麻花、唱粤剧等,这些活动极大丰富了岭南地区的文化生活。

2. 岭南文化的特点

岭南地区很早就有人类的生产活动。在粤北曲江发现的"马坝人"距今已有12.9万年。广东有40多处新石器时代的文化遗址,同时发现大量的石器、印纹陶和玉饰。岭南古称南越,土著居民为越族。岭南文化起源于土著越族文化,属于原生型的本根文化。岭南与中原大地因五岭阻隔,相对封闭、独立,又因地域临海,海路交通发达,较早与海外有经济、文化联系,在传承中华优秀传统文化的基础上,吸收外来文化精华,形成独特的风格。

广东古有"岭海""粤海"之称。广州是中国古代对外通商的重要港口之一,是"海上丝绸之路"的起点。从秦代开拓的通商海路,在唐代已十分繁荣,成为"天子南库"。张九龄谓之"上足以备府库之用,下足以赡江淮之求"。宋元之后,广州不仅是全国最大的贸易港口,也是世界性大港和东方第一大港。2007年在南海海域打捞出一艘船体较为完整的宋代沉船"南海一号",就是当年向海外运送瓷器而失事沉没的商船。在世界的另一端,瑞典在1984年打捞出沉没了200多年的"哥德堡号",沉船里大量的中国瓷器、茶叶、香料和丝绸,是1745年从广州运回的中国货物。2007年,重建的仿古船"哥德堡号"再次来到广州港,谱写了中瑞友谊的新曲。

岭南是海洋文化的发源地。一方面,较早受到外来文化、西方文明的影响,思想的禁锢较少,新的思维易于萌发;另一方面,商务活动中灵活、务实、讲求诚信、注重实效的特点,以及善于在竞争中发展的精神亦渗透岭南文化之中。古代文化名人,有唐代佛教禅宗祖师六祖惠能、明代"江门学派"开创者陈献章;近代则出现了一大批思想开放的先驱者,包括维新派康有为与梁启超、民主革命家孙中山和朱执信等。

岭南文化以其独特的地域特色、多元融合,形成了一种独具魅力的文化体系。这种文化体系的传承和发展对于岭南地区的社会进步和文化繁荣具有重要意义。

多元融合:岭南地区地理位置靠近海外,历史上与海外各国不断接触和交流，吸收了外来文化的影响，形成了多元融合的特点。岭南文化融合了汉族文化、少数民族文化以及海外文化，形成了独特的文化风貌。

注重精细：岭南文化注重细节和精湛的工艺。无论是岭南建筑、岭南菜肴还是文学艺术，都追求精雕细琢、精心制作。岭南建筑以雕梁画栋、彩绘壁画等细致的装饰闻名；岭南菜肴注重食材的选择和烹饪的精细，更注重色、香、味、形的完美结合；岭南文学艺术注重情感表达和精准的描写，力求细腻而深入的表达。

富有热情：岭南地区的人民热情好客，善于表达情感。岭南文化充满了热情和活力，人们喜欢聚集在一起，共享美食、音乐和戏曲表演。岭南地区的民俗活动如舞狮、舞龙等，都表达了节日喜庆和人民的热情好客。

强调自然：岭南地区自然资源丰富，山水秀丽。岭南文化强调与自然和谐相处，重视自然的美和力量。岭南文学常以山水为题材，讴歌大自然的壮丽。

崇尚家庭和乡土情怀：岭南文化崇尚家庭和乡土情怀，追求亲情和乡土情感的表达。岭南人民注重家庭的重要性，尊重长辈，重视家族传统和家族价值观。岭南地区的民居建筑也常常以家庭为中心，建筑布局讲究家族的和谐和亲密。

重视教育和学问：岭南地区自古以来就重视教育和学问的传承。岭南文化鼓励人们勤奋好学，注重知识的积累和传授。岭南地区有许多优秀的文人学士，他们为岭南文化的发展做出了重要贡献。

岭南文化的特质体现在岭南医学、岭南画派、岭南园林与建筑流派、岭南戏剧、岭南茶道等领域，以此形成独特的风格，在历史的长河中绽放出绚丽的光彩。

3.中医药文化与岭南中医药文化

岭南中医药文化作为中国广东省岭南地区独特的一种中医药文化体系，既有与中医药文化整体相联系的方面，又有自身的特点。

岭南中医药文化是特定地域的文化表达，由于受到当地自然环境、气候、风土人情等因素的影响，具有独特的地域特色。岭南地区有着丰富的中医药传统学派，如广州学派、潮汕学派等，这些学派在理论、诊断和治疗方法上有自己的特点和传承。岭南地区拥有丰富的中药资源，其特有的地理环境和气候条件使得一些地方特产的中药材在岭南中医药文化中得到广泛应用。

（二）岭南中医药文化的历史起源

岭南中医药文化是中医药文化结合岭南文化与南越地理、气候、疾病谱，并吸收融合外来医药而逐渐形成。

1.萌芽期

远古时期岭南古人类已有大量的生产活动。越族先民主要使用当地所产的草药治病。西汉南越王墓出土的文物有雄黄、硫磺、紫石晶、绿松石、赭石五色药石和羚羊角等中药，以及捣药工具、装有药丸的银盒。这些文物说明当时的医药活动已有一定的水平。南越王墓葬考古的重大发现，证实岭南地区医药历史至少有2000年之久。

2.奠基期

晋朝时期，以葛洪为代表的各地方士云集在有"岭南第一山"之称的罗浮山，采药炼丹，行医治病，并吸纳土著俚人的医药经验，逐渐构筑了适合岭南地理气候、岭南人生活习俗、岭南疾病谱、岭南药材的岭南医学。

罗浮山位于广东南部，是当地名山，也是岭南医药活动肇始之宝地。早在秦代，罗浮山就有人采药治病了。秦始皇曾派遣方士入东海蓬莱求取仙药，有些方士随海流南下至如今的广东博罗县，登上罗浮山。此处山川灵秀，故误认为是蓬莱仙岛之一，他们在罗浮山采药炼丹，服食丸散，以求长生不老之术。东晋医家葛洪，字稚川，又号抱朴子，丹阳句容（今江苏句容县）人，自幼勤学，博览典籍，尤好神仙导养之术。葛洪师从道家郑隐学炼丹术，悉得其法，后又师事南海太守鲍玄学习医术，鲍玄深重葛洪才学，将女儿鲍姑许配葛洪为妻。葛洪晚年归隐罗浮山养身修道，在冲虚古观炼丹制药，行医治病。现在仍有"葛洪丹灶""洗药池""长生井"等古迹可循。葛洪长期隐居民间，接触流传于民间的医药知识和诊疗经验，观察岭南地区的一些急性疫病，并加以分析记载，著书立说。《晋书·葛洪传》谓其"博闻深洽，江左绝伦。著述篇章富于班马"。说明葛洪的学问很丰富，不仅在江南无人可比，其著述堪比班固和司马迁。各代史书和地方志共记载葛洪的著述20部，合计235卷。他所论述的疾病，有传染病、虫毒伤以及内、外、妇、儿、五官各科病症，尤其对岭南地区常见多发传染病，如恙虫病、疟疾、结核、麻风、天花、狂犬病等的认识与防治，具有一定的科学性。

当时中原动乱，导致大量士族南迁，除葛洪和鲍姑外，还有支法存、仰道人以及南北朝的僧深等，他们把中原医学与岭南实际紧密结合，应用当地生草药以及针法、灸法治病，为岭南医学奠定了基础。此期的著作还有《申苏方》《支太医方》《深师方》等。

3.发展期

隋唐五代是岭南医学的进步时期。针对岭南多发病，李暄著《岭南脚气论》《脚气方》；郑景岫著《南中四时摄生论》《广南摄生方》；李继皋著《南行方》；还有不著撰写人的《岭南急要方》《治岭南众病经效方》等。药学专著有《南海药谱》、李珣的《海药本草》，介绍进口或引进的"海药"和岭南特产的"南药"。

宋元时期，岭南医学得到长足的发展。宋初南海名医陈昭遇为翰林医官，他以行医岭南多年的经验，参与官颁《开宝本章》与《太平圣惠方》的编写。南宋之岭南医家刘昉为官长沙，任内撰著了《幼幼新书》，该书集宋以前儿科文献之大成，并结合家传经验而成。

在岭南为官的李璆、张致远、王斐、汪南容等撰著了防治岭南疫瘴的论方，南游岭南的元代僧人释继洪著《岭南卫生方》，影响深远，及于明清。

南宋两度为官广东的宋慈是世界上最早的法医兼学者，他大量汲取岭南审案经验，撰著《洗冤集录》，后被译成多国文字，在欧亚各国有较大的影响。

4. 成熟期

明清时期，岭南医家众多，著述丰富，岭南特色日趋明显。明代医家丘浚出身医学世家，官至礼部尚书、文渊阁大学士，他著有《明堂经络前图》《明堂经络后图》《群书抄方》《本草格式》等，其子丘敦、丘京亦是名医。

明代医著还有罗浮山人姚大傅的《箓竹堂经验方》、钟方的《养生举要》、刘邦永的《惠济方》、曾仕鉴的《医方》、曾居渐的《医方集要》、黄柏的《摄生要义》等。

清代岭南医学名家以何梦瑶影响较大，被誉为"粤东医界古今第一国手"。何梦瑶的六部医著《医方全书》，包括《医碥》《幼科良方》《妇科良方》《痘疹良方》和《神效脚气秘方》，还著有《绀山医案》《针灸吹云》等。

内科名家及其综合性医著有刘渊的《医学纂要》、谢完卿的《会经阐义》、黄岩的《医学精要》。清代康乾年间《景岳全书》三次在广东刊刻，其影响不可低估。

岭南草药专著有何克谏的《生草药性备要》、赵寅谷的《本草求原》、萧步丹的《岭南采药录》、胡真的《山草药指南》等。《岭南采药录》收录南药480味，后增补200余味，包括广藿香、新会陈皮、化州橘红、德庆巴戟以及橘核、荔枝核等。目前，广东省有药材品种2600多种，罗浮山有药用植物1200多种，肇庆鼎湖山亦有品种繁多的岭南草药。

（三）岭南中医的代表人物

1.岭南医药学开山之祖——郑仙

郑仙，原名郑安期，又名安期生、北极真人、千岁仙翁。山东琅琊人士，师从河上公，是秦汉期间燕齐方士活动的代表人物，黄老哲学与方仙道文化的传人。其仙位或与彭祖、四皓相等。秦末方士郑仙云游至南粤白云山并隐居此地，某年瘟疫流行，为拯救民众，上山采仙草九节菖蒲时失足坠崖，驾鹤成仙。后世在其飞升处修建了"郑仙祠"，飞升之日为"郑仙诞"，在农历七月二十五日登山拜祭，同时采集菖蒲、涧中沐浴，祈求身体强健，这些活动逐步演变成广州地区的重要民俗。

2.晋代医僧脚气病克星——支法存

支法存，晋代医僧，其先辈为胡人，后移居广州，生于广州，习医遂以医名。当时北方士大夫于永嘉之际南渡，多患脚弱症，其症多凶险，毙人甚众。支法存以其医技治之，存活者不计其数，医名大振，与仰道人同为治脚弱症之高手。所著《申苏方》五卷，散见于后世医著如《备急千金要方》等。根据对岭南脚气病治疗史的记载，晋代的岭南医学才有了声色，才让五岭以外、中原之地开始注意到岭南医学的发展，岭南医学一步步走出五岭，进而得到进一步发展。

3. 岭南炼丹术之祖——葛洪

葛洪，字稚川，自号抱朴子，丹阳郡句容人，东晋道教理论家，著名炼丹家和医药学家，所著《抱朴子》对之后道教炼丹术的发展具有很大影响，开启了改变岭南瘴地气质的篇章。栖隐罗浮山的18年间，他的著作约有530卷，至今仍保存的有《神仙传》《抱朴子内篇》《抱朴子外篇》《肘后备急方》等医学著作。他带来的中医药文化，在岭南生根破土，萌芽成长，荣获诺贝尔奖的青蒿素的获得就是受其著作启发而来。葛洪是将中原医药学全面、系统引入岭南的第一人，堪称"岭南医祖"。

4. 满腹经纶的南海明珠——释继洪

释继洪，又名澹寮，金代汝州（今河南省汝州市）僧人，其将佛法与医理融会贯通，精通"五明"。佛教"五明"，即声明（文法、文学）、工巧明（技术、天文学）、医方明（医学）、因明（逻辑学）、内明（哲学、教育学）。由于释继洪的博学多识，被授予禅师称号，也获得了单独外出从事佛教与医疗活动的资格。其著作《岭南卫生方》承袭了宋元以前治疗瘴症的医理与实践，代表了宋元时期治疗岭南瘴症的最高水平，对宋元以后相关病症的治疗及医理的研究与发展有很大的启发作用，成为明清两代岭南医学崛起的基础之一，被誉为"南海明珠"。

5. 得赐金带、紫袍，精通医术——陈昭遇

陈昭遇，字归明，明广东省南海区人，宋代名医，出身医学世家，精通医术，北宋东京（今河南开封）任翰林医官。他起初任文水主簿，后升光禄寺丞，皇帝赐以金带、紫袍。医官中得赐金紫的人，被称为金紫医官，是古代医学中的至高荣誉，世人称之为神医。他潜心研究医术，重视临床实践，医术造诣很高。参与两项国家级的大型编纂出版工程——《开宝新详定本草》和《太平圣惠方》编修，在中国医学史上留下浓墨重彩的一笔。

6.《程斋医抄撮要》《玉华子》——盛端明

盛端明，字希道，号程斋，明代潮州府海阳市滦州都大麻人。弘治十五年（1502），参加会试中进士，在殿试选为庶吉士，入翰林院庶常馆学习三年，其后，授任翰林院侍读。历经多次擢升，对国务贡献甚大。盛端明对医学情有独钟，其纂修医学秘法书籍，编成《程斋医抄撮要》五卷、《玉华子》四卷，具有一定的学术价值和实用价值。

7.宋代儿科集大成圣手——刘昉

刘昉，龙图阁学士、医学家、宋代官吏，汉中山靖王后裔，世居海阳（今广东潮州）。因见小儿疾苦甚深，而世又无儿科全书以救济之，故取前贤关于儿科之论述，命干办公事王历及乡贡进士王湜共同编集，汇成巨帙，名《幼幼新书》，凡40卷。此书所引前代资料颇为丰富，其中不乏后来已佚之医著或其他文献，为宋以前儿科学之集大成者。对儿科诊断，《幼幼新书》主张3岁以内小儿以观察指纹代替切脉，记述有虎口三关指纹查验法，此诊法沿用至今。

8.边做官边行医的儒医——何梦瑶

何梦瑶，字报之，号西池，清代广东名医，南海人，出任过知县和知州，因故辞官返回广东，先后在广州粤秀书院、越华书院主持院务。对中医的五脏生克学说与阴阳、水火、虚实、气血等基本理论均有匠心独运的见解，在医治岭南各种温热病状的医理研辩中取得了重大突破。撰写的《医碥》《伤寒论近言》《幼科良方》《妇科良方》《医方全书》等著作，均是依据岭南独特的地理气候环境下人体病变的特征，并运用经络学说进行精确的医理论证，揭示了相关临床治疗的秘籍。

9.雪冤禁暴，法医鼻祖——宋慈

宋慈，字惠父，号自牧，南宋官员、法医学家，福建建阳县（今江苏省建湖县）人，其父官至广州节度使。宋慈31岁中进士，4次担任高级刑法官，办案严肃认真，执法如山。53岁任广东提点刑狱（掌管刑法狱讼的官吏），他"雪冤禁暴"的事迹在百姓中赢得了清官的好名声。宋慈依据实践经验及当地民间流传的中医药知识，编辑了5卷本《洗冤集录》。该卷本可称为我国现存最早的一部系统的法医专著，在世界法医史上赢得了相当的影响与地位，比西方的同类书籍早350年。

10.岭南草药继承发展者——何克谏

何克谏，名其言，以字行，别号青萝山人，广东番禺人。明亡，随父兄隐居于番禺沙湾附近的青萝峰，其别号即来源于此。他采药著书，兼为乡亲治病，以终其一生。何克谏是岭南草药发展史上的重要人物，他继承了清代以前岭南地区药物学发展的成就，成为岭南草药专家，著有《生草药性备要》二卷，第一次系统整理岭南民间使用草药治病的经验，另著有《食物本草》，总结了许多有岭南特色的药食治疗经验。

（四）岭南中医药文化的特点

岭南地区历史上是中国与海外交流的重要门户，岭南中医药文化在与外来文化的交流中形成自己的特色，同时吸收多元文化的元素，进行创新和融合，最终形成独特的学派和治疗手段。岭南中医药文化注重疾病的预防和健康的保护，鼓励人们通过养生手段来维护身体健康。岭南地区的中医药文化积累了丰富的临床经验，形成一批优秀的中医药师和传承人。

岭南中医药文化与中医药文化整体具有共同的理论基础和诊疗手段，但又因地域特色和文化交流的影响而产生了自身的特点，因此岭南中医药文化在临床实践、药材应用和文化传承等方面有着独特的贡献和价值。

岭南中医药文化发端于岭南地区，其形成和发展均与岭南文化息息相关。岭南中医药文化充分体现岭南文化的兼容性、开放性和实用性。其适应地方疾病谱的变化，应用岭南特有之草药，在防治伤寒、温病、时疫（包括天花、霍乱、鼠疫等）以及骨伤、妇科、儿科等疾病方面传承创新，并得风气之先，引进西方医学，融会贯通，彰显海洋文化的优势。此外，在中医教育方面创医药结合之先河，重视人才培养，影响及于海外。

1.传承创新，彰显海洋文化优势

我国幅员辽阔，由于地理环境的差异和历史上开发得早晚，各个地区的情况千差万别，中医药的发展也表现出明显的不平衡。岭南中医药文化源远流长，岭南地区自晋代以来涌现出很多著名的医家，流传于后世的医学典籍相当丰富。岭南中医药文化是中国传统医学文化的重要组成部分。晋代岭南名医有支法存、葛洪、鲍姑、仰道人等，其中，葛洪的《抱朴子》内外篇、《肘后备急方》等对化学、制药学的发展以及传染病的治疗有一定贡献。唐宋以来，中原文化与岭南特色的相互结合，长江流域的医药技术被带入岭南，又促进了岭南中医药的发展。千余年来，岭南医家的学术思想受张仲景、叶天士、张景岳的影响最大，因而产生了不少伤寒、温病名家，至清末演变为寒温两大派。又由于出现了刘昉、陈复正等，使儿科学有很大发展。其他如杂病、外科、骨伤科、眼科、喉科等则由于家传、师承而各有特长，成为岭南医派的组成部分。

岭南属热带、亚热带气候，日照时间长，气温高，雨量充足，河流纵横，原始森林茂密，毒蛇猛兽和"瘴疠病毒"多。岭南历代著名中医学家重视南方炎热多湿、地处卑下、植物繁茂、山岚瘴气、虫蛇侵袭等环境因素，着眼于南方多发、特有疾病的防治，勇于吸取民间经验和外来医学新知，充分利用本地药材尤其是草药及海洋药物资源，逐渐形成了一个有地域特点的医学体系。岭南中医药以研究生活在岭南这一特定地域内人群的特定体质、卫生习俗及常见病、多发病为己任，广泛应用岭南地区的医药资源进行医疗和保健，成为中国传统医学中一个重要的学术流派。岭南历代医家，努力继承和发展独特的中国传统医学，在不同的历史阶段都推动着中医科学的发展。据不完全统计，历代广东中医药图书有295种，现存有93种医著，内容涉及本草、方剂、伤寒、温病、通论、临症各科、诊断、针灸、医案等，这些医著在岭南中医药地域文化发展史上都占有重要地位。

2. 扎根民间，彰显地域文化特色

岭南位于我国最南端，北枕五岭，南濒大海，主要包括广东、海南两省以及广西壮族自治区的一部分。岭南境内地形复杂多样，有山地、丘陵及大小岛屿等，地势北高南低，南部临海，河流众多，雨量充沛，其自然气候、地理环境与我国其他地区有明显的差异。2000多年前，在《素问·异法方宜论》就提到："南方者，天地所长养，阳之所盛处也。其地下，水土弱，雾露之所聚也。"根据中医"天人合一"的思想，长期生活在这种环境下的人群，生活习惯、人群体质的差异，导致疾病的发生和发展、临床证候和防治方法有其特殊性，所以在医学上形成了不同于其他地区的医家风格和医疗特色。

岭南医家遵循中医基本理论，着重研究本地区特殊的自然气候、地理环境，人群体质对疾病发生、发展的影响，研究因时、因地、因人制宜的治疗原则，并从岭南地区实际出发，结合自己的临床经验，大胆创新，对本地区常见病、多发病的病因、病机、治则、方药、预防、调摄等都从不同侧面提出个人见解，丰富和发展了岭南中医药。如宋代岭南医家王怀隐编撰的《太平圣惠方》一书，对于岭南的气候、地理对疾病的影响已有了清楚的认识："岭南土地卑湿，气候不同，夏则炎热郁蒸，冬则温暖无雪，风湿之气易伤人。"元代岭南医家释继洪在《岭南卫生方》中对岭南气候、地理与疾病关系有专门论述："至岭南，见外方至者，病不虚日，虽居民亦鲜有不病者。因思岭以外号炎方，又濒海，气常燠而地多湿，与中州异。气燠故阳常泄，而患不降；地湿故阴常盛，而患不升。业医者，苟不察粤地山川窍发之异，有以夺阴阳运历之变，而徒治以中州常法，鲜有不失者。"清代岭南医家何梦瑶的《医碥》一书对岭南地域的医疗特色也有记载："岭南地卑土薄，土薄则阳气易泄，人居其地腠理汗出，气多上壅。地卑则潮湿特盛，晨夕昏雾，春夏淫雨，人多中湿，肢体重倦，病多上脘郁闷，胸中虚烦，腰膝疼痛，腿足寒厥。"由此可见，历代岭南医著重视环境气候对人体质的影响，充分体现了"人与天地相应"的理论及岭南中医药文化的地域性。

岭南中医药地域文化是当地人们在长期的共同生活中逐渐形成的，它的形

成得到了社会群体的一致认同。这不仅使岭南中医药地域文化具有较强的稳定性，也使其地域文化能够以其特有方式对特定区域的人们在中医药卫生保健等方面受其影响，人们自觉或不自觉地遵循这一共同的中医药卫生保健观念和行为模式。岭南地区的群众对中医药比较信赖，人们的保健意识很强，药膳知识及使用非常普及。他们将中药与食物相配伍，运用传统的饮食烹调技术和现代加工方法，制成色、香、味、形俱佳，具有保健和治疗作用的食品。岭南地区的民间流传着大量的药膳食谱，人们喜欢选用有药用价值的食物，或在汤、粥、饮料甚至菜肴中加入某些药物，而且一年四季都有不同的药膳食谱。市面上的药膳材料五花八门，十分丰富，在菜市场、杂货店都可买到，可见中医药膳养生保健的理念已深入人心。岭南药膳方多数具有鲜明的岭南地方特色，如祛湿药膳有清热利湿的土茯苓薏米粥、祛湿解毒的土茯苓煲龟汤、健脾渗湿的清补凉汤等。岭南地区气候温和，雨量充沛，中药资源丰富，著名岭南凉茶以其简、便、验、廉的特点被民间广为应用，在岭南人的卫生保健、防病治病方面起到了相当重要的作用。它是岭南人民根据本地的气候、水土特点，在长期预防疾病与保健的过程中以中医养生理论为指导，以中草药为基础，研制、总结出的系列具有清热解毒、生津止渴等功效的饮料，由民间验方发展而来，有特定的术语指导人们日常饮用。由于岭南地处沿海，属亚热带气候，湿气较重，由于气候的缘故，当地人都特别喜欢喝凉茶。凉茶也是中医药文化的产物，当地人常采用简单的饮用方式，起到防治一些疾病的效果。凉茶是岭南地区中医药地域文化注重预防的体现。

3. 医药兴教，创产学研结合先河

岭南地区虽受五岭阻隔，但历史上有大批的文人南迁，传播中原文化。中医学之经方派、易水学派在岭南有较大的影响。另外，岭南地处我国南疆边陲，位于南海之滨，自古以来就是我国对外交流的窗口，得风气之先，引入"海药"，与"南药"互为补充。

"南药"通常指的是生长在岭南地区，具有独特药效和地域特色的中药材。这些药材因其独特的生长环境和气候条件，具有独特的药理作用和临床疗

效，是岭南地区中医学的重要组成部分。例如，广陈皮、阳春砂、巴戟天等，都是岭南地区特有的"南药"，它们分别具有理气降逆、化湿开胃、补肾阳等多种功效。

而"海药"则是指通过海上丝绸之路等途径引入我国的海外药材。这些药材大多来自东南亚、南亚等地区，具有异域特色，为岭南地区的中医学提供了新的药材资源和治疗思路。如沉香，这种来自东南亚的珍贵药材，在岭南地区得到了广泛种植和应用，具有行气止痛、温中止呕等功效。此外，还有龙脑香、胡椒、犀角（现以水牛角代）等，都是历史上通过海上丝绸之路引入我国的海药，它们在中医学中发挥着重要的作用。

"南药"与"海药"互为补充，不仅丰富了岭南地区中医学的药材资源，也促进了中医学的交流与发展。

历史上，岭南人不断向海外开拓，频繁的贸易交流和人口流动，使岭南中医药地域文化呈现出一种开放的文化态势。岭南靠海，南面与越南、马来西亚、印度尼西亚、菲律宾等国隔海相望，是我国通往东南亚、大洋洲、中东和非洲等地区的最近出海处。我国的东南沿海面临广阔的海洋，自古以来就融合了东西方两种文化。岭南中医药地域文化在形成自身文化的同时，也得到外来文化的影响，同时对周边国家和地区的文化产生一定的影响。岭南热带、亚热带气候非常有利于中草药的繁育生长，使得"南药"成为岭南中医药地域文化的重要组成部分，历经千年而不衰。

中医药文化是中华文明的瑰宝，中医药文化所倡导的健康观以其内在的科学性，在新的时代条件下正显示出强大的生命力和广阔的发展前景。岭南中医药地域文化中特有的中草药及其显著的疗效，在岭南地区以至邻近的东南亚国家均有很好的声誉，同时基于影响人类健康的自然气候、水文土质、医药资源等因素以及人群的体质、生活习俗、遗传谱系等血缘因素，香港、澳门特区以及泰国、马来西亚、新加坡等东南亚国家的中医药亦深受岭南中医药地域文化的影响。

近代西方医学的传入，岭南医家善于衷中参西，在防治伤寒、温病、时疫以及骨伤、妇科、儿科等疾病方面传承创新，提出新的学术观点，形成新的学说，促进中医学术的进步与专科的发展。20世纪初叶，以粤港药业联合办学的模式，首创医药结合办中医教育之先河。建立中医教育平台，以医带药，以药促教，实现医药商教共荣，培养了大批精英，推动学术发展，在现代中医教育史上具有重要影响。

总之，岭南医药学是植根于中医药学基本理论体系，研究岭南特定地域人群的特定体质、卫生习俗与常见病的诊治规律，并广泛应用岭南地区中药资源进行治疗和保健的一个中医学术流派。它是中医学普遍原则与岭南地区具体医疗实践结合的产物，是中医学因地制宜原则的体现。岭南医学具有鲜明的地方特色，深入研究岭南医学，对传承和发扬中医药学术，提高临床疗效具有重要意义。

第三章

岭南中医药文化进校园的意义和价值

一、岭南中医药文化进校园的教育意义

岭南中医药文化进校园具有重要的意义和价值。这不仅有助于传承和弘扬中华文化,提升学生的健康素养和创新能力,还具有切实可行的实施条件。因此,应该积极推动岭南中医药文化进校园的工作,让更多的学生了解和接受这一独特文化的熏陶。

(一)岭南中医药文化进校园的迫切性

当今社会,慢性疾病已成为威胁公众健康的重大隐患,数以亿计的患者正饱受高血压、糖尿病、高脂血症等慢性病的困扰,其庞大的医疗支出与日益增长的患病人数,无不凸显出形势的严峻与迫切。面对这一挑战,中医以其独特的理论体系、丰富的治疗经验和强调整体调理的治疗理念,展现出不可小觑的实力。中医通过望、闻、问、切的诊断手法,精准辨识体质与病因,运用草药、针灸、推拿等多种自然疗法,旨在调和阴阳、疏通经络、增强体质,从根本上改善慢性病患者的健康状况。在亟需有效管理慢性疾病、减轻医疗负担的当下,中医不仅为患者提供了除西医外的另一治疗选择,更是推动健康中国战略实施、促进全民健康不可或缺的力量。让我们共同关注中医,挖掘其深厚智慧,为慢性病防治贡献力量。同时,随着中医药产业的不断发展,对中医药人才的需求也在增加,在职业生涯规划方面也需要从小培养学生学习中医,为他们的职业铺开一条路。因此,将岭南中医药文化引入校园,帮助学生建立健康的生活方式,显得尤为迫切。

（二）岭南中医药文化进校园的必要性

首先，岭南中医药文化进校园是传承和弘扬中华优秀传统文化的有效方法。中医药文化是中华民族文化的重要组成部分，通过进校园可以让学生接触和了解中医药文化，从而增强体质，加深对中华优秀文化的理解和认同。

其次，这有助于提升学生的健康素养。岭南中医药文化强调的养生理念和健康生活方式，可以帮助学生减轻学业压力，提高身心健康水平。

最后，这有助于培养学生的整体性思维和实践能力。通过学习中医药文化，学生可以了解古代科学的智慧和思想，从而激发他们的创新思维和科学精神。同时，中医药文化的实践性很强，学生可以通过参与实践活动，提升动手能力和解决问题的能力。

（三）岭南中医药文化进校园的可行性

一方面，国家政策支持中医药文化的传承和发展，为岭南中医药文化进校园提供有力的政策保障；另一方面，随着社会的发展和科技的进步，越来越多的教育资源和教学手段可以被运用到中医药文化的教育中，如多媒体教学、网络教学等，使得中医药文化的教育更加生动有趣，易于被学生接受和理解。此外，许多学校和教育机构已经开始了中医药文化教育的探索和实践，积累了丰富的经验和教学资源，为岭南中医药文化进校园的可行性提供了实践基础。

二、岭南中医药文化进校园的教育价值

（一）教育多元化与跨学科融合

将岭南中医药文化引入校园，有助于实现教育内容的多元化。中医药学融合了自然科学与人文科学的精髓，通过中医药文化教育，可以促进学生对多学科知识的融合与应用，同时拓宽学生的知识视野，培养跨学科的综合素养。

首先，教育多元化是现代教育的一个重要趋势，它旨在为学生提供更加丰

富、多样的学习内容和方式，以满足不同学生的兴趣和需求。岭南中医药文化作为中华传统文化的重要组成部分，其独特的理论体系和丰富的实践经验，为校园教育提供了宝贵的资源。将这一文化引入校园，无疑为教育内容注入新的元素，使得学校教育更加丰富多彩。

其次，跨学科融合是提升教育质量、培养学生综合素养的有效途径。岭南中医药文化不仅涉及医学知识，还与历史、文化、哲学等多个学科领域有着密切的联系。通过学习中医药文化，学生可以接触不同学科的知识和方法，学会从不同角度思考问题和解决问题。这种跨学科的学习体验有助于培养学生的综合素养，提升他们的创新能力和解决问题的能力。

最后，岭南中医药文化的实践性很强，学生在学习过程中可以参与各种实践活动，如药材辨识、药方配制等。这些实践活动不仅可以锻炼学生的动手能力，还能帮助他们更好地理解和应用所学知识。通过与学科课程的结合，学生还可以进一步探索中医药的科学原理，从而培养他们的科学精神和探索精神。

（二）连接传统文化与现代科学的桥梁

中医药文化进校园可以作为连接传统文化与现代科学的桥梁。学生在学习中医药文化的过程中，不仅能够感受传统文化的魅力，还能够理解传统文化与现代科学的结合点，从而培养学生对于传统文化的兴趣与尊重，同时激发他们对科学探索的热情。

首先，中医药文化作为中国几千年文明的瑰宝，蕴含丰富的哲学思想、自然观念和健康理念。这种文化在校园中的传播，能够让学生深刻感受到传统文化的独特魅力和深厚底蕴。对于青少年来说，这是理解和体验民族文化认同的重要途径，有助于培养中国文化自信。

其次，中医药文化并非孤立存在，它与现代医学科学有着千丝万缕的联系。现代医学在研究方法和技术上不断进步，但对人体健康和疾病的理解仍可从中医药文化中汲取智慧。将中医药文化引入校园，不仅让学生了解传统的医学理论，还能激发他们思考如何将这些传统文化与现代科学技术相结合，探索新的健康解决方案。

最后，学生在学习中医药文化的过程中，会接触诸如阴阳五行、脏腑经络等中医理论，这些理论与现代医学的生理、病理观念有着异曲同工之妙。通过对比学习，学生可以更全面地理解人体健康的多维性，认识到健康不仅是生物学层面的问题，还涉及心理、社会和环境等多个方面。

（三）促进学生职业规划与发展

将中医药文化引入校园，可以帮助学生更早地了解这一行业，为他们的职业规划提供更多选择。对于有志于从事中医药事业的学生来说，早期的接触和学习无疑会为他们未来的专业发展和就业奠定良好基础。

首先，中医药文化的引入为学生打开了一扇了解中医药行业的窗口。通过学习中医药文化，学生可以深入了解这个行业的状况、发展前景以及从事这个行业所需的知识和技能。这对于学生发现自己的兴趣和潜在的职业方向具有重要的引导作用。

其次，中医药文化的引入有助于学生提前进行职业规划。高中阶段是学生人生规划的关键时期，他们开始思考自己未来的发展方向。中医药作为一个具有广阔发展前景的行业，可以为学生提供更多的职业选择。通过学习中医药文化，学生可以提前了解自己是否适合从事这个行业，从而有针对性地制定自己的职业规划。

再次，中医药文化的教育可以为学生提供实用的职业技能。中医药行业不仅需要深厚的理论知识，还需要一定的实践技能。学生在校园中通过学习中医药文化，可以掌握一些基础的中医药知识和技能，如药材辨识、药方配制等。这些技能不仅可以用于日常生活中的健康保健，还可以为学生未来从事中医药行业打下坚实基础。

最后，中医药文化的引入还有助于学生建立正确的职业价值观。中医药行业强调的是以人为本、治病救人的理念，这种理念可以影响学生的职业价值观，使他们更加注重人文关怀和社会责任。这对于学生来说，无论未来从事哪个行业都具有积极的指导意义。

（四）培养学生的人文关怀与社会责任感

中医药文化强调以人为本，注重人文关怀。通过学习中医药文化，学生可以更加深入地理解人与自然的和谐关系，以及医者仁心的职业道德。这有助于培养学生的人文情怀和社会责任感，使他们成为具有高尚医德和精湛医术的未来医者。

首先，中医药文化以人为本的核心思想，深深体现了对患者生命和健康的尊重与关怀。这一思想强调医者需具备仁爱之心，以患者为中心，关注患者的整体健康状况和生活质量。将这一文化引入校园，能够让学生在学习过程中深刻体会人文关怀的重要性，从而培养他们以人为本的价值观和职业操守。

其次，在中医药文化的传承和实践过程中，始终贯穿对社会责任的强调。医者不仅要具有精湛的医术，更要承担起救死扶伤、服务社会的重任。这种对社会责任的强调，有助于学生在校园中就树立强烈的社会责任感，明白自己的专业知识和技能将来是要服务于社会、造福于人民的。

再次，通过学习中医药文化，学生可以更加深入地了解中华传统文化的博大精深和人文关怀精神。中医药文化蕴含的诸多道德规范和职业操守，如诚实守信、尊重生命、热爱专业等，是培养学生人文素养和社会责任感的重要教育资源。

最后，将中医药文化引入校园，还可以通过各种实践活动，如义诊、健康讲座等，让学生亲身参与服务社会的行列中。这些实践活动不仅能够锻炼学生的专业技能和实践能力，更能让他们在实际行动中体会到医者仁心的真谛，从而更加深刻地理解人文关怀和社会责任的重要性。

（五）国际交流与合作的文化名片

中医药文化作为中国的独特文化符号，在国际上享有广泛的知名度和影响力。将中医药文化引入校园，可以为学生提供一个了解和学习国际文化的窗口，同时为他们未来在国际交流与合作中展现中国文化魅力、讲好中国故事提供有力支持。

首先，中医药文化作为中国传统文化的重要组成部分，具有独特的理论体系和丰富的实践经验，这在全球范围内都是独一无二的。将中医药文化引入校园，可以为学生提供一种独特的文化视角，使他们能够更深入地了解和传承这一文化，进而在国际交流与合作中更好展示中国文化的独特魅力。

其次，随着全球化的加速推进，国际的交流与合作日益频繁。中医药文化作为中国的文化名片之一，在国际上享有广泛的知名度和影响力。学生在校园中接触和学习中医药文化，不仅有助于他们了解中华传统文化，还可以为他们在未来的国际交流与合作中提供有力支持。当他们走出国门，与具有不同文化背景的人交流时，能够借助中医药文化这一共同话题，拉近彼此的距离，促进深入的交流与合作。

再次，中医药文化在国际上的传播和认可程度逐渐提高，越来越多的国家和地区对中医药产生了浓厚的兴趣。将中医药文化引入校园，可以为学生未来参与国际中医药领域的交流与合作打下坚实的基础。学生可以通过学习中医药文化，掌握相关的知识和技能，为国际中医药事业的发展贡献自己的力量。

最后，学生在校园中学习中医药文化的过程，也是培养国际化视野和跨文化交流能力的过程。他们将学会如何以开放、包容的心态面对不同的文化，如何在尊重差异的基础上寻求共识，这对于他们未来在国际舞台上发挥更大的作用具有重要意义。

第四章

岭南中医药文化进校园的实施路径

岭南中医药文化进校园具有深远的意义，这不仅关乎文化的传承，也对学生的健康观念和行为模式产生积极影响。

首先，岭南中医药文化作为中华优秀传统文化的重要组成部分，其进校园有助于弘扬和传承中华优秀传统文化。通过接触和学习岭南中医药文化，学生可以更加深入地了解中华文化的博大精深，增强文化自信。其次，岭南中医药文化强调天人合一、自然疗法以及个体化治疗等理念，这些理念对于培养学生的健康观念和行为模式具有积极的引导作用。通过学习岭南中医药文化，学生可以更加关注自身的健康状况，学会根据自身体质和环境因素来调整和保持健康的生活方式。再次，岭南中医药文化还蕴含丰富的哲学思想和人文精神。通过学习这些思想，培养学生的辩证思维、和谐共处的观念，以及仁爱、俭约等道德品质。这些思想和观念对于学生的全面发展具有重要意义。最后，岭南中医药文化进校园还有助于激发学生对传统文化和医学的兴趣。通过实践操作和亲身体验，学生可以更加直观地感受到中医药文化的魅力，从而培养对传统医学的热爱和尊重。这种兴趣的培养有助于为中医药事业的发展储备人才，进而推动中医药文化的传承和创新。

岭南中医药文化进校园不仅有助于传承和弘扬中华优秀传统文化，还能培养学生的健康观念和行为模式，提升其哲学思维和道德品质，并激发学生对传统医学和文化的兴趣，因此，这一举措具有非常重要的意义。

一、文化传播与中医药文化进校园

中华传统文化是中华民族生生不息、代代传承的精神血脉，教育则是这一精神血脉得以延续的载体，中医药文化是中华传统文化的重要组成部分。以下将从信息传播过程中的五个要素，即传播者、内容、渠道、接受者、效果的角度分析如何有效推动中医药文化在校园的传播（图4-1）。

谁（传播者）→ 说什么（讯息内容）→ 什么渠道（媒介种类）→ 对谁说（接受对象）→ 什么效果（结果评价）

图4-1 信息传播过程

（一）中医药文化传播的主体

传播主体作为传播活动的起点，在传播过程中主要负责收集、整理和处理传播信息。中医药文化进校园活动的传播主体主要包括国家、中医院校和中小学教师。

在国家层面，党中央、国务院对传承中华优秀传统文化日益重视，坚定不移地推动中医药事业发展。2016年国务院印发的《中医药发展战略规划纲要（2016—2030年）》提出，推动中医药进校园、进社区、进乡村、进家庭，将中医药基础知识纳入中小学传统文化、生理卫生课程。2019年10月，中共中央、国务院在《关于促进中医药传承创新发展的意见》中提到实施中医药文化传播行动，要把中医药文化贯穿在国民教育中。2021年6月国家中医药管理局、中央宣传部、教育部、国家卫生健康委、国家广电总局共同制定了《中医药文化传播行动实施方案（2021—2025年）》。方案指出推动中医药文化应贯穿国民教育始终，具体行动包括丰富中小学生中医药文化教育；将中医药文化作为中华优秀传统文化的重要组成部分，引导中小学生了解中医药文化的重要价值；丰富中医药文化进校园的形式，推动各地开展内容丰富、形式多样的中医药文化进校园活动。积极建设校园中医药文化角和中医药文化学生社团，普及适宜青少年掌握的中医养生保健知识，帮助中小学生养成良好的健康意识和生活习惯。可见，国家通过制定政策统领全局，对中医药文化进校园活动提供政策支持与可供参考的实施路径。

中医药院校是专门培养中医药人才的高等教育机构，具有专业的师资力量、丰富的教学资源和先进的教学设备，保证传播中医药文化的专业性、规范性和权威性。因此，岭南地区的中医药院校，如南方医科大学中医药学院、广州中医药大学等，可作为中医药文化进校园活动的引领者，在政府部门、学校和社会组织之间建立沟通的桥梁，提出好的倡议并且作出表率。中医院校通过教学、科研和社会服务等方面，如在校园内组织中医药文化展览、讲座、座谈会等活动，向中小学生传授中医药前沿知识，进行中医药文化方面的实践，加深学生对中医药文化的认识和理解。

中小学教师也可以成为中医药文化进校园活动的承担者。虽然当今的中学教育是分科教学，但弘扬中华优秀传统文化却是各学科育人过程中不可缺少的一环。以中医药文化的人文素养、医德教育、生物学原理等为切入点，将中医药文化融入各科的教学内容中，是中医药文化进中小学课堂的有效途径。鼓励中小学教师在所教授的学科中寻找与中医药文化的联系，推动中医药文化知识与中小学教学内容的有机结合，实现多学科之间的相互渗透，在传播中医药文化的同时取得更好的教学效果。例如，在生物课中介绍中草药的特点和应用，在历史课中讲解中医药的发展历程和重要人物。此外，教师可以通过组织课外实践活动、开设中医药文化校本课程等方式传播中医药文化。

"桃李不言，下自成蹊。"中医药文化的传播工作是一项潜移默化的大工程。中医药文化的传播主体不仅包括中医药工作者，还包括其他行业、不同机构的人，只有广泛发动社会各个责任主体，中医药文化建设才能在全社会范围内得到广泛重视和持久发展。

（二）中医药文化传播的内容

传播内容是中医药文化进校园传播活动中起决定性作用的关键要素，应当根据不同阶段学生的特点和接受程度，精心设计中医药文化进校园的具体传播内容。对于学龄前儿童，可以以兴趣吸引为主，通过设定不同的健康教育主题，讲授中医药文化科普故事，创编健康养生小游戏，帮助幼儿养成健康的生活习惯。小学阶段，建议以接触体验为主，通过种植中草药、学习眼保健操等中医按摩方法和参与校本课程讲座，提高学生的动手能力，养成观察意识，培养对我国传统文化的热爱。中学阶段，以探索思考为主，通过中医药文化专题讲座、研究性课程和社团实践，了解中医药文化内涵、独特的辨证思维模式，扩展自身视野，提升自身道德修养。

（三）推广传播的渠道

传播渠道是传播主体发送消息、受众接收消息的途径和方式，传播渠道的合理利用对传播的结果影响深远。中医药管理局局长于文明曾表示，中医药文化的传播要运用人们看得见、听得懂、用得会的方式，通过多方面、多角度、多形式来传播中医药文化，增强全民的健康意识。中医药文化进校园的方式主要通过制定特色教材、展板海报、举办专家讲座和开展相关课外活动等。

（四）推广传播的受众

在传播学中，受众处于传播过程的末端，为接受信息的一方，为了取得更好的传播效果，可以对受众的喜好进行统计分析，制定出更具有针对性的推广内容和方案。中医药文化进校园的受众主要是青少年，即中小学生。要注意中小学生各个年龄阶段吸收学习知识能力的差异，进而制定有针对性的学习方案，举办符合各个年龄特点的课程和活动。

（五）推广传播的效果

推广传播的效果不仅检验中医药进校园活动方案是否可行，更是确定中医药文化进校园活动宣传方向的重要因素，可通过质性评价与量性评价评估中医药文化的传播效果。一方面，开设的课程重视学生参与的积极性，充分关注学生的过程实践体验和情感态度，鼓励学生自我反思；另一方面，可通过专业量表评估中医药文化进校园前后，学生对中医药文化的认同度与认知度，并通过对学生满意度的调查获取文化传播效果的反馈。

二、岭南中医药文化进校园的实践模型

基于时代背景与现实问题，广州市真光中学结合岭南地方文化特色、校园资源和学科融合特色整合资源，探索岭南中医药文化进校园的路径，形成了岭南中医药文化进校园的"融生"实践模型（图4-2）。

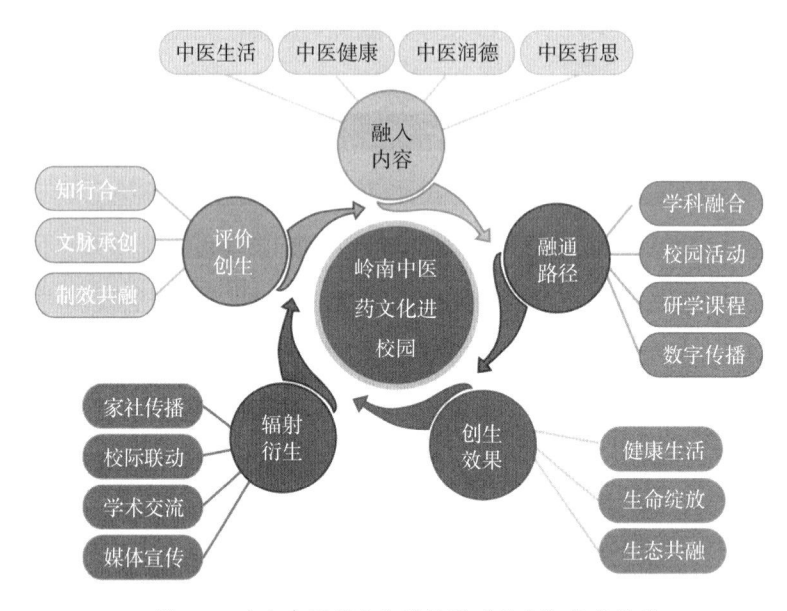

图4-2 岭南中医药文化进校园"融生"实践模型

融生教育实践模型是一种创新的教育方案，旨在将传统文化融入校园生活。该模型不仅注重多方位的融入和学科交叉，还强调生成性，赋予文化载体以新的生命力。通过这一模型，学生不再仅仅是被动的接受者，而是转变为积极的创作者，成为传统文化的传承者和创新者。

该模型分为5个核心板块：一是确定"融入内容"，强调从人文典籍、社会资源、校内资源和现代资讯中筛选和整合适宜的内容，以实现古今知识的融合。二是探索"融通路径"，通过学科融合、德育渗透、研学课程和社团活动，构建中医药文化特色课程体系。三是"创生效果"，在融入的基础上进行创生，这是融生教育实践模型中最关键的一环，包括活化载体、主体发展和学校发展。四是"辐射创生"，形成家校传播、校际联动、学术交流和媒体宣

传,打造校园品牌,形成中医药文化生态圈。五是"评价创生",从知行合一、文脉承创和制效共融的角度去评估传统文化进校园的总体效果。

中医药文化作为中华优秀传统文化的重要组成部分,其"进校园"的教育实践已经进行了22年。通过上述5个板块的系统梳理和实践,这一教育模式已经通过一系列真实的成功案例证明了其有效性。立足于校园生活中的中草药、社团和校本课程,从中医药文化的教育资源开发入手,引入校外合作伙伴,通过学生社团、研学课程、学科融合、校园节日、德育渗透等多条路线并举,积累一批优秀的成果。通过问卷调查和SEM模型分析进行评估,最终实现推广和应用,形成一个完整的闭环系统。

(一)多维度开发项目资源(图4-3)

项目资源的开发分为三部分:中草药植物资源开发、场馆建设、数字资源开发。结合"寻—种—用—赏—研"等多种方式进一步活化中草药植物,挖掘药用植物的价值以开发中草药植物资源。场馆建设包括中草药植物园建设、中草药植物种子库建设、中医药文化体验馆建设。中草药植物园是种植和展示各种药用植物的场所,它不仅为研究和教育提供了实物资源,还为公众提供观

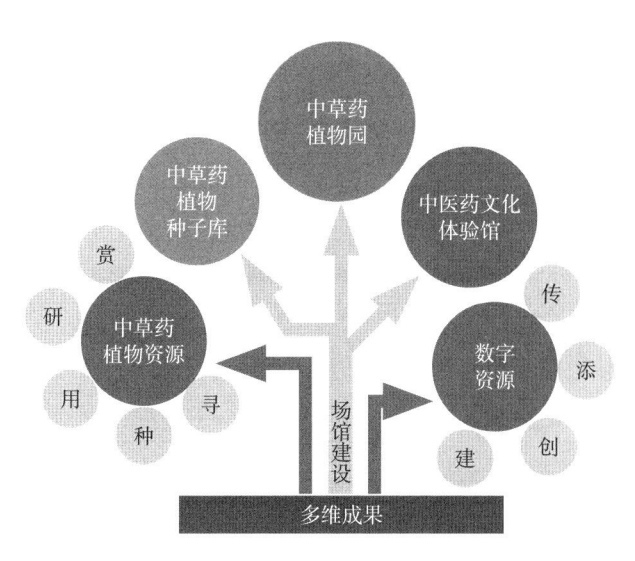

图4-3 传承岭南中医药文化的多维成果

赏和学习的机会。中草药植物种子库建设有利于收集、保存和研究中草药的种子，进行植物繁殖和研究，确保珍贵药用植物的遗传多样性得到保护。中医药文化体验馆是传承和推广中医药文化的重要场所，通过展览、讲座、工作坊等形式，让公众更深入地了解中医诊疗技术。数字资源建设是现代科技与传统中医药文化结合的体现，通过公众号平台、线上慕课等数字化手段，使得中医药文化能够跨越地域限制，被更多人了解和学习。

（二）多维度探寻实施路径

岭南中医药文化进校园的实施路径有四条：以岭南中医药文化校本课程为主要抓手，以学生的社团活动为推进器，学校德育、教学双渗透。在这一过程中，岭南中医药文化潜移默化校园里的每一位学生。

1.以岭南中医药文化校本课程为主要抓手

学校教育的主要阵地是课堂。要实现岭南中医药文化进校园，最佳的方式是能够进入学生的课堂，将岭南中医药文化作为课程资源引进中学校园。因此，开发出学生喜爱的、体现岭南中医药文化的课程体系是岭南中医药文化进校园的首要任务。

2.以学生的社团活动为推进器

随着社会文化的日益多元化、基础教育改革的不断深化以及广大中学生自主发展意识的觉醒、自主发展能力的提高，社团生活不仅日益成为学校生活的重要组成部分，而且成为培养中学生综合素养、促进中学生全面发展的重要渠道。

通过社团活动探索岭南中医药文化的丰富内涵，是岭南中医药文化进校园的特色之一。以真光中学为例，基于学生兴趣建立多个相关社团，如真光植物协会、文化采风社、生活才艺社、多彩美韵社、养生食疗社岭南中医药文化弘扬社等，让学生从不同侧面探索岭南中医药文化的丰富内涵。学生在社团活动中主动吸收岭南中医药文化知识，在学生走进中医药文化殿堂的同时，增强其文化认同感，进而成为岭南中医药文化传承和传播的主力军。

学生社团活动是岭南中医药文化进校园的推进器。社团活动为学生提供丰富的活动体验，甚至把活动范围从校园延伸到家庭、社区，学生从不同侧面探索岭南中医药文化的丰富内涵，学生的影响有效地促进了岭南中医文化在校园中的传播。

3.文化传播全覆盖的保障：德育、教学双渗透

学校德育管理的目标是培养学生良好的行为习惯和高尚的道德品质。中国工程院院士、天津中医药大学校长张伯礼曾对中医药文化进校园发表如下观点：中医进学校，第一个方面是培养健康的生活方式，学习一些养生知识，懂得自己的文化，增强文化自信；第二个方面是领略中医深邃的哲学智慧。中医看问题全面，用药采用方剂，讲究配合，以和为贵，懂中医也就懂管理。中医深邃的哲学智慧也启迪着学校的德育管理工作，原真光中学校长苟万祥在2013年就撰写了德育论文《"广州煲汤"方法对新时期的思想道德建设的启示》，并积极倡导将健康生活理念与和谐关系模式迁移到学校德育管理上。

比如，志愿者活动是当前中学德育工作的重要内容，开发具有当地特色的志愿者活动，探索其可持续发展途径，对提高学生综合素质、拓展校园文化、构建和谐社会、践行社会主义核心价值观等具有重要的意义。在教学中引导学生运用中医药学知识向身边的人宣传博大精深的中医药文化，利用现代中医检测仪器协助校内师生完成中医健康体检，在校运动会期间举行煲凉茶献爱心活动等，以上种种方式均能在德育工作中渗透中医药文化。

此外，在特殊的节日举办校园活动，也能有效促进中医药文化进校园。

4.中医药文化与各学科相融合

我国中小学生有着分科学习的传统，学生往往局限于某一特定学科，所学的知识之间条块分割、缺少整合，导致学习上的偏狭与思维发展的单一化。博大精深的传统文化涵盖多学科领域，如中医诊疗需要基于跨学科意识，运用两种或两种以上的学科观念以及跨学科观念，才能解决现实中遇到的复杂问题。

与学科教学融合是中医药文化传播的重要渠道。语文、历史、地理、化学、生物学等学科的教学内容中有着丰富多彩的中医药文化元素，如语文教学

中涉及"薏苡明珠"等中医药文化典故，历史教学中涉及葛洪等中医名人，地理学科中涉及岭南气候与药物资源等，化学学科中涉及药用成分提取技术与中药有效成分如青蒿素等，生物学学科中涉及动植物辨识、营养与健康等内容。对于数学、英语、物理、体育、音乐、美术、劳动、信息等学科，只要把岭南中医药文化作为教学素材渗透教学活动中，也同样能加深学生对中医药文化的理解与认识。可见，设立跨学科主题学习活动，加强学科之间、学科知识与中医药文化知识之间的相互关联，可带动课程综合化实施，促进岭南中医药文化进校园。

真光中学在基于学科融合促进岭南中医药文化方面取得了显著成果。如在思政课堂中，真光中学吴少雄老师在《岭南中医药文化在初中道德与法治教学中的运用研究》一文中指出，在初中道德与法治教学中运用岭南中医药文化的路径之一为收集与整合与岭南中医药文化有关的教学资源，以此助力岭南中医药文化进入思政课堂。如教学七年级上册第九课"珍视生命"第一框"守护生命"时，教师可以结合岭南中医药文化的相关知识，引导学生探究什么是健康的生活方式，明确守护生命要关注自己的身体，养成健康的生活方式。又如，在教学九年级上册第五课"守望精神家园"第一框"延续文化血脉"时，教师可以收集有关新型冠状病毒感染期间岭南地区利用中医药抗疫的视频，让学生观看视频后开展合作探究，归纳中医药文化的特点和价值，同时让学生谈一谈作为一名中学生，在日常生活中应该怎样传承岭南中医药文化，如此一来让学生对岭南中医药文化有进一步的认识。然后，教师引导学生总结视频中体现出来的伟大的抗疫精神，让学生真正明白岭南中医药文化作为中华优秀传统文化的一部分，也包含了伟大的民族精神。

此外，可通过思政实践活动助力岭南中医药文化进校园。在全国两会期间，真光中学组织开展了"我向两会说愿望"短视频征集活动，鼓励学生说出自己对全国两会的理解和愿望，积极为国家发展建言献策。教师可以借此机会，适当提示、引导学生对中医药文化进校园的可行性进行思考，这样既能助力岭南中医药文化的传承，增强学生对中医药文化的认同，又能让学生积极关心国家、社会发展，关注民生福祉，真正把课堂上学到的知识和社会发展结合起来。

在历史课堂中，陈云芳老师开设主题为"历史上的疫病与中医药成就"公开课，从"历史上的疫病""古代医学成就""现代医学成就"三个维度展开教学工作。生动展示了中医药文化融入初中历史课堂的有效策略，利用历史学科的独特优势和育人功能引导学生深入了解中医药文化，激发学生对于中医药文化的探索欲，增强民族文化自豪感。

在生物学课堂中，谢永翠老师积极探索高中生物学选择性必修与中医药文化的契合之处。基于中医"整体观念"和"辨证论治"的基本特点在"稳态与平衡"模块开展教学，并将中医"天人合一"的理念在"生物与环境"模块中进行渗透。在初中生物学教学中，亦可将中医典籍中蕴含的传统文化、科技成果作为素材纳入教学案例设计之中，如战国时期，秦规定，麻风病患者必须送往"病迁坊"。病迁房即为现代所称的传染病隔离病房。汉承秦制，对麻风病患者的隔离仍迁至病迁坊。让学生领悟到，早在古代人们就试图通过控制传染源和切断传播途径来控制传染病，进而对相关概念有了更加深入的了解。

综上所述，岭南中医药文化进校园的多维实施路径是：教师从学校"爱"的文化出发，引导学生关爱校园的一草一木，将校园的药用植物资源开发成为学生触手可及的课程资源；再以特色课程为抓手，以学生社团活动为推进器，逐步扩大对师生群体的影响，创造性地整合学校多学科的资源；在学校领导的积极倡导下，逐步实现德育、教学双渗透，校园里的大型活动自然而然地出现了许多岭南中医药文化元素，岭南中医药文化成功地融入真光中学的校园文化。

（三）多维度积累研究成果

岭南中医药文化进校的研究成果已出版专著2本，教参1本，论文9篇，科研项目14项，其中省级课题2项、市级课题4项、市教学成果培育1项、区科技项目1项，具体如表4-1、表4-2所示。

表4-1 岭南中医药文化进校的科研成果

类别	时间	作者或主持人	具体内容	发表杂志或效果
专著	2008.12	王丽玲	《真光校园中草药植物研究》（ISBN 9787807023661）	广东省立中山图书馆、广州图书馆收藏，省市区多所学校使用
	2016.5	郑思东等	《广州城市湿地常见草本植物速查手册》（ISBN 9787566817761）	在"2017年广东省初中生物骨干教师能力提升高端研修项目"作为培训参考读本
教参	2019.11	王丽玲担任编委	《广州市健康教育教学参考（初中）》（ISBN 9787544863186）	广州市中小学健康教师使用
论文	2009.11	王丽玲	《开发生物校本课程的初探》	在《中学生物教学》发表
	2010.4	荀万样（原真光中学校长）	《煲一锅"德育"靓汤》	在《青年心理·人民教师》发表
	2011.9		《构建全新德育管理模式初探》	在《语文建设》发表
	2013.5		《"广州煲汤"方法对新时期的思想道德建设的启示》	收录在《打造学校品牌之路》（ISBN 9787501992607）一书
	2019.1	郑思东	《广州市真光中学校园植物的调查与分析》	在核心期刊《绿色科技》发表
	2019.3	王丽玲	《有效指导学生探究"舌尖上的微生物"》	在《教育实践与研究》发表
	2022.3	王丽玲、陈晓兰	《岭南中医药文化进校园，促进学校健康教育发展》	在《广东教学报》上发表
	2022.11	吴少雄	《岭南中医药文化在初中道德与法治教学中的运用研究》	在《中学教学参考》发表

续表

类别	时间	作者或主持人	具体内容	发表杂志或效果
论文	2023.5	王丽玲、谢晓婷	《开发岭南中医药文化校本课程的实践与探索》	在《广州教学研究》发表
课题或项目	2014.12~2017.6	王丽玲	"舌尖上的微生物"校本课程的开发研究	获广州教育学会2019年优秀学术成果"二等奖"
	2015.7~2019.5	王丽玲	"舌尖上的微生物"校本课程开发研究与实践	广东省教育研究院课题，已结题
	2017.11~2021.3	郑思东	基于STEM理念的中学生物数码显微实验教学研究	已结题。进行"真光植物地图"开发与实践
	2021.6~2024.6	黎斌（主要成员王丽玲）	"文化自信"视域下中医药文化进校园的传播文本建构与效果测评	广东省哲学社会科学"十三五"规划2020年度学科共建项目，王丽玲负责传播文本建构，结题中
	2021.8	王丽玲	岭南中医药文化进校园——十八年校园药用植物研究课程的开发与实施	广州市教学成果培育项目，已完成
	2021.9	王丽玲	依托现代科技弘扬传统文化的创新模式研究——以岭南中医药文化进校园为例	荔湾区科技项目，已完成
	2022.8	李宗蔚	基于项目学习的高中作文"读写评改"共融的教学策略研究	广州市规划重点课题，已结题
	2022.8	王丽玲	融入岭南中医药文化的中学特色课程资源开发研究	广州市规划课题，优秀结题
	2024.1	李家茵	融入岭南中医药文化的初中语文课程资源开发研究	广州市规划课题，已结题

续表

类别	时间	作者或主持人	具体内容	发表杂志或效果
课题或项目	2024.1	吴少雄	中华优秀传统文化融入初中思政课的研究——以岭南中医药文化为例	广州市教育局、中宣部、广州市人力资源和社会保障局联合第三届思政课课题，已结题
	2024.1	王丽玲	传承融通，多维创生——岭南中医药文化进校园二十年实践	广州市规划课题，在研
	2024.9	何沛	聚焦中华优秀传统文化的中学英语跨学科教学设计与实践研究	广东省教育规划课题，在研

表4-2 真光学子选择医药专业情况

时间	真光高考			广东省高考		
	本科人数	医药本科人数	医药本科比例	本科人数	医药本科人数	医药本科比例
2020年	766	56	7.31%	301700	17459	5.78%
2021年	735	72	9.80%	312000	19179	6.15%
2022年	658	83	12.61%	326600	18360	5.62%
2023年	666	46	6.76%	311800	18786	6.02%
2024年	710	71	10%	336540	19039	5.66%
平均值	707	66	9.34%	317728	18565	5.84%

数据来源：
1. 广州市真光中学（校本部）高考报告；
2. 广东省本科人数来源于广东教育考试院，https://eea.gd.gov.cn；
3. 广东省医药本科人数来源于广东普通高等学校招生专业目录。

（四）多维度实施推广应用

岭南中医药文化进校园经过20多年的实践，实现边开发边推广的螺旋式发展模式，不断将教学成果推向其他单位进行实践，又将检验结果作为完善项目的依据，推动成果发展。

1. 媒体宣传

2010年5月，《现代中小学生报》对我校文化采风社的活动"品味茶文化，一起来喝茶"进行了报道。

2015年11月，广州广播电视台少儿频道报道了我校生活才艺社学生在华东师范大学附属中学参加展示的"舌尖上的酸甜"项目竞赛项目。

2022年研学课程"探中医奥秘，品岭南瑰宝"在广州广播电视台法治、综合、4K南国都市三个频道的"科学大求真"栏目中播出。

2. 检验与推广

点上检验：2009年9月，主持人到从化良口中学支教，推广"校园药用植物研究"课程，对成果进行初步检验。

2015年9月和2017年9月分别在揭阳市第一中学和揭阳市揭东区第三初级中学进行"岭南中医药文化进校园"的校园实践活动检验，被广泛接受，效果显著。

2018年至今，先后在广西合浦县第一中学、龙门县永汉实验学校、佛山市南海区桂城中学、中山市东升初级中学、恩平市沙湖中学、广州市华商外语实验学校、广州天省实验学校实施检验，效果显著，在项目推广模式上进行了总结。

面上推广：2008年1月，项目组在广州市初中新课程骨干教师培训班上做"校本教材的编写和使用研究"专题发言，介绍"真光校园中草药植物研究"校本课程的开发和实施。

2015年10月，主持人参与区小学教育教学"研耕"活动，负责"广州市综合实践活动'课程与教师发展'课题经验交流"，汇报课程开发和实施，推广岭南中医药文化进校园课程。

2018年，与广州市青科协合作，在广州市教师中医药培训平台推广成果，协助组织"中医药文化进校园"竞赛活动；与广州中医药大学合作进行"生物校本与中医药进校园课程"的开发；与岭南师范学院生命科学与技术学院合作，在"广东省2018年跨年度递进式培训项目——乡村教师（初中生物）置换培训班"做"生物校本课程的开发与实践案例分享"专题讲座。

2019年，与广东社会学会"中医药文化进校园"课题组合作推广成果，研讨交流"中医药文化进校园"，合作编写《走进中医药殿堂》的科普读物。

2021年，与广东省发展中医药事业基金会合作开展"中医药文化进校园进家庭进社区"活动，多彩美韵社作品"药用植物手绘小集"被选作为"中医药文化进校园"活动文宣资料展示。

2021年7月29日，在广东省健康中国研究会召开"中医药文化进校园的路径与模式探索"研究专家座谈会（中学专场），我校代表作"岭南中医药文化进校园——十八年校园药用植物研究课程的开发与实施"专题发言。

2021年10月11日，在荔湾区教育科研（教学）成果培育专题培训班上，我校代表为科研中心组成员进行了专题讲座：岭南中医药文化进校园，促进学校健康教育发展。

2021年12月2日，在广东省实验中学附属学校开展主题为"灵草荟萃，探索乐园——岭南中医药进校园之药园建设"的专题讲座，协助该校开展中医药文化进校园的课程建设。

2022年5月12日，在贵州龙里县初中第一教育集团分享："岭南中医药文化进校园，促进学校健康教学发展。"

2023年7月21日，岭南中医药文化弘扬社学生社团参加广东省广州市荔湾区东教街芳村花园大健康科普与服务公益活动，实施弘扬岭南中医药文化志愿服务项目。构建"1+N"的志愿服务项目模式，以岭南中医药传统文化引领学生认知中医药的深厚文化底蕴，将中医药文化传承的目的渗透在志愿服务的过程中，带动更多人了解岭南中医药文化，树立健康生活理念，为推动全民健康和文化自信做力所能及的贡献。

2024年3月1日，在广州市西关外国语学校举办的荔湾区生物学、综合实践及劳动跨学科联合教研活动中作"传承融通，多维创生——岭南中医药文化进校园二十年实践"的专题分享。

2024年5月24日，贵州龙里县民族完全中学来访交流，课题组作"传承融通，多维创生——岭南中医药文化进校园二十年实践"专题分享。

2024年9月3日，与广州市中小学卫生健康促进中心、广东省健康中国研究会、广东省中医院携手，共同推进"岭南中医药文化进校园"心理调节研究4.0项目；参与"广东省2024年学生中医体质辨识和个性化干预综合提升心理健康水平研究"工作。

2024年9月26日，在粤东、粤西、粤北地区中小学教师全员轮训中介绍"岭南中医药文化进校园"教学成果，并进行"融生"教育理念专题研讨活动。

2025年2月，教学成果"岭南中医药文化进校园——十八年校园药用植物研究课程的开发与实施"被荔湾区教育局采用并应用于《荔湾区中小学融合中医药产业特色的校本课程建设工作方案》。该成果在文化教育、科技教育、劳动教育中发挥了重要作用，显著提升了传统文化进校园教育工作的实效，并在荔湾区得到广泛应用。

3.慕课影响

2021年借助荔湾区慕课平台，利用寒暑期，开设线上线下联动研学课程"探中医奥秘，品岭南瑰宝"，至今已开展3期，参加学生338人，参与指导教师22人。

2021年秋，借助慕课平台，开创线上线下联动研学课程"探中医奥秘，品岭南瑰宝"，并利用寒暑假期向兄弟学校开放。至2024年底已开展7期，累计培训学员753人。省内学员除广州市真光集团学生外，还包括广州市各区、佛山市、珠海市、揭阳市等地区的中学生；省外学员覆盖广西、贵州、陕西等多个省份。

2022年暑假，研学课程"探中医奥秘，品岭南瑰宝"面向兄弟学校的学生开放，吸引了来自荔湾区、海珠区、南沙区等众多爱好中医药文化的同学参与，活动过程受到广州广播电视台的关注。

4.平台推广

2021年，微信公众号"岭南中医药文化进校园"建立，迅速获得6380多人关注，粉丝来自全国33个省级行政区，平台推出原创推文181条，内容涵盖本项目各项活动成果集、研学课程、食疗制作视频、抗疫方法、研究调查等，部分推文阅读量超2万，形成较大影响，自媒体平台为本项目的推广提供突破时空限制的重要阵地。

第五章

"探中医奥秘，品岭南瑰宝"岭南中医药文化研学课程

一、课程开发背景

（一）传统文化传承的需要

中医药文化是我国优秀传统文化的瑰宝，5000多年来一直守护着中华民族的健康。2015年诺贝尔生理学及医学奖获得者屠呦呦曾言："青蒿素是中医药献给世界的一份礼物。"在新型冠状病毒感染防控阻击战中，中医药的优越性也日渐凸显。笔者在一线教学中发现，中医药文化在中小学教师和学生群体中的普及度较低，部分学生受网络"中医黑"思潮的影响，对传统中医药文化存在一定的误解。相关研究也指出中学生对生命的认识较为模糊，对中医药文化兴趣高但认知度不足，缺乏可靠的了解渠道。可见，普及中医药文化，进行生命观、健康观教育已经成了迫切需求。关于中医药文化进校园的途径，2014年教育部在《完善中华优秀传统文化教育指导纲要》中指出："地理、数学、物理、化学、生物等课程，应结合教学环节渗透中华优秀传统文化相关内容。鼓励各地各学校充分挖掘和利用本地中华优秀传统文化教育资源，开设专题的地方课程和校本课程。"2016年国务院发布《中医药发展战略规划纲要（2016—2030年）》，指出要"推动中医药进校园、进社区、进乡村、进家庭，将中医药基础知识纳入中小学传统文化、生理卫生课程"。可见，依托当地社区与学校资源开发校本课程是推动中医药文化进校园的有效途径。

（二）健康素养提升的需要

学生发展核心素养以培养"全面发展的人"为核心，分为文化基础、自主发展、社会参与三方面。其中健康生活为六大素养之一，具体细化为珍爱生命、健全人格、自我管理三个基本要点。若能有效促进中医药文化进校园，促使学生遵循中医药文化倡导的健康观念和行为模式，逐步形成健康的生活方式，即可提升学生的健康素养。

（三）岭南中医药文化背景

由于我国幅员辽阔，地区之间的差异相当悬殊，中医药文化在不同地区形成具有不同文化特质的中医药地域文化。岭南中医药文化是中医药文化在岭南地区形成的具有地方特色的中医药地域文化，是中医药文化的重要组成部分。岭南人在面对炎热、潮湿、多雨的气候环境，将中医药学知识与生活饮食相融合，将岭南中草药与民间经验结合形成一系列针对不同症状，具有清热解毒、保健养生、防病治病功效的饮料及膳食，即凉茶和药膳。这是岭南中医药文化在历史发展中不断积淀的标志性文化产物。广州地处岭南的中心，学生们从小就在这样的文化中浸润成长。因此，广州市的中小学将岭南中医药文化作为课程资源引进中学校园更具可操作性。

基于时代背景与现实问题，广州市真光中学结合岭南地方文化特色、校园资源和学科融合特色开发出"探中医奥秘，品岭南瑰宝"岭南中医药文化研学课程，以推动中华优秀传统文化进校园。

二、课程性质

岭南中医药文化研学课程是传承中医药文化、推进岭南中医药文化进校园的课程。它引领学生探索岭南中医药特色文化，传播中医健康观、生命观、健康生活方式等优秀传统健康理念，提升学生的健康素养，增强学生的健康管理能力，促进学生主动选择健康的生活方式。同时，在传播中华优秀传统文化的过程中增强学生的文化自信和民族自豪感。

三、课程理念

岭南中医药文化校本课程以"善于学习，健康生活"作为课程理念。"善于学习"即培养学生的学习能力。学生以解决自身健康问题为导向，把学习活动置于复杂、有意义、真实的问题情景中，通过解决真实问题，来学习隐含于问题背后的中医药知识，进而形成学生解决健康问题的技能。"健康生活"是用中医的智慧启迪学生，促进学生关注生命和重视健康，在日常生活中提高健康管理能力，逐渐认同中医倡导的健康观念，选择健康的生活方式。

四、课程目标

（一）知识目标

了解中医药常识与中医人文历史，了解岭南中医药资源，能说出常见的药用植物的名称和功效；掌握基本植物分类学知识，能够运用一些常见的药用植物，特别是医食同源的植物进行身体调养。

（二）能力目标

了解广东凉茶和老火靓汤的制作方法；掌握适合自身体质的保健技能，提升健康管理能力；提升自主探究、交流与合作能力。

（三）情感·态度·价值观目标

体会中医药的神奇，关注生命和重视健康；认同中医倡导的健康观念，选择健康的生活方式，树立平衡观、系统观；感受中医药文化的博大精深，增强学生的文化自信和民族自豪感。

五、课程内容

研学课程内容包括下面3个模块和6个方面（图5-1），其中，"中医文化"和"中药文化"是岭南中医药文化的根源，是学生学习岭南中医药文化的基础。"岭南中医人文"和"岭南中医药资源文化"是岭南中医药特色文化的人文基础和物质基础。"药膳文化"和"凉茶文化"是学生在日常生活中能够经常接触的岭南中医药特色文化。

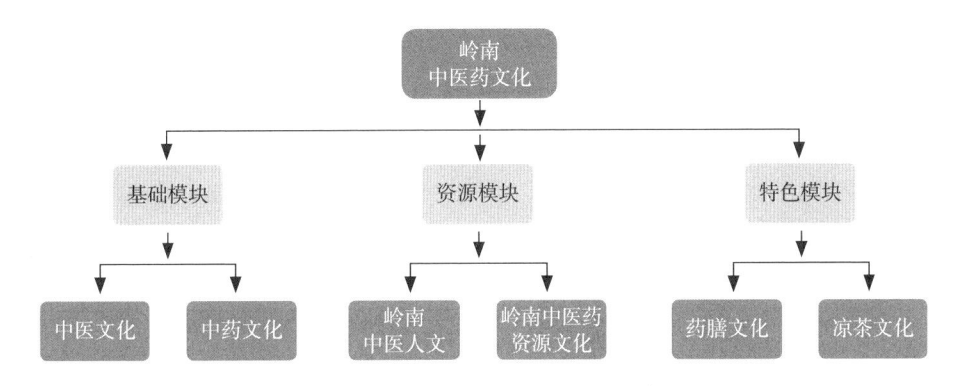

图5-1 "探中医奥秘，品岭南瑰宝"研学课程内容

各模块具体内容如下。

（1）中医文化：主要学习中医的常识，包括中医的基本特点、基本理论和中医诊断疾病的方法等内容。

（2）中药文化：主要学习中药的常识，包括中药的概念、采集、性能、应用和分类；了解常见药用植物在日常生活的药理运用（包括在本土"凉茶"上的运用）；常见药用植物在饮食（食疗）上的运用等内容。

（3）岭南中医人文：了解岭南中医名人的生平事迹，了解历史上著名的中医家和中医学的伟大成就，积淀中医药文化底蕴。

（4）岭南中医药资源文化：了解当地的中医药资源，了解校园药用植物资源，通过调查、识别、栽培校园的药用植物，领略校园内丰富多彩的药用植物资源，初步认识药用植物的"性味"和"炮制"等基本知识，了解药用植物在日常生活中的应用。

（5）药膳文化：了解药膳的起源和原理，了解广州"老火靓汤"的制作原理、制作要点、注意事项等常识，学习一些常见的"老火靓汤"使用实例；学生通过实践制作、品尝体验、交流展示等活动，领悟"老火靓汤"等药膳在"治未病"中的功用效果。

（6）凉茶文化：了解广东凉茶的概念、发展过程、发展前景及以校园药用植物为主材的常用凉茶方；研究一些常见凉茶的组方，学习制作保健茶饮；通过制作凉茶、品味凉茶、交流展示等活动，体验凉茶的气味特点，感悟凉茶对身体的调节功效。

六、课程实施

（一）研学课程慕课平台建设

本研学课程采用的网络课程平台为荔湾区基础教育Moodle慕课系统，具体栏目设置及其在课程中的运用如表5-1所示。

表5-1 线上慕课平台设置

栏目设置	栏目具体内容	课程应用
课程公告	发布课程相关通知，公示课程考评方式与标准，提供栏目学习辅助信息、栏目学习提醒	课程教学管理
资源库	精选课程录像，包含形式多样的学习资料	课程辅助
讨论区	用于课后学生交流讨论与教师答疑	课程辅助
任务区	基于六站式研学课程布置4次学习任务，学生完成后以附件形式提交，教师批改打分，给予及时反馈	课程评价
问卷调查	研学课程开始前与研学课程结束后，进行中医药认同度与认知度测量	课程评价
学习档案	记录学生各章节学习时长、自测分数、班级排名；整合研学课程成果	课程评价

（二）研学活动项目设计

岭南中医药文化校本课程采用项目式的实施策略，课程的实施由以下6个环节组成（表5-2）。

表5-2 研学活动的项目设计

环节	主题	研学地点	研学活动
1	做检测，明体质	校园科技馆	了解经络检测系统，进行"中医智慧屏"实操，分析自己的体质特征
2	识药物，抗常疾	生物园、课室	了解校园药用植物，阅读《中药的常识介绍》，针对自己的常见疾患进行项目设计
3	知医理，防未病	家政室、课室	阅读《中医的常识介绍》《广东凉茶》《老火靓汤》，进行凉茶、药膳制作
4	学名人，强体魄	操场、课室	练习八段锦，搜索中医名人资料，制作演讲课件，推介最喜欢及敬佩的中医名人
5	寻关联，增自信	课室	了解学科中与中医药文化相关联的内容，思考中医药文化对现代科技文化的影响，交流心得、感悟
6	常体验，爱文化	社团活动室、国医馆等实践基地	进行国医馆等实践基地的考察活动，参与学校与中医文化相关的学生社团活动，在体验中升华情感

设计意图与具体实施过程如下。

1.做检测，明体质

研学课程实施的第一环节是组织学生进行"中医智慧屏"的体验活动。"中医智慧屏"是一款基于大数据的"中医+AI"的诊疗仪器，能辨清体质，因人施养。中医的"望、闻、问、切"博大精深，对于普通学生而言是玄之又玄的，借助基于大数据的"中医+AI"的诊疗仪器，使神奇的中医变得直观且亲切。学生在完成信息录入、舌诊、面诊和问诊之后，智慧屏的健康管理系统能够便捷地检测出学生的气血运行状态，形成一份含有中医调养建议的体质报告。

中医把人的体质分为9种：平和质、气虚质、阳虚质、阴虚质、痰湿质、湿热质、血瘀质、气郁质、特禀质。体质是疾病发生的重要因素，体质的不同决定身体容易发生什么样的疾病。学生通过"中医智慧屏"的体验，分辨自己的体质类型，初步了解自己的身体状况。中医调养建议根据不同体质类型，建议学生该怎样吃、怎样起居、怎样度过一年四季、怎样保健……个性化的体质报告和养生建议引导学生在日常生活中进行调养，掌握健康的主动权。

设计意图：中医的"望、闻、问、切"博大精深，但对于多数学生而言却是玄之又玄的存在。近年来随着科技介入，基于大数据"中医+AI"的诊疗仪器应运而生，为中医诊疗注入了新活力。该仪器融合大量现代科技成果以及众多中医专家临床经验，基于舌诊、面诊、脉诊、问诊检测被试者的经络气血运行状态，形成一份含有中医调养建议的体质报告。基于AI的辅助诊疗系统能够发挥健康管理的优势，满足"治未病"的需要，为学生了解自身健康问题、解决疾病问题提供重要参考。

2.识药物，抗常疾

研学课程实施的第二环节是带领学生识别校园里常见的药用植物，利用《真光校园中草药植物研究》校本教材，让学生边阅读边寻找，学习中药文化的相关基础知识。教师抛出如何调节自己身体的偏差？如何抵抗常见的疾病，如感冒、咳嗽、青春痘等问题，让学生根据自己的体质，带着问题主动研学。要求学生完成的作业是"二选一"，即撰写一篇药用植物研究报告或者记录一次运用中医药治疗疾病的经历并针对自己的常见疾患进行项目设计。

岭南地区雨水充沛，当地的药用植物资源十分丰富。校园里的药用植物随处可见，不要说人工栽培的绿化植物如木棉、蒲葵、桂花、鸡蛋花、大红花、茉莉花、天门冬……只要有小小的一块草地，就很容易找到车前草、海金沙、水蜈蚣、冰糖草、塘葛菜、旱莲草、叶下珠等野生中草药植物。校园里的药用植物是鲜活的教学资源，对于学生来说，探寻校园药用植物是一件十分便利且有趣的事情。

设计意图：在这一环节中，教师以任务驱动学生利用网络资源、校园资源主动获取知识，自行选择感兴趣的药用植物开展探究，充分发挥学生的主观能动性；学生在做中学，有利于增加学生对中医药植物生物学特征的初步认识，从而培养学生对学习药用植物的兴趣。此外，学生在组建合作团队、实践操作、分享交流成果的过程中增强团队协作能力，构建和谐的人际关系。

3.知医理，防未病

研学课程实施的第三环节是学习中医的基础知识和岭南中医药特色文化——中医药膳和凉茶饮品。教师引导学生就如何适应四时变化，根据自身的体质特点制作预防疾病的中医药膳和凉茶饮品，要求学生完成的作业是"二选一"，即制作茶饮或药膳。

（1）茶饮制作要求：学生根据自身的体质特点和需求，设计一个凉茶方，内容包括凉茶方名称、所用食材、功效用途等，同时制作凉茶并与家人共同品尝，以图片或视频记录制作过程以备交流分享。

（2）药膳制作要求：学生结合自身体质特点和需求，设计一个药膳方，内容包括药膳名称、所用食材、功效用途等，同时制作药膳并与家人共同品尝，以图片或视频记录制作过程以备交流分享。

学生就茶饮、药膳与饮食健康相关问题展开热烈的讨论，同时利用节假日与家人朋友共同制作养生茶饮或药膳佳肴。学生在制作中学习，更加深刻地领悟岭南中医药文化的独特魅力。

设计意图：生活中的中医药实践是最有趣、最有生命力的学习活动。在这一环节中，学生根据季节气候和个人体质特点，选择适合的药膳或者凉茶进行身体调理，"防未病"的意识进一步增强。茶饮和药膳的制作过程增强了学生动手实践的能力，落实了劳动教育的同时又有效促进了亲子交流。家校联动效果显著，助力学生成为岭南中医药文化的传承人和践行者！

4.学名人，强体魄

研学课程实施的第四环节是师生共同穿越时光隧道，寻访古今中医名人。本环节为学生准备了"中医名人"三字经和健身气功、八段锦视频等学习资源，要求学生寻找适合自己的强身健体方法，学习健身气功、八段锦，向亲朋好友介绍印象最深刻的中医名人，制作演讲PPT进行展示分享。

一个伟大的民族，一定有其杰出代表人物。范仲淹说："不为良相，便为良医。"良相治国，良医救民，悬壶济世，博施于民而能济众。学生通过了解中医名人的生平事迹、主要贡献，学习其精神品质、辨证论治及养生秘笈，积淀中医药文化底蕴，为学业发展蓄力，为健康生活保驾护航。

设计意图：学生通过查阅相关资料体悟中医名人养生之道，如早睡早起、动静结合、饮食习惯等，并尝试在生活中加以运用；通过中医名人生平事迹领悟先辈为传承、复兴、创新中医药文化前赴后继的宝贵品质，厚植爱国主义情感；学生借助研学课程提前了解中医药行业，感悟"仁德、仁心、仁术"的中医药学精神，对中医药人才储备及建设具有重要的意义。

5. 寻关联，增自信

研学课程实施的第五环节是寻找中医药文化与中学学科教学相关联之处。中医药文化在中华连绵5000年，其深邃的哲学思想已经融入人们的日常生活。当今的中学教育是分科教学，中医药文化零星散落于学科的教学内容当中。真光中学的教师们相互合作，寻觅各学科中的中医药文化，开发出生动的PPT课件和丰富的课程资源包，如《生物学选择性必修与中医药文化的契合之处》《文学大家与中医药文化》《高中语文课本中的中草药书写》《历史上的疫病与医学成就》《中学思政课中的中医药文化》《植物芳香油的提取之玫瑰精油与玫瑰花的药用》《中学地理与二十四节气的健康保健》《中学化学史与中医药的现代化研究》，等等，齐心为岭南中医药文化进校园作努力。

设计意图：目前，学科综合化趋势越来越明显。将中医药文化贯穿到各科的教学过程中，是以中医药文化的人文素养、医德教育、生物原理等为切入点，引导学生探究中医药文化与学科知识内在逻辑的一致性。能够让学生更清晰地认识生命的本质，并以此提高其对知识的整合能力，既可以横向拓展学生的学习视野，又可以纵向提高学生的思维水平。学生在本环节中畅谈各学科中涉及的中医药文化，了解中医药文化对人文历史、社会发展、日常生活等方方面面的影响，感悟中医药文化的博大精深，进一步增强文化自信。

6.常体验，爱文化

研学课程实施的第六环节是组织学生进行实地考察。学校开设了芳草堂国医馆、南方医科大学中医药学院、国医小镇等多个研学基地。如，组织学生参观芳草堂国医馆，邀请针灸科的资深医生讲解取穴技术和应用功效，学生体验推拿、针灸等中医疗法，在交流互动中切身体验中医的神奇与魅力！

设计意图：利用社区、高校中医药文化资源为学校课程开发服务，力求兼具知识性与体验性。在与中医名医互动的过程中，学生深刻地认识到守护生命健康首先要关注自己的身体，了解自己的身体状况。在浓浓的中药香中，在中医文化氛围的浸润中，同学们对岭南中医药文化有更深刻的理解，更加热爱中医药文化。

七、课程实施效果

课程评价对课程的实施起着重要的导向和质量监控的作用，为课程质量的发展提升活力。"探中医奥秘，品岭南瑰宝"研学课程采用发展性评价方式，根据评价目标、评价内容、评价对象和评价现场等实际情况，采取多元化评价方式。例如，在"知医理，防未病"环节，学生收集设计自身防病保健茶饮和药膳，除学生之间的互评外，指导老师也会从是否对症、用量多少、效果如何等给出肯定或修正意见。学生根据教师评价进一步完善设计，接着实施制作。在组织作品分享和展示过程，学生会对自己的作品进行自我评价、学生之间互相评价、教师进行指导评价。此外，课程参考潘小毅等人设计的"中医药文化认同量表"及徐颖洲等人设计的"中医健康生命文化调查问卷"对学生的中医药文化认同度及认知度进行评估。

在课程发展性评价的激励下，促进学生能力的提升，也推动教师教学水平的提高，实现评价者和被评价者的共同发展。

（一）提升学生健康管理能力

健康是人生最大的财富，学会个体生命的健康管理是最实用的科学技术！

现代科学研究表明，60%以上的疾病发生由不良生活方式导致。中医倡导"上工治未病""天人相应"和"整体观"的思想，强调养生保健以预防为主，通过提高正气防止病邪侵袭，以确保身体健康。这不仅对祛病健身卓有成效，而且潜移默化人们的生活方式。

"探中医奥秘，品岭南瑰宝"研学课程从"中医智慧屏"的体验活动开始，学生带着解决自身健康问题进入"识药物，抗常疾"环节。对于感冒、咳嗽、喉咙痛等常见病，学生在成长过程中皆有所经历，对于解决这类问题既真实又有意义。学生通过查找、收集资料，设计茶饮和药膳等食疗方案，积极主动构建中医药知识结构。由于学生来自不同的家庭背景，收集到的方案带有自身的文化特色，小组同学之间进行合作交流，积累了许多研学成果。例如，针对痰多热咳有鱼腥草煲猪肺汤、盆上芫荽炖猪肉汤、红丝线炖猪肉汤、塘葛菜煲生鱼汤等老火靓汤，针对无痰寒咳有糖馏白果、糖醋猪脚姜等药膳，此外，还有老药桔冰糖茶、糖醋橄榄水等茶饮。通过"识药物，抗常疾"这一环节的学习，提升了学生解决自身健康问题的能力。

"知医理，防未病"环节是根据中医的六淫病因，以学生身体适应气候变化、防病保健为问题情景，让学生收集、设计自身防病保健的茶饮和药膳，形成自身针对不同季节的保健茶饮和膳食，倡导"未病先防"，提升学生对常见疾病的预防能力。追求健康美好的生活是人的本性，中医名人中有许多长寿者，如孙思邈、邓铁涛等。在"学名人，强体魄"环节，学生通过了解中医名人的生平事迹、主要贡献，学习其精神品质、辨证论治及养生秘笈，寻找适合自己强身健体的方法。

研学课程提升了学生的健康管理能力。通过"识药物，抗常疾""知医理，防未病""学名人，强体魄"3个环节的研学活动，学生从应对疾病到未病先防，走向强健体魄。学生在解决问题的过程中潜移默化地接受中医药文化的熏陶，逐渐转变认知、转变观念，认同中医倡导的健康观念，接受中医倡导的行为模式，逐步选择健康的生活方式，主动成长为"善学健康人"（图5-2）。

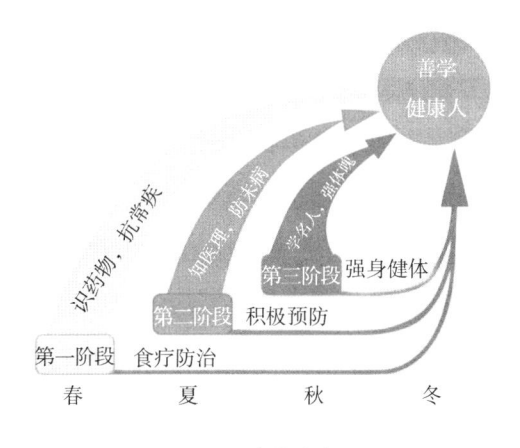

图5-2 做善学健康人

（二）形成和谐的人际关系（图5-3）

"探中医奥秘，品岭南瑰宝"研学课程形成以活动为主的学习模式，包括以辨证体质、设计方案、校园考察、植物识别、收集资料为主线的研究活动；以制作凉茶、实践煲汤为主线的制作活动；以品味凉茶、品尝靓汤、社团活

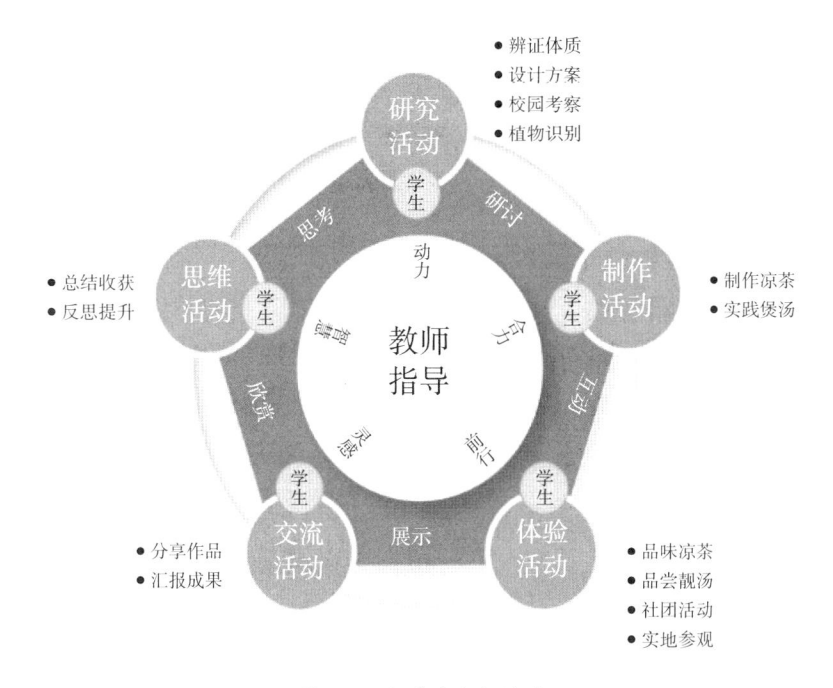

图5-3 和谐的人际关系

动、实地考察为主线的体验活动；以分享作品、汇报成果为主线的交流活动；以总结收获、反思提升为主线的思维活动。学生基于教师指导，进行自主思考、合作研讨、成果展示，通过师生、生生互动，实现欣赏中获得动力，合作中形成合力，体验中感悟前行，互动中产生灵感，交流中激发智慧，评价中反思升华。积极交往的人际关系及和谐氛围下的教学模式使参与者身心愉悦，激发兴趣，提升能力，同时促进教师反思，提升专业水平。2021年7月，广州市真光中学的岭南中医药文化进校园校本课程被评为"广州市优秀教学成果"。

（三）提升学生的文化自信

研学课程从"中医智慧屏"的体验活动开始，基于大数据"中医+AI"诊疗仪器把"望、闻、问、切"变得直观且亲切。完成检测后，学生带着解决自身健康问题的目标进入项目设计和实施阶段，寻找解决问题的方法，主动汲取中医药知识，寻找各学科内容中的中医药文化、实地参观考察和社团活动的丰富体验，从而让学生从情感上热爱中医药文化。2021年，对广州市真光中学上"高优线"的547名高三学生进行统计，发现有72名学生报读了医药院校。

2022年6月，"探中医奥秘，品岭南瑰宝"研学课程获得了南方医科大学中医药学院和广东省哲学社会科学中医药文化进校园课题组的大力支持。研学课程借助广州市荔湾区慕课平台，采用线上线下联动的授课模式，开始面向广州市兄弟学校的学生开放。研学课程吸引了来自荔湾区、海珠区、南沙区等众多爱好中医药文化的同学参与，活动过程也受到了广州广播电视台的关注。2022年7月9日和10日，研学课程在广州广播电视台的法治、综合、4K南国都市3个频道的"科学大求真"栏目中播出。

通过开发岭南中医药文化校本课程的实践与探索，充实了原有校本课程教材《真光校园中草药植物研究》的实践部分，学生对中医药文化的认识，从智慧屏检测的感知、解决健康问题的实践、寻找与各学科关联的自信、在考察活动中激发热爱，经历"感知—践行—自信—热爱"螺旋式上升的过程，情感得到不断升华。研学课程引领学生认知中医药的深厚文化底蕴，将中医健康观念、生命观、生活方式等优秀传统健康理念深植于学生的心中，让学生在浓浓的中医药文化、在富有地方特色的岭南中医药文化氛围中，深切感受民族文化的自信！

八、课程测评工具

（一）中医药文化认同度的测量

中医药文化认同度的测量问卷根据潘小毅等人设计的中医药文化认同量表进行改编，将学生中医药认同度分为以下3个维度——对中医药文化认同认知维度、对中医药文化认同情感维度、对中医药文化认同行为维度。问卷共设置18个问题，综合各个维度全面测量学生对中医药文化的认同感。每题都按照非常认同、认同、比较认同、比较不认同、不认同、非常不认同6个等级分别赋值6、5、4、3、2、1。取均值作为每名同学对于中医药认同度各维度测量结果，数值越大则说明该学生对中医药文化的认同程度越高。用SPSS计算均值，并进行独立样本"T检验"，即可检测在课程开设前后学生中医药文化认同度的变化情况。

关于中医药文化认同度的调查

亲爱的同学：

您好！我们是广州市真光中学生物学备课组的教师，正在进行有关"中医药文化进校园"的研究。您是本研究的重要成员，您的意见对我们的研究非常重要。请您在紧张的学习之余为本项研究提供宝贵的意见，不胜感激！本问卷采用不记名填答，结果仅用于教学研究工作，所填结果无标准答案。

你的所在班别：_____   你的学号：_____

1.中医药文化代表着人与自然的和谐，符合自然规律。（   ）
A.非常认同　　　　B.认同　　　　　　C.比较认同
D.比较不认同　　　E.不认同　　　　　F.非常不认同

2.中医药文化是传统优秀文化的重要组成部分。（　　）

A.非常认同　　　　B.认同　　　　　　C.比较认同

D.比较不认同　　　E.不认同　　　　　F.非常不认同

3.中医药文化博大精深。（　　）

A.非常认同　　　　B.认同　　　　　　C.比较认同

D.比较不认同　　　E.不认同　　　　　F.非常不认同

4.中医传承是优秀传统文化复兴的重要途径。（　　）

A.非常认同　　　　B.认同　　　　　　C.比较认同

D.比较不认同　　　E.不认同　　　　　F.非常不认同

5.我认为应该多制作（出现）一些反映中医药文化的影视作品。（　　）

A.非常认同　　　　B.认同　　　　　　C.比较认同

D.比较不认同　　　E.不认同　　　　　F.非常不认同

6.中医诊疗不良反应小，不易复发。（　　）

A.非常认同　　　　B.认同　　　　　　C.比较认同

D.比较不认同　　　E.不认同　　　　　F.非常不认同

7.如果可能的话，我会积极向别人介绍中医诊疗成功的案例。（　　）

A.非常认同　　　　B.认同　　　　　　C.比较认同

D.比较不认同　　　E.不认同　　　　　F.非常不认同

8.如果生病了，我不排斥看中医。（　　）

A.非常认同　　　　B.认同　　　　　　C.比较认同

D.比较不认同　　　E.不认同　　　　　F.非常不认同

9.我平时有通过各种途径来关注和了解中医食疗、中医养生知识。（　　）

A.非常认同　　　　B.认同　　　　　　C.比较认同

D.比较不认同　　　E.不认同　　　　　F.非常不认同

10.政府应鼓励（基层）医疗机构优先选用中医给患者治病。（　　）

A.非常认同　　　　B.认同　　　　　　C.比较认同

D.比较不认同　　　E.不认同　　　　　F.非常不认同

11.中医诊疗便宜且有疗效。（　　）
A.非常认同　　　　　B.认同　　　　　　C.比较认同
D.比较不认同　　　　E.不认同　　　　　F.非常不认同

12.我希望媒体中关于中医知识普及的节目越来越多。（　　）
A.非常认同　　　　　B.认同　　　　　　C.比较认同
D.比较不认同　　　　E.不认同　　　　　F.非常不认同

13.我愿意购买中药类保健品。（　　）
A.非常认同　　　　　B.认同　　　　　　C.比较认同
D.比较不认同　　　　E.不认同　　　　　F.非常不认同

14.在高校设置中医药专业是有必要的。（　　）
A.非常认同　　　　　B.认同　　　　　　C.比较认同
D.比较不认同　　　　E.不认同　　　　　F.非常不认同

15.在我了解了一些中医知识的情况下，我会主动向家人或朋友谈论并宣传中医相关知识。（　　）
A.非常认同　　　　　B.认同　　　　　　C.比较认同
D.比较不认同　　　　E.不认同　　　　　F.非常不认同

16.如果患有慢性疾病，我会选择看中医。（　　）
A.非常认同　　　　　B.认同　　　　　　C.比较认同
D.比较不认同　　　　E.不认同　　　　　F.非常不认同

17.如身体有轻微不适，我会首先通过各种途径查阅和获取中医知识来尝试解决。（　　）
A.非常认同　　　　　B.认同　　　　　　C.比较认同
D.比较不认同　　　　E.不认同　　　　　F.非常不认同

18.我觉得我们应该更加重视对中医药文化的继承和发展。（　　）
A.非常认同　　　　　B.认同　　　　　　C.比较认同
D.比较不认同　　　　E.不认同　　　　　F.非常不认同

19.我有意愿在未来从事中医药相关专业。（　　）

A.非常认同　　　　B.认同　　　　　C.比较认同

D.比较不认同　　　E.不认同　　　　F.非常不认同

（二）中医药文化认知度的测量

中医药文化认知度的测量参考徐颖洲等人设计的"中医健康生命文化调查问卷"，将中医药试题划分为6个部分：中医文化、中药文化、中医人文、岭南中医药资源文化、药膳文化、凉茶文化。每个部分设置5道与之相对应的题目，答对得1分，答错则不得分，计算每个部分的总分作为每名学生对中医药文化认知度的测量结果。用SPSS计算均值，并进行独立样本"T检验"，即可检测在课程开设前后学生中医药文化认知度的变化情况。

关于中医药文化认知度的调查

亲爱的同学：

您好！我们是广州市真光中学高一生物备课组的教师，正在进行有关"中医药文化进校园"的研究。您是本研究的重要成员，您的意见对我们的研究非常重要。请您在紧张的学习之余为本项研究提供宝贵的意见，不胜感激！本问卷采用不记名填答，结果仅用于教学研究工作。

你的所在班别：_____　　　　你的学号：_____

一、中医文化

1.以下哪种说法不符合中医的健康理念？（　　　）。

A.人体是一个有机整体，一旦发生疾病，局部病变可以影响全身，全身病变也可以在某些细微的局部反映出来

B.个体健康与后天生活环境条件以及自我身心调养的水平有关

C.中医认为，人的体质可以分类和调理，应当根据不同体质特征采用适当的养生方法

D.个体的健康或衰病、长寿或夭折仅仅取决于先天因素

2.根据中医"治未病"思想，"未病先防"是指（　　）。

A.在日常生活中，采取预防措施，防止生病

B.生病之后，要防止其进一步发展和恶化

C.在疾病好转或治愈后，还要防止复发

D.生病以后采取恰当的方法进行治疗

3.以下对简易养生保健方法的作用描述错误的是（　　）。

A.搓面法是常用中医养生保健方法之一，正确使用可以疏通气血，使面部红润光泽，消除疲劳

B.叩齿法是把牙齿上下叩合，先叩臼齿，再叩前齿，有助于牙齿坚固

C.梳发法的做法是用双手十指插入发间，用手指梳头，从前到后按搓头部，有助于消化

D.俗话说"人老脚先老"，足浴是较好的养生保健方法之一

4.下列哪个是中医认为的健康状态？（　　）

A.气血失调　　　　B.阴阳平衡　　　　C.邪正盛衰　　　　D.气机紊乱

5.眼保健操不包括哪个穴位？（　　）

A.太阳穴　　　　　B.睛明穴　　　　　C.足三里　　　　　D.四白穴

二、中药文化

1.桑树的哪一部分可以药用？（　　）

A.桑枝　　　　　　B.桑叶　　　　　　C.桑葚　　　　　　D.以上均可

2.端午节处于小满与夏至之间，为夏节。此时自然界阴阳交替，正是多种传染病的发病高峰，端午节挂艾蒿有什么作用？（　　）

A.温经散寒　　　　B.生津止渴　　　　C.辟邪驱虫　　　　D.疏肝解郁

3.以下关于艾灸的表述，不正确的有（　　）。

A.小儿不宜艾灸　　　　　　　　　　B.孕妇不宜艾灸

C.人身体的任何部位均可进行艾灸　　D.艾灸具有温通经络的作用

4.湿浊中阻，恶心呕吐，舌苔浊腻，首选以下哪种中药？（　　）

A.生姜　　　　　　B.藿香　　　　　　C.丁香　　　　　　D.黄连

5.何首乌以广东德庆地区出产的质量为佳,若生用致泻力较强,因此临床上常选用制何首乌(用黑豆、黄酒蒸炙后晒干),下列说法不正确的是(　　)。

A.可用于乌发

B.具有延缓衰老的功效

C.能直接使用人工培植而且没有经过炮制的何首乌

D.能够增强人体免疫力

三、中医人文

1.岭南名医_____在罗浮山写下了著名的《肘后备急方》,其所记载"青蒿一握,以水二升渍,绞取汁,尽服之。"短短15字在千年之后启发屠呦呦成功提取青蒿素,研发抗疟新药,使之成为首位获得诺贝尔奖科学类奖项的中国人。(　　)

A.葛洪　　　　B.扁鹊　　　　C.张仲景　　　D.孙思邈

2.传说尝遍百草,一日遇七十毒的中医药始祖是(　　)。

A.黄帝　　　　B.伏羲　　　　C.神农　　　　D.岐伯

3.我国古代针灸学的鼻祖是(　　)。

A.李时珍　　　B.王惟一　　　C.神农　　　　D.皇甫谧

4.提出四诊合参、辨证治病,著有《难经》的先秦名医是(　　)。

A.华佗　　　　B.扁鹊　　　　C.伏羲　　　　D.孙思邈

5.下列哪些是古代药物学的总结性巨著?(　　)

A.《黄帝内经》　　　　　　　B.《诗经》

C.《本草纲目》　　　　　　　D.《伤寒杂病论》

四、岭南中医药资源文化

1.岭南凉茶被列为第一批国家级非物质文化遗产,以下属于岭南凉茶品牌的是(　　)。

A.王老吉凉茶　　B.黄振龙凉茶　　C.邓老凉茶　　D.以上都是

2.产于化州地区的化橘红，是橘红中的上品，该药味辛苦，性温，其功效为（　　）。

A.滋阴补血　　　　B.燥湿化痰　　　　C.强筋健骨　　　　D.祛湿解暑

3.夏桑菊源自清代温病学家吴鞠通《温病条辨》的经典名方"桑菊饮"，曾于1814年的江浙地区一次瘟疫流行中药到病除。下列说法不正确的是（　　）。

A.夏桑菊指的是一种岭南地区特有的中草药植物

B.夏桑菊中，夏即夏枯草，桑即冬桑叶，菊即甘菊

C.夏桑菊颗粒味道甘甜，气味芳香

D.夏桑菊可用于清热解毒

4.广藿香以广州石牌村出产最优，因城市化发展等因素，正宗道地石牌广藿香已难得一见，主要作为科研育种等用途，下列关于藿香的功效说法正确的一项是（　　）。

A.芳香化浊，祛湿解暑　　　　　　B.理气健脾，燥湿化痰

C.化湿开胃，健脾止泻　　　　　　D.理气止痛

5.木棉花是广州市花，木棉花煲汤是广东一带很常见的吃法，下列关于木棉花说法正确的是（　　）。

A.木棉花开时，南方正处于"回南天"的气候，特别潮湿，而木棉花具有祛湿的功效

B.木棉树素有"英雄树"之称，它的花也被称为"英雄花"

C.人们一般用木棉花来煲猪骨汤、老鸭汤、鲫鱼汤等，甘甜可口

D.以上说法均正确

五、药膳文化

1.岭南地区人常煲的"老火靓汤"中，"火"指的是（　　）。

A.文火（小火）　　B.武火（大火）　　C.先文后武　　D.先武后文

2.煲汤的器皿，广州人的传统是选择哪种？（　　）

A.铁锅　　　　　　B.砂锅　　　　　　C.不锈钢锅　　　　D.以上均可

3.下列哪一种药膳，可以起到养颜明目的作用？（　　）

A.枸杞菊花排骨汤　　　　　　　B.老桑枝鸡汤

C.鱼腥草猪肺汤　　　　　　　　D.桑白皮兔肉汤

4.对于滋阴壮阳的大补草药，下列说法正确的是（　　）。

A.适当在夏季食用　　　　　　　B.适当在秋冬季食用

C.适用于年轻人或小孩食用　　　D.可以经常食用

5.下列哪一种药膳，可用于风湿性关节炎、四肢酸痛麻痹、慢性腰肌劳损等疾病？（　　）

A.枸杞菊花排骨汤　　　　　　　B.老桑枝鸡汤

C.鱼腥草猪肺汤　　　　　　　　D.狗肝菜瘦肉汤

六、凉茶文化

1.您对中药煎服前浸泡的了解是（　　）。

A.不需要浸泡　　B.需要用冷水浸泡　　C.需要用温水浸泡　　D.需要用热水浸泡

2.一生嗜茶，精于茶道，以著述世界第一部茶叶专著——《茶经》而闻名于世，被誉为"茶仙"，尊为"茶圣"，祀为"茶神"的名士为（　　）。

A.陆羽　　　　　B.李时珍　　　　　C.神农　　　　　D.岐伯

3.下列哪个不是五花茶的食材？（　　）

A.木棉花　　　　B.鸡蛋花　　　　　C.桂花　　　　　D.槐花

4.很多百姓会在晚睡前把凉茶料放进陶制带拎把的大茶壶里，一夜浸泡，第二天一家人能喝上一天。如何评价这种做法？（　　）

A.一夜浸泡后格外清凉能够获得口感，值得提倡

B.过夜凉茶放置过久，茶汤中的有机物会成为细菌、霉菌繁殖的养料，不宜饮用

C.隔夜茶虽口感欠佳，但饮用对身体健康无影响

D.隔夜茶经长时间浸泡，功效倍增

5.由于广东地区太过炎热湿润，超出了机体的调节限度，因此易诱发如脾胃湿热、湿温、暑湿等湿热证候。广东人经常提及的"上火"其实就是"湿

热"中"热"的体现。此时,可以借助以下哪一食物进行调节?(　　)

A. 广东凉茶　　　B.老火靓汤　　　C.滋阴壮阳的大补草药　　D.粤菜

【案例评析】

"探中医奥秘,品岭南瑰宝"岭南中医药文化研学课程在传承中医药基本理念的过程中认真落实核心素养培养要求。在课程中学生践行"未病先防,既病防变"原则,运用"广东凉茶"的调理效果和"老火靓汤"的食疗功效进行综合调养。在这一过程中形成了正确的生命观和科学观,并学会运用中医独特的思维方式来认识、分析、解决健康问题。

同时,课程构建新型教学模式,贯彻落实生本教育。教师最大限度地激起、强化、优化学生的自主学习过程,让中医药文化以其自然之道,润泽学生的心灵。在研学课程中,启发学生进行自主思考、小组合作研讨、展示研学成果,通过师生之间、生生之间的互动,在欣赏中获得动力,在合作中形成合力,在交流中激发智慧,在评价中反思前行。

第六章

岭南中医药文化与学科教学的融合

文化是一个国家、一个民族的灵魂，中华民族五千多年文明孕育了丰富的优秀传统文化。《关于实施中华优秀传统文化传承发展工程的意见》提出："要把中华优秀传统文化发展传承贯穿国民教育始终。"从基础教育开始，到职业教育、高等教育以及继续教育各领域，都应该围绕立德树人根本任务，根据人的认知发展规律，组织教育教学，分阶段有计划地将中华优秀传统文化融入学生的教育中，如思想道德教育、文化知识教育、艺术体育教育、社会实践教育等均可以融入相关内容。中医药文化作为中国传统文化的重要组成部分，也是弘扬与传播中华优秀传统文化的有效载体。国家在《中医药发展战略规划纲要（2016—2030年）》中更是明确提出要"推动中医药进校园、进社区、进乡村、进家庭，将中医药基础知识纳入中小学传统文化、生理卫生课程"。

学校教育的主要阵地是课堂。实现岭南中医药文化进校园，最佳的方法是能够进入学生的课堂，将岭南中医药文化作为课程资源引进中学校园。当今的中学教育是分科教学，弘扬中华优秀传统文化是各学科育人过程中不可或缺的一环。以岭南中医药文化的人文素养、生物学原理等为切入点，在初中阶段将岭南中医药文化融入语文、生物学、劳动、体育、道法、美术六大学科的教学中；在高中阶段将岭南中医药文化融入语文、生物学、劳动、化学、历史、地理六大学科的教学中，开发融入岭南中医药文化的劳动学科教学内容，这是岭南中医药文化进校园的有意义的尝试。本章重点阐述岭南中医药文化在学科教学中的渗透。

一、品读经典，将中医药文化融入语文教学

新修订的课程标准把语文核心素养凝练为4个方面：语言建构与运用、思

维发展与提升、审美鉴赏与创造、文化传承与理解。关于"文化传承与理解"这一素养，语文教材主编温儒敏教授说："学生在语文学习中，继承和弘扬中华优秀传统文化、革命文化、社会主义先进文化，理解与借鉴不同民族和地区的文化，拓宽文化视野，增强文化自觉，提升中国特色社会主义文化自信，热爱祖国语言文字，热爱中华文化，防止文化上的民族虚无主义。"中医药文化作为中华优秀传统文化的重要组成部分，可以为语文教学提供丰富的素材。

（一）中医药文化与语文学科的关联点（表6-1）

表6-1 中医药文化与语文学科的关联点

课型类别	年级	关联文本	关联点	渗透讲解内容
阅读课	七（上）	《从百草园到三味书屋》	皂荚树、桑葚、何首乌、木莲	中医草药功效
		《再塑生命的人》	金银花	
		《行军九日思长安故园》	菊	
		《植树的牧羊人》	薄荷、薰衣草	
		《动物笑谈》	麝香、柠檬	
	七（下）	《说和做——记闻一多先生言行片段》	望、闻、问、切	中医诊病四种方法
		《阿长与山海经》	羊角风	中医草药功效
		《老王》	鱼肝油	
		《台阶》	刺针、竹筒	
		《驿路梨花》	采草药	
	八（上）	《藤野先生》	芦荟	
		《昆明的雨》	仙人掌、青头菌、牛肝菌、鸡㙡、杨梅	
		《蝉》	百里香	

续表

课型类别	年级	关联文本	关联点	渗透讲解内容
阅读课	八（下）	《大自然的语言》	连翘	中医草药功效
		《大雁归来》	香蒲	
	九（上）	《精神的三间小屋》	江米纸	药品内层包装
		《左迁至蓝关示侄孙湘》	瘴气——岭南潮州	中医草药功效及中医治疗方法
		《创造宣言》	茅草	
		《刘姥姥进大观园》	蓼、砒霜	
	九（下）	《孔乙己》	黄酒、茴香豆	
		《变色龙》	醋栗	
		《蒲柳人家》	扎针拔罐、接生、接骨	
		《十五从军征》	葵菜	
		《南安军》	白薇	
综合性学习	七（上）	有朋自远方来	介绍中医药朋友	中医药名人和书籍
		少年正是读书时	读书清单，科普作品——中医药主题	
	七（下）	天下国家	爱国人物故事会（孙思邈、张仲景）	
	八（上）	活动探究——新闻采访	采访岭南中医药相关人物（采访主题）	
		口语交际——讲述	主题：讲述中医药故事、名人	
		身边的文化遗产	分组申遗	

续表

课型类别	年级	关联文本	关联点	渗透讲解内容
综合性学习	八（下）	古诗苑漫步	古诗中的香草	中医草药功效
		活动探究——演讲比赛	演讲主题—岭南中医药文化	
	九（上）	君子自强不息	自强不息的中医人物	中医药名人和书籍
	九（下）	口语交际——辩论	辩论主题	
		活动探究——剧本	相关剧本表演《寻方》《珠江人家》	
写作课	七（上）	写人要抓住特点	《我的偶像》（例如，当地著名药师）	中医药名人和书籍
		如何突出中心	《走出校园》（例如，看中医的经历）	
	八（上）	描写景物	描写中草药（形状、色彩、功效）	中医草药功效
		说明事物要抓住特征	世间万物各有特征（描绘中草药的特征）	
	八（下）	说明顺序	介绍草药顺序	
		学写游记	《参观》（例如，岭南中医药文化博览园）	
	九（下）	谋篇布局	《家乡的文化》（岭南中医药文化）	

（二）中医药文化融入语文教学

八年级语文教材中有一篇短小精悍的文言散文《答谢中书书》，它"像一首流动的山水诗"，凸显了山川景物的灵魂，作者借自然万物的勃勃生机表达了自己与自然相融合的生命愉悦。作者陶弘景，正是南北朝时期著名的思想家、医药家、文学家，人称"山中宰相"。他的思想结合老庄哲学和葛洪的神仙道教，杂有儒家和佛教观点，对文学、书法、天文学、医药等都有一定研究，代表作品有《华阳陶隐居集》《本草经集注》等。陶弘景的一生颇具传奇色彩，他推崇岭南医药开山始祖葛洪的著作，其经历也和葛洪有异曲同工之妙，他的《本草经集注》在我国中医药学发展史上留下了重要的一页。教师应点拨学生在反复诵读中，学习欣赏山川之美，并发挥自己的想象，进入情景交融的境界，深入体会作者的感情，从而培养学生的欣赏能力和热爱祖国山河和优秀传统文化的情操。

九年级语文教材中有一篇文言文《扁鹊见蔡桓公》，故事生动，语言简练，同时传达了中医文化的内涵。扁鹊第一次见蔡桓公时说"君有疾在腠理，不治将恐深"，但是蔡桓公认为医生喜欢给没病的人医治来展示自己的医术显著。过了十天再见，扁鹊说"君之病在肌肤，不治将益深"，蔡桓公认为自己没病，而对扁鹊的说法大为不悦。又过了十天，扁鹊再见到蔡桓公说："君之病在肠胃，不治将益深。"蔡桓公仍然坚信自己没病。又过了十日，扁鹊远远地看见蔡桓公，掉头就跑。这篇文章篇幅不长，叙事结构层层递进，在完整讲述故事的同时，将哲思蕴含其中，显得意味隽永。一般情况下，教师在讲解本文时多是突出扁鹊医术高明，尽心劝说，而蔡桓公骄横自大、讳疾忌医，但其中蕴含的中医治未病的防治理念也很值得挖掘。所谓"治未病"，包括"未病先防、既病防变、病后防复"3个方面。疾病的发展往往是由浅入深，由轻到重的。在我们没有生病的时候，要想办法预防生病；如果已经生病了，就要防止病情进一步发展恶化；病情恢复以后，还要防止病情的复发和症状的反复。蔡桓公的病情，正是由无病，到"疾在腠理"，再到"病在肌肤"，又到"病在肠胃"，最后到"在骨髓"。病情从无到有，从浅入深，治疗则是从易到难，从难治到无治。所以《韩非子》说："故良医之治病也，攻之于腠理。"就是说在病情尚轻浅的时候就给予干预。这也正是《韩非子》所说的"慎易以避难，敬细以远大"的防微杜渐思想。其实，中医治未病的思想，要比韩非子的防微杜渐思想更超前。中医治未病不仅讲既病防变，更强调未病先防，在疾病还未发生之前就积极预防。该思想最早见于《黄帝内经》:"上工治未病,中工治欲病,下工治已病"。"治",为治理管理的意思,"治未病"即采取相应的措施,防止疾病的发生发展。这与现代医学所说的"一级预防"相一致,所谓一级预防,就是病因预防,减少病因或致病因素。比如,我们都知道晚睡、熬夜等有害健康,但对于作息规律的建议很多人并不予以采纳,认为并没有明显的不舒服,也没有干扰到生活,时间长了慢慢发展到精神不振、失眠,影响学习,甚至出现头痛、抑郁等严重的神经性疾病,而不得不休学治疗。家长、教师都会给学生早睡早起的忠告,可很多人都不以为然甚至"不悦",等到影响自己的学习效率、身体健康时,已经很难调整到最初的时候。《扁鹊见蔡桓公》的故事正是告诫我们,应有治未病的思想,治未病放在第一位的是未病先防,想拥有健康,先要有正确的健康理念。

高中语文课本中也有很多关于中草药的书写。在人教版高一语文必修上册第二单元第六课有一篇《芣苢》——"采采芣苢,薄言采之。采采芣苢,薄言有之。采采芣苢,薄言掇之。采采芣苢,薄言捋之。采采芣苢,薄言袺之。采采芣苢,薄言襭之。"从语言表达的角度,我们可以赏析文字的优美,全文使用重章叠句,在6个动词的变化中,表现了越采越多直到满载而归的过程,不断的重叠也充满了劳动的欢欣,洋溢着劳动的热情,产生了简单明快、往复回环的音乐感。换一个角度,可以解析"芣苢"这一植物的食用、药用价值,人们为什么如此快乐地采集芣苢呢。毛传认为"芣苢"就是车前草,其叶和种子都可以入药,有明显的利尿作用,可以清热明目,以及止咳、降血压,并且其穗状花序结籽特别多,与多子多福的信仰相契合。清代学者郝懿行在《尔雅义疏》中提到清代的穷人以车前草为食物的。可见,在古代以车前草为食物是普遍的习俗。春天采了它的嫩叶,用开水烫过,煮成汤,味极鲜美。《诗经》中可以入药的野草还有蒹葭(芦苇)、薇(野豌豆)、蘩(白蒿)、白茅、葽绕(远志)等,除了草类,诗中提及的匏(葫芦)、木瓜、桃、枣、桑、菲(萝卜)等很多瓜类、木类、根茎类植物都可入药。对于生活在《诗经》年代的劳动人民来说,这些植物既能缓解身体的病痛,也是他们聊以果腹的食物,在饥荒时期，更是他们维系生命的救荒本草。《诗经》作为我国文学史上最早的一部诗歌总集，收录了自西周至春秋中期500多年的诗歌作品，史料研究价值极高，是当时劳动人民在与疾病作斗争的实践中不断认识草药、积累医药知识的成果，诗歌中的一花一枝、一叶一茎，在优美的名字背后，都有其独特的药用功效。广州的饮食文化是全国闻名的，正所谓"食在广州"，广州的老火炖汤、凉茶等也特别讲究药食同源，预防、治疗一些常见疾病，其中很多依据便来自古代经典记载和民间经验的传承。

高中阶段的另外一篇必读经典——《离骚》也洋溢着草药的芬芳。在现存的屈原诗中，与中药相关的有19首，其中植物类药物50多种。对于《离骚》中所述的中草药，早在宋代就有学者作了专门研究，堪为代表的是宋人吴仁杰所撰的《离骚草木疏》，共分四卷，载有草木55种。屈原对一些中草药的形态、生长、栽培、采集描绘得栩栩如生。如"扈江离与辟芷兮，纫秋兰以为佩"，记载了江离、芷、兰三味中草药，意思为我披上了江离和辟芷，又连缀起秋兰为佩饰，借此象征自己的美质和才能；"余既滋兰之九畹兮，又树蕙之百亩。畦留夷与揭车兮，杂杜衡与芳芷"四句，留夷、揭车、杜衡、芳芷都是中草药名，以大量种植芳草比喻自己曾积极广泛地推荐和培养人才，希望共同从事政治改革；"朝饮木兰之坠露兮，夕餐秋菊之落英"意思是早晨饮木兰的露水，晚上吃秋菊的花朵，说明早在2300多年前的战国时代，古人已认识到木兰、秋菊等花草具有保健作用。屈原的诗赋，以浪漫主义精神和大胆创新的态度，成为我国文学史上划时代的名作。诗赋中诸多中草药，不仅是我国医药宝库中的珍贵遗产，也从一个侧面反映了我国古代文人兼习药理的风尚。

【实践案例1】

岭南中医药文化美食制作过程性习作指导

一、教材分析

在《义务教育语文课程标准（2022版）》7~9年级学段"表达与交流"板

块要求：注重写作过程中收集素材、构思立意、列纲起草、修改加工等环节，提高独立写作的能力。能与他人交流写作心得，互相评改作文，分享感受，沟通见解。"在落实以上要求过程中，注重理解中华优秀传统文化蕴含的核心思想理念、中华人文精神和传统美德，表达自己作为中华民族一员的归属感和自豪感。"

二、学情分析

九年级学生已掌握一定过程性写作的方法，具有初步把握写作结构、运用多种艺术手法表达情感的能力，第一课时已经学习过传统文化素材的写作结构及开头结尾的写作方法，但是基于传统文化中的制作类细节描写的过程性写作方法尚未系统掌握。因此，需要我们学会观察生活，提升学生过程性写作能力，感受优秀传统文化的魅力，培养学生的文化自信。

三、教学思路

在制作类作文写作中传统文化主题是高频出现的素材，可以以点带面拓展传统文化的思考和探究，笔者主要从引导同学们发现生活中与岭南中医药文化相关的美食制作，拓展到传统文化中制作类细节描写的过程性写作方法，通过学生自主、合作、探究的学习方式，进而对生活有新思考、新感受。

四、教学目标

（1）知识与能力：观察生活，收集素材；学习制作类写作方法。

（2）过程与方法：通过自由探究、小组合作探究过程性写作方法。

（3）情感态度价值观：结合文章内容，联系实际感受岭南中医药文化的魅力。

五、教学重难点

（1）观察生活，收集素材（重点）。

（2）培养学习制作类写作方法，感受中医药文化的魅力（难点）。

六、教学方法

讲授法、自主合作探究法。

七、教学过程（表6-2）

表6-2 教学过程

教学环节	教学内容	教师活动	学生活动	设计意图
考点引入	分析中高考作文情况，引入课题	明确传统文化选材在中高考写作中的重要性	学生体会	引起学生重视
活动一：小组作业展示	学生分享制作岭南中医药文化美食过程	过渡：民以食为天，传统文化不仅来源于文物古籍，日常生活中的饮食也是一种文化，因此需要我们仔细观察生活，感受身边的烟火气，这也是传承文化的一种方式。 1.谜语猜一猜 2.学生分享制作岭南中医药文化美食过程	学生分享	留心观察身边的岭南中医药饮食文化
活动二：作文对比	对比学生"岭南中医药文化美食制作过程片段写作"的文章	过渡：写作是一种创造性的过程，每一段文字都像是你的孩子。那让我们一起看一下大家创作出来的孩子吧。 1.对比甲乙两篇文章，选择你认为写得更好的一篇，并说明为什么 2.总结写作方法	学生思考	通过对比，总结写作方法
活动三：修改作文	通过修改作文，学以致用	过渡：好作品都是磨砺出来的，请大家运用学习到的方法来修改作文，以上四篇作文都是大多数同学写过的素材，挑选与你最相似素材的作文进行修改，完成学案任务三。 1.选择一篇作文进行修改 2.学生展示 3.教师小结	学生讨论、分享	通过学生修改作文，加深对写作方法的掌握，学以致用
作业	布置作业	根据"清明踏青"写作任务群中"美食制作"，完成清明习作	学生写作	巩固习作方法

八、板书设计（图6-1）

人间烟火气，最抚凡人心
——岭南中医药美食制作过程性习作指导

1. 紧扣主题、亲身经历
2. 按照顺序描写
3. 丰富细节描写
4. 多感官参与
5. 运用多种修辞手法
6. 融入传统文化元素
*以点带面

图6-1 板书设计示例图

（本课例由广州市真光中学李依玲老师提供）

【实践案例2】

文化遗产我来讲——岭南中医药文化申遗答辩会

一、课标分析

"综合性学习"这一概念的首次亮相是在《全日制义务教育语文课程标准（实验稿）》（2001版）中。作为课程改革的亮点，在2011版的语文课程标准中又对综合性学习提出了具体要求和建议。而各地的中考试卷上，综合实践题均为必考题型，这些无不彰显着综合性学习的重要性。综合性学习之所以重要，是因为它直接指向学生的核心语文素养，很好地打通了语文与生活、语文与学科素养、语文与其他学科的关系。也就是说，语文综合性学习是以语文学科为载体，以语文实践活动为主要形式，综合其他学科、日常生活及社会文化的内容，利用多种学习资源，运用自主合作探究等学习方式，使学生在形式多样的自主活动中得到语文素养的全面提升。

二、教材分析

统编版语文教材八年级上册第六单元综合性学习"身边的文化遗产"一

课，与新课标要求同步，为学生提供了一次发现身边文化、认同身边文化、提升文化自信心的综合性实践活动。以寻找、发现身边文化遗产为主要内容的综合性实践活动的设计，一定要立足于当今社会现实和学生的认知水平，突出传统文化的继承和发展，在一定程度上体现传统文化的要义，带领学生进行实实在在的文化实践。

三、学情分析

中国是文明古国，礼仪之邦，拥有人类共同的文化遗产，但现如今很多学生对于文化遗产的了解都停留在浅显层面。长期以来综合性学习迫于考试压力已流于形式，所以在本课综合性学习教学中，创设了问题情境——探寻神奇的岭南中医药文化之旅，课堂共设置了"了解文化遗产""寻找文化遗产""申请文化遗产""传承文化遗产"4个环节。紧扣"身边"二字，聚焦典型遗产，明确寻找任务，走进真实情境，开启一场探究与实践紧密融合、寻找与传承兼收并蓄、遗产与自信巧妙渗透的说走就走的旅行。

四、教学目标

（1）文化自信：认识保护我国文化遗产的意义，增强继承和弘扬中华优秀传统文化的意识，培养学生的文化自信。

（2）语言运用：通过收集身边的文化遗产活动，学会筛选主要信息，自主完成资料卡并撰写申请报告。

（3）思维发展：在完成资料卡和申请报告过程中，自主梳理调研所获得的信息，条理清晰地完成任务，并思考可以作为申遗成功的候选遗产的原因。

（4）审美能力：在调研文化遗产项目的过程中，以及小组同学的展示中，感受文化的魅力，从而提高学生审美能力。

五、教学重难点

召开模拟答辩会培养学生的逻辑思维能力和语言表达能力，并增强学生的文化遗产守护意识。（重点）

在调研文化遗产项目的过程中，以及小组同学的展示中，感受文化的魅力，增强学生对传统文化的认同感，提升文化自信心。（难点）

六、教学方法

情境教学法、自主探究、合作探究。

七、教学过程（表6-3）

表6-3　教学过程

教学环节	教学内容	教师活动	学生活动	设计意图
创设情境	展示岭南中医药文化申遗征集令	解读广东省文化和旅游厅申遗办的征集令要求	阅读"岭南中医药文化申遗"征集令，接受挑战	创设、模拟与身边文化遗产相关的情境，调动学生参与课堂的积极性，激发兴趣
答辩知识	1.展示有关答辩的注意要点 2.介绍答辩评选规则、评委嘉宾和参赛选手	1.教师介绍答辩要点 2.主持人介绍专家评委和参赛选手 3.主持人讲解评分细则和时间要求	同学认真聆听并适当记笔记	讲解答辩会相关细则，帮助学生理解答辩流程和评分要求
学生汇报答辩	各小组派一名代表上台进行岭南中医药文化项目申报讲解，并参与答辩	请各个小组按照顺序进行申遗答辩	1.小组代表通过PPT进行分享 2.其他同学认真聆听 3.答辩评委教师针对讲解提出问题	学生通过讲解汇报，了解岭南中医药文化的历史文化价值和岭南中医药文化遗产发展面临的困境，从而加深学生对岭南中医药文化的理解，增加文化认同感和文化自信
颁奖仪式	结合申报书分数和答辩现场评分，选出最佳小组	1.统计申报书和现场答辩的分数，评选优秀项目 2.邀请评审专家为获选的小组颁奖	评委组仔细看评价表和针对性地点评，点评参选作品的优缺点，做到精益求精，尽善尽美	引导学生真正从地理学科角度把握跨学科学习的要义，从评价和良性竞争中不断进步，感受跨学科学习的趣味

续表

教学环节	教学内容	教师活动	学生活动	设计意图
教师寄语	勉励学生，关注身边的文化遗产，增强文化自信	1.提问学生这节课的收获及认识身边的文化遗产有何意义 2.播放视频"给智慧种草，让理想萌芽" 3.教师总结：传承祖国文化遗产，保护中华精神家园	增强文化认同感和提升文化自信	升华情感，鼓舞力量
作业布置	1.小组成员以"我与文化遗产"为话题，自拟题目，写一篇作文（600字） 2.组内开展分享，对每篇文章进行评价	教师布置课后作业，活动结束后，以"我与文化遗产"为话题，结合本次活动的感触与心得，完成一篇作文	学生认真记录	升华总结学习成果，将班级优秀作文汇总，整理成册

（本案例由广州市荔湾区真光中学初中部实验校区李家茵老师提供）

  中学生语文核心素养要求语文学习既要培养学生对汉语言文字的热爱，也要培养学生具有阅读的兴趣和发现的眼光。中医药文化的渗透不局限在课本教材中，还应该引入更多蕴含中医药思想又适合中学生学习的素材。经典诵读是语文教学的重要内容和方式方法，《黄帝内经》《易经》《伤寒论》等是古代先贤和著名医家在道法自然的基础上经过深入思考和实践智慧的结晶，如果将两者联系起来，广大师生可通过晨读、课前诵读等黄金时间朗读、学习这些经典论著，必能将中医药文化经典播进孩子的心灵，让其慢慢沉淀，生根发芽，开花结果，既提高学生的语文水平又将中医药文化发扬光大。

二、融通中外，将中医药文化融入英语教学

岭南中医药文化是中国传统医药文化的重要组成部分，具有丰富多样的地域特色和深厚的历史底蕴。它不仅包含独特的医学理论和丰富的实践经验，还融入当地特有的自然和社会文化元素，形成一套适合本地民众体质和疾病特点的医疗和保健方法。中学英语教材，作为教育体系中的重要一环，其内容涵盖广泛的知识领域，旨在培养学生的语言能力、文化素养和国际视野。积极挖掘岭南中医药文化与中学英语教材之间的潜在关联，将岭南中医药文化引入中学英语课堂，具有重要意义。

首先，能增强文化自信和民族自豪感。岭南中医药文化是中华民族的宝贵遗产，将其融入英语教学，有助于学生认识和了解这一文化遗产，从而增强对传统文化的认同感和自豪感，还能拓宽视野，促进语言技能和文化素养的提升。其次，能提升健康意识和生活质量。岭南中医药文化强调预防为主，注重健康养生，这些理念可以通过英语教材传递给学生，帮助他们树立正确的健康观念，提高生活质量。最后，有助于推动跨学科学习，增强跨文化交流和国际理解。一方面可以充当国际交流的桥梁，中医药文化作为中国传统文化的一部分，已经成为国际交流的重要内容。将其纳入英语教材，有助于学生在跨文化交流中更好地介绍和传播中华文化。另一方面有利于中国文化走出去，通过学习岭南中医药文化，学生可以更深入地了解中国文化特色和价值观念，从而促进国际社会对中国的理解和认同。

综上所述，岭南中医药文化与中学英语教材有效结合，不仅能够丰富教学内容，还能够在多方面促进学生的全面发展。通过这种跨文化的教学方式，学生可以更好地理解和欣赏中国传统文化，同时可以提升他们的语言能力。

中医药文化与英语学科的关联点（表6-4）

表6-4 中医药文化与英语学科的关联点

教材与单元	关联点
七（上）Unit 3　The earth	中药材来源于大自然，生长于地球，引导学生观察日常，认识可入药的植物和动物，激发学生对地球和大自然更深入的认识
七（下）Unit 4　Save the trees	树木的枝叶、树皮、根须等都可能是中药材，将树的部位及其药用价值有机结合起来
八（上）Unit 6　Ancient stories	引入古代中医文化故事，培养学生对古代中医药文化的兴趣与优秀的品质
八（下）Unit 3　Traditional skills	结合中医"望、闻、问、切"以及刮痧、针灸等传统技艺等，加深学生对中医文化的理解
九（上）Unit 1　Wise men in history	拓展岭南名医内容介绍，激发学生向名人学习，树立远大理想，培养其为社会作贡献的情怀
九（上）Unit 6　Healthy diet	中医药和中国饮食"药食同源"的观念，深深影响中国人的饮食生活，这些意义非凡的食物，形成中国人餐桌上最为独特的体系
九（下）Unit 6　Caring for your health	对于身体的各种病症，中医药有其特殊的疗效。从日常生活中常见中医药的功能和疗效入手，普及中医药文化及养生保健知识
必修第二册Unit 1　Culture heritage	中医药文化包含中华民族几千年的健康养生理念及其实践经验，是中华文明的一个瑰宝。通过普及中医的价值与对人类的贡献，积极推进中医药文化的保护传承和传播
必修第三册 Unit 3　Diverse Cultures	文化是多元的。在医疗层面，中医文化和西医文化存在明显差异，通过深入学习和比较，进一步了解传统中医药文化的精神和内涵

【实践案例】

内容：结合传统中医的健康饮食。

课型：写作。

时长：40分钟。

一、学习目标

知识目标：

学生能够用英文复述传统中医（TCM）的基本原理（人与自然相互联系与影响的整体观念）及其与饮食的关系。

学生了解餐桌上常用于维护健康的中草药及其运用。

能力目标：

学生能就结合TCM原理的健康饮食主题用英语写一篇文章。

情感目标：

学生欣赏传统中医文化及其对现代饮食实践的贡献。

二、重点与难点

（1）学生有效掌握关键词汇、短语和语言点。

（2）学生撰写一篇关于结合TCM原理的健康饮食的文章。

三、教学过程

课前准备（教师准备）

（1）准备一份关于用TCM基本原理，以及常见的可食用中草药的演示文稿。

（2）收集各种草药和食物的图片。

课前准备（学生准备）

课前收集TCM基本原理以及广东地区常见的将TCM原理融入日常饮食的菜谱或煲汤配方。如有疑问需记录。

步骤1：导入（3分钟）

1）询问学生是否听说过传统中医以及对它的了解。

2）播放一段介绍TCM与健康饮食相结合的短视频以引起兴趣。

步骤2：呈现（5分钟）

1）TCM相关介绍：解释TCM如何将食物视为药物，以及平衡不同类型食物以维持健康的重要性。

2）介绍常见食物和草药，如黄芪、枸杞、生姜和绿茶等。

3）介绍生活中如何使用这些食物和草药来促进饮食健康的例子。

4）要求学生记笔记。

步骤3：互动学习（10分钟）

1）小组讨论：将学生分成小组，让他们讨论并列出广东地区常见的将TCM原理融入日常饮食的菜谱或煲汤配方。每组应列出三种实用方法并将其写在黑板上。

2）课堂分享：让每组与全班分享他们的想法，讨论这些方法的好处。

3）教师点评。

步骤4：写作任务呈现（15分钟）

1）写一篇题为《结合传统中医的健康饮食》的文章，要求学生用今天所讨论的具体例子来支撑观点。

2）为学生提供一份写作大纲，具体如下。

引言：简要介绍TCM基本原理及其与日常饮食的相关性。

正文段落：列举一些常见的可食用中草药，它们的好处以及如何在日常饮食中使用它们。

结论：总结根据TCM原则保持均衡饮食的重要性，并鼓励读者尝试这些方法。

3）进行课堂写作，同时教师提供帮助和反馈。

步骤5：写作后（5分钟）

根据评分标准评估学生的文章，师评与互评相结合。

步骤6：总结（1分钟）

步骤7：布置家庭作业（1分钟）

1）要求学生改正作文错误并进行润色。

2）观看一些关于结合传统中医的健康饮食的视频。

（本案例由广州市真光中学黄敏清老师提供）

三、德法并蓄，将中医药文化融入思政课堂

中医药文化是中华优秀传统文化的重要组成部分，其融合了哲学、人文、

伦理等层面的理论内涵以及医患和谐、医者仁心等精神文化，充分展示了中华传统文化的独特魅力。岭南中医药文化是我国中医药文化的重要组成部分，对于弘扬中华优秀传统文化有着巨大的引领作用，与思政课有着紧密的内在关联，是非常重要的教学资源。

岭南中医药文化作为中医药文化的重要组成部分，具有悠久的历史，弘扬岭南中医药文化对维护国民健康具有重要作用。中学生正处于成长的关键期，是祖国的未来、民族的希望，将岭南中医药文化融入中学思政课堂，能让学生对中医药文化形成初步的认识，助力中医药文化的传承，增强学生对中医药文化的认同感和中华优秀传统文化的自信心，坚定学生的文化自信和民族自信，充分发挥思政课育人功能。

（一）中医药文化与道德与法治学科的关联点

在初高中道德与法治课堂中，可结合教材对岭南中医药文化有关素材进行资源整合。中医药文化蕴含丰富的哲学思想，也可作为教师开展教学的宝贵资源（表6-5~表6-7）。

表6-5　中医药文化与初中道德与法治课堂的融合点

授课内容	辅助讲解
珍爱我们的生命	引导学生养成健康的生活方式，明确守护生命要关注自己的身体，在中医理论指导下，通过各种方法达到增强体质、预防疾病的目的，真正做到将中医提倡的健康观念深植于心
少年有梦	学习华佗、张仲景、李时珍等著名中医的事迹，了解他们的生平，学习他们医者仁心、乐于奉献的良好精神品质，将他们作为我们学习的榜样，向榜样学习，树立远大的志向
做情绪情感的主人	情绪受多方面因素影响，可以通过穴位按摩、运动锻炼等方式调节自己的情绪，做情绪的主人（如当自己心情烦躁时，可以通过八段锦让烦躁的心情平静下来）

续表

授课内容	辅助讲解
勇担社会责任	开展"岭南中医药文化进校园"志愿者服务实践活动，志愿者运用自己了解的岭南中医药知识，给同学们在饮食、日常作息、养生保健等方面科普一些小妙招，以及教授他们太极拳或八段锦等。学生在志愿服务活动中，进一步弘扬"奉献、友爱、互助、进步"的志愿精神，真正体会奉献助我成长
理解权力、义务	向学生宣传中医药法，普及岭南中医药知识，让学生与中医药文化零距离接触。同时在学校开展中医药普法知识竞赛，了解宪法与中医药法的关系；开展我向两会说愿望活动——向人大代表提议：推广岭南中医药文化进校园活动，让学生体会人权的广泛性，国家尊重和保障人权
文明与家园	中医药文化源远流长，博大精深，对中医药文化的认同感彰显了中华民族厚重的文化底蕴。中医药学是中国古代科学的瑰宝；中医药学是打开中华文明宝库的钥匙，为中华民族和世界文明进步作出重大贡献

表6-6 中医药文化与高中道德与法治课堂的融合点

授课内容	辅助讲解
统编版必修二《经济与社会》：科学的宏观调控、有效的政府治理，加强市场监管	要加强中药质量安全监管，改革完善中药注册管理，加强中药材质量控制，大力推动中药质量提升和产业高质量发展
统编版必修三《政治与法治》：中国共产党是我国的执政党，人民立场是中国共产党的根本立场；全心全意为人民服务是中国共产党的根本宗旨	党中央把中医药工作摆在更加突出的位置，在中医药创新和发展中发挥了领导核心的作用，充分体现中国共产党全心全意为人民服务
统编版必修三《政治与法治》：政府要转变职能，履行好各项职能，建设职能科学的政府	加强中医药服务机构建设、筑牢基层中医药服务阵地、以信息化支撑服务体系建设
统编版必修四《哲学与文化》：文化在继承的基础上发展，对待传统文化的正确态度是"取其精华，去其糟粕"，批判继承，古为今用	要挖掘和传承中医药宝库中的精华

续表

授课内容	辅助讲解
统编版必修四《哲学与文化》：实现中华优秀传统文化创新性发展，必须按照当今时代社会生活和社会实践的进步和发展，对中华优秀传统文化的内涵进行补充、拓展和完善，使之成为适合当今时代实践和社会发展要求的文化形式	加强著名老中医学术经验、老药工传统技艺传承，实现数字化、影像化记录，加快推进传统中医药文化的科技创新，适合当今时代的发展
统编版必修四《哲学与文化》：文化交融推动文化的发展。文化因交流而多彩，文化因交融而丰富。一个民族的文化成就，既是本民族人民劳动智慧的结晶，也融入了其他民族文化的有益成果；它不仅属于这个民族，而且属于整个世界	要推动中医药开放发展、推动中医药文化海外传播，应利用好海外的孔子学院和中医中心等平台机制，加强与海外各类中医药团体平台的整合，借助新媒体手段，不断提高中医药国际传播的文化认同度

表6-7　中医药文化中的哲学思想

授课内容	辅助讲解
联系是普遍的，坚持联系的观点看问题	中医药学是中华民族的伟大创造，是中国古代科学的瑰宝，也是打开中华文明宝库的钥匙，为中华民族繁衍生息作出巨大贡献，对世界文明进步产生积极影响
矛盾具有普遍性，是指矛盾存在于一切事物中，即事事有矛盾；矛盾贯穿每一事物发展过程的始终，即时时有矛盾。要坚持一分为二的观点看问题	中医药改革发展取得显著成绩，同时要看到，中西医并重方针仍需全面落实，遵循中医药规律的治理体系亟待健全，中医药发展基础和人才建设还比较薄弱，中药材质量良莠不齐，中医药传承不足、创新不够、作用发挥不充分
矛盾具有特殊性，是指矛盾的事物及其每一个侧面各有其特点	要发挥中医药在维护和促进人民健康中的独特作用，彰显中医药在疾病治疗中的优势，提升中医药特色康复能力

（二）中医药文化在思政课堂中的渗透

初中学生学习岭南中医药文化，有利于增强他们对中医药文化的认同感。

在实际教学中，教师应该根据教学内容收集与整合与岭南中医药文化有关的教学资源，系统学习和掌握相关文化知识，注重培养学生的家国情怀，塑造学生的高尚品格，同时让学生学会健康管理，树立正确的生命观。

如教学七年级上册第九课"珍视生命"第一框"守护生命"时，教师可以结合岭南中医药文化的相关知识，引导学生探究什么是健康的生活方式，明确守护生命要关注自己的身体，养成健康的生活方式。学生学完这一部分的内容后，不仅懂得守护生命需要做到爱护身体，还将中医提倡的健康观念、健康生活方式等深植于心。另外，岭南中医药文化是中华优秀传统文化的重要组成部分，学生可以从中汲取精神力量，在潜移默化中充实精神世界，增强自己的生命力量。

又如，在教学九年级上册第五课"守望精神家园"第一框"延续文化血脉"时，教师可以收集有关非典流行期间岭南地区利用中医药抗疫的视频，让学生观看视频后开展合作探究，归纳中医药文化的特点和价值，同时让学生谈一谈作为一名中学生，在日常生活中应该怎样传承岭南中医药文化，让学生对岭南中医药文化有进一步的认识。然后，教师引导学生总结视频中体现出来的伟大抗疫精神，让学生真正明白岭南中医药文化作为中华优秀传统文化的一部分，也包含了伟大的民族精神。这些都是初中道德与法治课课程"活"的教学素材。教师还可以让学生在课堂上结合自己所学知识和生活经验，对岭南中医药文化是否应该进校园进行辩论，让学生辨证地看待传统文化，领会中华优秀传统文化在继承中发展的重要意义，弘扬民族精神。岭南中医药文化进课堂，既丰富了教学资源，又提高了学生学习道德与法治知识的兴趣，更有利于学生理解、掌握相关知识。

（本案例由广州市真光中学吴少雄老师提供）

四、博古通今，将中医药史辅助历史教学

历史学科是一门研究过去事件、人物和社会的学科，它不仅是对过去事件

的记录，更是对过去的深刻思考和分析。历史学科的研究对象包括人类社会产生、发展过程及其规律，以及历史人物和事件的影响和意义。通过学习历史，学生可以了解人类社会的发展历程，认识历史规律和趋势，培养思维品质、道德素质、审美情趣等。同时，历史学科也可以激发学生的爱国情感，增强学生们的民族自豪感和历史责任感。

历史学科与中医学虽然看似各自独立，但在深入研究与探索中，我们可以发现二者之间存在紧密的联系与互动。这种跨学科的研究有助于我们更全面地理解人类文明的发展历程以及中医学的深厚底蕴。在初中历史课堂中，可结合教材中关于历史上的中医药知识，渗透中医药文化。

（一）中医药文化与历史学科的关联点（表6-8、表6-9）

表6-8　中医药文化与初中历史教学主题的关联点

授课内容	辅助讲解
《中国历史》七年级上册第15课：两汉的科技和文化 两汉文化：两汉科技成就突出。成书于战国至西汉间的《黄帝内经》奠定了中医理论的基础	1.对两部中医学著作再做详细讲解 2.以《黄帝内经》为突破口，向学生讲述中医学的基本理论
张仲景的《伤寒杂病论》，这部著作发展了中医学的理论和治疗方法，并提出了"治未病"理论，提倡预防疾病	讲述《伤寒杂病论》的部分内容，强调张仲景是中医临床理论体系的开创者，为中医药学的发展作出重大贡献
《中国历史》七年级下册第16课：明朝的科技、建筑与文学 科技：李时珍是明代杰出的医药学专家，其作品《本草纲目》是一部规模空前的药物学著作	1.从家园情怀出发，探讨历史上的疫病呼应现实中的身边事，激起学生对现实的关注和对本课的兴趣 2.学习科学家精神，从学习中国古代中医药为代表的中医科学家们对中华优秀传统文化的继承与发展，激发学生的爱国情感，增强民族自豪感和历史责任感

表6-9 中医药文化与高中历史教学主题的关联点

授课内容	辅助讲解
《中外历史纲要》第4课：西汉与东汉——统一多民族封建国家的巩固 两汉文化：两汉科技成就突出。成书于战国至西汉间的《黄帝内经》奠定了中医理论的基础；东汉时的《神农本草经》是中国古代第一部药物学专著	1.对两部中医学著作再做详细讲解 2.以《黄帝内经》为突破口，向学生讲述中医学的基本理论
《中外历史纲要》第8课：三国至隋唐的文化科技 医学家孙思邈完成医学名著《备急千金要方》，它全面总结历代和当时的医药学成果，且有许多创新 唐高宗时编修的《唐本草》，是世界上最早由国家颁布的药典	1.展示科学家精神，介绍孙思邈的事迹 2.课后探究：《备急千金要方》的经典方剂在生活中的使用
历史选择性必修二第14课：历史上的疫病与医学成就 医学成就：《黄帝内经》是现存最早中医理论著作，对后世中医学理论的奠定有深远的影响。《神农本草经》是中国现存最早的药物学专著。《备急千金要方》是唐朝医药学家孙思邈所著的一部中医学经典著作	1.学习科学家精神，理解科学家们坚持不懈的精神和中国日益增强的综合国力有密切的关系，感受到中西医结合能够共克人类医学难关，提升对中华民族的热爱之情，落实家国情怀核心素养的培养 2.学习科学家精神，从学习中国古代中医药在抗疫病的具体事迹中再看新时代下以屠呦呦为代表的中医科学家们对中华优秀传统文化的继承与发展，激发学生的爱国情感，增强民族自豪感和历史责任感 3.活动探究——葛洪在《肘后备急方》中关于青蒿抗疟的记载 4.历史纵横"药食同源"，讲述身边的老广煲汤
历史选择性必修三第3课：古代西亚、非洲文化 阿拉伯文化：伊本西那的《医典》是一部医学百科全书，传入欧洲后翻译成拉丁语，长期用作医学的标准教科书	1.《医典》与中医的渊源 2.探讨中医文化在历史上的传播与影响：①中医在丝绸之路等贸易路线上的传播；②中医对世界其他地区医学的影响与融合

（二）中医药文化融入历史教学

数千年来，中医为中华民族战胜疾病、繁衍生息发挥了重要作用，更是随着中国古代历史的发展而发展，因此在中学历史的教科书中也涉及大量与中医药文化有关的内容。在战国、两汉、宋元、明清历史中都会介绍中医的发展，其中涉及的中医代表人物有张仲景、华佗、孙思邈、李时珍等，涉及的中医代表著作有《黄帝内经》《伤寒杂病论》《本草纲目》《唐本草》《备急千金要方》等，对麻沸散、五禽戏、针灸疗法等诊疗方法均有具体介绍。人教版高中历史教科书更是以专题和选修的形式编写中医药史，有利于学生对中医文化的发展形成整体认识，通过学生自主探究，对历史人物进行评价，更适合高中教育重思维的特点。教材以史料、图片、活动课、课后习题等多种形式呈现中医药历史，为教师进行中医文化拓展教学提供了素材，也能帮助学生更好地理解中医文化的发展脉络，并与实际生活相结合。

在讲授七年级上册第3课"远古的传说"第一子目"炎黄联盟"时，教师可适当补充介绍，之所以称中华民族为华夏民族，正是因为"华夏民族乃中国民族之主干，因此中国古代史也以华夏民族为正统。在中国古史传说里，最早且比较可信的有神农、黄帝的故事"。而在讲授第二子目"传说中炎帝和黄帝的发明"时可适当补充讲述中医经典《黄帝内经》和"神农尝百草"的故事。针对初中生年龄尚小，他们喜欢听故事这一特点，教师通过讲述"神农尝百草"的古代神话传说，可吸引学生的课堂注意力，培养学生学习历史的兴趣。

对于高中生，除了在历史课堂上常渗透中医药文化，还可将现行教科书中的中医文化知识作为重点知识，采取专题集中讲授的教学方式。高中历史教科书中关于中医文化编写的内容比较少，但可以通过引入史料或以课堂补充的形式来优化中医文化教学，补充的关于中医文化教学的内容，还可以帮助学生对历史知识的理解。首先，如在高中历史讲授必修一"政治史"中的第1课"夏、西周的政治制度"时，结合教科书中的课文和"殷墟出土的刻有卜辞的牛骨"图可适当补充讲解,早期的中医文化与巫术、宗教、祖先祭祀等有关系,原始社会由于医疗水平低下,许多疾病不能得到医治,病因也无法解释,所以最初的医药知识在很长时期内是与巫术结合在一起的,并且以"巫医"的形式出现,而"巫医"是我国传统医学发展过程中的重要阶段,对中医文化的发展产生不容忽视的影响。殷墟甲骨文卜辞中,就有我国古代最早的医疗法经验知识记录,与"巫医"有着密切关系。其次,可在高中历史必修二"经济史"中的第2课"古代手工业的进步"讲夏、商、周时期的青铜器时,结合教材中的"二里头青铜器"图适当补充:二里头遗址出土有成套的青铜器,而其中就有酒器,《汉书》称酒为"百药之长",繁体"醫"字从"酉",这较为形象地说明了酒在中国医药史上的地位。商朝以后,青铜器的数量增加,商代酿酒业发达,酒的作用很多,除了"通血脉""行药势",还可用作溶剂,这也使后来制作药酒成为可能。此外,马王堆出土了大量的帛医书,包括《导引图》,其中就有关于中医治疗手段"导引"术的记载。再次,如在讲授高中历史必修三"文化史"中第1课"百家争鸣"和儒家思想的形成时,可适当补充中医文化的发展与春秋战国时期诸子百家思想的关系,具体表现为:道家关于世界本原与生命起始的探讨,对中医学的生命理论有着深刻的影响;儒家提倡的"自强不息,厚德载物"的进取精神和道德观,对医生的修身及医德的形成产生了较大的影响;兵家的用兵之道,则对中医学的治疗原则和方法的建立具有一定的作用。在这个时期,古代的医家们还对人体自身奥秘及人与自然的关系进行有益的探讨,创立了脏象、经络、精气、血液等学说,并在探讨人与自然的过程中创立了"六淫致病"学说,解释了人体的生理和病理,指导疾病的诊断和防治,逐渐建立起中医学的理论体系。战国时期形成的文化氛围对中医学理论体系的形成和发展产生了巨大影响,而中医文化的起源和发展与传统文化关系密切,可起到对中医文化形成背景的补充介绍作用。最后,可在讲授高中历史必修三"科技史"时,介绍历史上著名的医家为中国乃至世界医学作出重要贡献,如李时珍撰写的《本草纲目》流传到海外,成为世界医药学宝典之一,被誉为"东方医学的巨典",被英国著名生物学家达尔文称为"中国的百科全书"。

(本案例由广州市真光中学陈云芳、刘衍燊老师提供)

五、传承千古人文,将中医药文化融入地理学科

地理是一门跨自然科学和人文科学的综合性学科,它是研究地理环境以及人类活动的学科,具有综合性和区域性等特点,而岭南中医药是由长期生活在岭南地区特有的地理和气候环境下的人们,根据独特的体质及生活习惯总结出地域性防治方法而形成的文化具有区域性。两者有机融合,能让学生在实际生活中认识本土的岭南中医药,发挥地理课堂的教学作用,从而保证课堂教学的实效,增进学生对中医药文化的了解,有利于学生形成文化自信,并自觉成为中医药文化的继承者和弘扬者。

在地理学科的教学中,可以深入挖掘岭南中医药文化的内容,并与地理教材的内容进行有机整合,在地理教学中渗透岭南中医药文化。

(一)中医药文化与地理学科的关联点(表6-10)

表6-10 中医药文化与地理学科的关联点

地理教学	授课内容	融入岭南中医药文化的契合点
地理学科知识	天气与气候	广东凉茶是岭南人根据气候、水土特性,在长期预防疾病和保健的过程中以中医养生理论为指导、中草药为基础研制总结出来的一类具有清热解毒、生津止渴等功效的植物饮料
	农业区位	广东地区道地药材生长条件的分析,如"广陈皮"的原料与制作过程,分析"广陈皮"原料生长的自然和社会经济因素,探秘其生长条件
	工业区位	分析岭南中医药文化博览园的区位条件,体现中医药文化与旅游、生产与加工、产品与技术、商业与流通、教育与科研于一体的发展特点

续表

地理教学	授课内容	融入岭南中医药文化的契合点
地理学科知识	地理信息技术	中药材资源调查方式：走访调查（药监局、农药局、药材收购站、种植合作社等），现场调查（到产地实地调查，一般选择开花或结果期进行调查，以方便采集枝、叶、花、果、根等部位，并进行拍照，获取GPS信息，土壤、水分等鉴定操作），完善动态监测
	自然灾害	中医学中的"天人合一"整体观。中医重视生命与天地自然的联系，以阴阳五行、天干地支及脏腑经络等为框架建立一整套庞大的生理病理体系，强调"天、地、人"之间的关系。在"自然灾害"的教学中，用"天人合一"整体观引导学生关注人与环境的关系，对"人、地"关系进行理性反思和总结，树立对人类处理"人、地"关系行为的反省意识
地理学科思维	诊断区域问题	"四诊法"即"望、闻、问、切"，是中医了解病情的四种诊断方法，了解疾病发生的原因、性质、部位等，为疾病治疗提供依据。"四诊法"在教学中可以用于诊断区域问题，如面对区域相关问题时，学生可以根据问题，从材料文字和图表中收集与问题相关的资料，通过分析、综合了解地理问题出现的区位、原因以及与地理环境、人类活动之间的关系，从而能对症下药，找出问题解决措施，给出合理建议
	人地协调观	健康文化中的"未病先防"，采取各种措施，做好预防工作，以防止疾病的发生，这是中医学预防疾病思想最突出的体现。"未病先防"的思想可用于地理学科核心素养的"人地协调观"的渗透教学中，面对不断出现的人口、资源、环境和发展问题，人们越来越深刻地认识到，人类社会要更好地发展，必须尊重自然规律，协调好人类活动与地理环境的关系

（二）中医药文化融入地理教学

教师在开展地理课堂教学时，也可以将中医药文化知识融入其中，更好地发挥地理课堂的价值，在地理课堂中渗透中医药文化教育，能让学生感受到中医药文化的魅力，促使学生了解和认识中医药文化，展现我国传统文化的魅力。例如，初中地理课堂在学习"我们身边的地理"这一课时，教师应注意做好课堂导入环节，可以生活中常见的蒲公英这一植物作为课堂导入点。教师在开展课堂教学时可以为学生展示蒲公英,让他们认识到蒲公英的药用价值,然后,为学生介绍蒲公英适合的生长环境,引入本节课的教学内容。教师还可以用中医药知识为学生建设适宜的教学情境,通过情境教学,以图文并茂的方式,引导学生进入课堂,从而激发学生课堂学习的兴趣,让学生意识到地理课堂学习的趣味性。这样创设教学情境并穿插中医药文化知识的方式能让学生在学习的同时,巩固课堂学习所得。例如,在教学"中国的地形"一课时,教师可以穿插一些常识性的中医药文化知识,利用课堂教学发挥初中地理课堂的教学作用。不同的地势、环境培植出了不同的药材,如雪莲只能在青藏高原生长。教师在初中地理课堂上引入中医药文化知识,能激发学生的课堂学习兴趣。而在实际的教学过程中,教师可以通过信息技术展示一些植物的图画,为学生创设一个适宜的课堂学习环境,丰富学生的课堂学习体验,保证学生的课堂学习质量。综上所述,中医药文化是我国传统文化的瑰宝,可以很好地渗透在各学科的日常教学中,激发学生的学习兴趣。

(本案例由广州市真光中学邓嘉欣老师提供)

六、生生不息,将中医药文化融入生物学

生物学是自然科学中的一门基础学科,是研究生命现象和生命活动规律的科学。生物学的研究对象是具有高度复杂性、多样性和统一性的生物界。中医学的研究对象是生命体,两门学科在人类健康与疾病防治方面共同发挥着重要作用。生物学教师可融合生物学知识与中医学知识开展教学,深化学生对我国古代生物学思想的理解及现代生物科技成果的认识,激发民族自豪感,增强中国特色社会主义文化自信。

（一）中医药文化与生物学学科的关联点（表6-11、表6-12）

表6-11　中医药文化与初中生物学教学主题的关联点

授课内容	辅助讲解
生物圈中的绿色植物	介绍常见的药用植物及其用途
被子植物的一生	栽培一种药用植物，记录种子萌发、植物生长、开花结果
食物中的营养物质	指出人体所需的营养主要从食物获取，引出药食同源的概念
输送血液的泵——心脏	引用《黄帝内经》中"诸血皆归于心""经脉流行不止，环周不休"等论述，介绍我国古代人民对血液循环的认识
人体对外界环境的感知	做眼保健操通过按揉眼周穴位促进眼部血液循环，缓解眼睛疲劳，预防近视。需要找准穴位，认真操作
动物的运动	介绍古代运动——八段锦、五禽戏，每个具体动作锻炼到的部位及功能
人类对细菌和真菌的利用	古代酿酒工艺及米酒的功效与作用；某些大型真菌含有药用价值，如冬虫夏草、松茸、鸡枞等
尝试对生物进行分类	我国明代医学家李时珍以用途对生物进行分类，比现代分类学之父林奈建立生物分类系统早200多年。对比两种分类方式，体会中西方文化的差异
植物的生殖	运用扦插或嫁接的方式实现快速繁殖药用植物
传染病及其预防	介绍古代人类在疫情时期控制传染源的举措，如先秦时期出现了专门隔离传染病人的"病所"，举例说明中医在现代疫情防控中做出的贡献
选择健康的生活方式	倡导中医养生与健康的生活方式

表6-12　中医药文化与高中生物学教学主题的关联点

授课内容	辅助讲解
细胞的衰老和死亡	中药远志有抗衰老的功效，可提高机体抗氧化酶的活性，减少机体过多的自由基对细胞的损伤，达到延缓衰老的作用

续表

授课内容	辅助讲解
细胞的凋亡、癌变、增殖	中药莪术有抗肿瘤功效，能有效诱导细胞凋亡，阻滞细胞周期
神经调节	生姜能有效止呕，作用机制为阻碍中枢兴奋性递质乙酰胆碱的传递，减少神经冲动向大脑皮质的传导，从而缓解眩晕和恶心症状
体液调节	山药有降血糖的功效，可改善受损坏的胰岛B细胞，增加胰岛素的分泌，清除多余的自由基
免疫调节	夏枯草可清热泻火，散结消肿，可增加机体白细胞数量，提高白细胞和巨噬细胞的吞噬能力，抑制异常的免疫反应； 人参可补充元气，消除虚弱症候，可对机体网状内皮系统的吞噬功能有明显的激活作用，可使白细胞数量回升

（二）中医药文化融入生物学教学

在生物课堂中教师可以适当选取与教材内容相关联的中医药文化知识进行融合，如在人教版高中生物教材必修三《稳态与环境》的第四章"种群和群落"第一节"种群的特征"中，教师可通过开展"运用样方法调查草地中某种药用草本植物的种群密度"探究活动，引导学生关注身边的药用植物，如白花蛇舌草、车前草等。在该活动中，学生选择一种药用植物，通过实地测量，收集数据，分析数据，掌握植物种群密度调查的方法，领略校园内丰富多彩的中草药植物资源。又如，在初中阶段学习植物分类的时候，教师可通过"打造百草园"主题活动引导学生结合分类学知识进行校园药用植物调查。

【实践案例】

根据生物的特征进行分类——打造"百草园"

一、生物学课标与教材分析

"尝试对生物进行分类"主题源于人教版八年级上册生物学第6单元第1章第1节，是一级主题"生物的多样性"的组成内容。在教学中要帮助学生建立生物分类的思想，引导学生构建物种的概念及生物分类层级的概念，了解生物分类的依据和单位，从而落实课程标准的学业要求——"对于给定的一组生物，尝试根据一定特征对生物进行分类"。

二、课程目标

（1）列举植物和动物的主要类群，阐明植物和动物分类的依据。了解双名法，熟练使用植物识别软件。（侧重生命观念）

（2）通过分析药用植物"艾草"在分类中的位置，运用模型与建模思维构建分类层级。（侧重科学思维）

（3）通过实地考察、归纳概括、分析推理完成校园药用植物调查，结合生物分类相关知识以合理的逻辑顺序形成校园药用植物图鉴。（侧重探究实践）

三、教学过程

1.分析药用植物，构建分类层级

在导入阶段，教师播放生物界视频，进一步设问：自然界的生物种类繁多，形态各异，科学家是如何对生物进行分类，使科学研究更加井然有序的？

教师引导学生回忆已经学过的生物类群，并指出植物、动物属于生物分类系统中"界"的层级，是分类的最高层级。以校园常见中医药植物"艾草""菊花""薄荷"为例，教师引导学生分析三种药用植物的相似程度，并在此基础上讲解分类层级：从界以下的分类单位按照由高到低的次序，依次包括：门、纲、目、科、属、种，其中，"种"是分类的基本单位。

设计意图：通过视频，吸引学生的注意力，使其体验生物分类的重要意义。联系学生身边的药用植物引导学生对植物分类的问题进行思考，以帮助其实现对植物分类方法和依据的整体感悟。

2.定制植物图鉴，实现知识迁移

教师介绍生物学家林奈及双名法，在此基础上布置课程任务：对校园区域进行划分，以小组为单位，借助植物识别软件进行户外认种学习。随后对校园植物进行统计调查，并运用生物分类相关知识以合理的逻辑顺序形成校园植物图鉴，图鉴内容包括药用植物的名称、学名、科属、植物识别要点、用途等。

若被调查的植物有药用价值，则需要指出其性味功能、主治作用等。

设计意图：通过户外植物认种让学生切身感受双名法的应用，基于生物分类方法进行的植物图鉴制作能够有效实现知识迁移，在这一过程中学生习得对概念的深层次理解。

3.拓宽分类依据，感悟中医人文

教师提供素材：我国明代医学家李时珍在林奈之前便提出了对生物进行分类。在《本草纲目》中有"尝试对生物进行分类"一节记载：李时珍以一种全新的分类方式将药物分为动物药、植物药、矿物质药。这分类方式开创了医学史上又一次先河，促进了植物学和动物学的融合发展。在此基础上教师布置下一项任务：如果要打造一个药用植物百草园，你会如何规划百草园的建设工作（如何对校园中的药用植物进行分类并展示）。

设计意图：通过分享李时珍编撰《本草纲目》等古人运用中医药文化造福百姓的故事，促进学生进一步认识传统中医药对人类健康的意义和价值。通过"建设百草园"促进学生对植物分类知识的学习，以获得对概念的深层次理解。

4.依托药园建设，促进劳动实践

在前期植物图鉴制作的基础上，学生筛选出校园中具有药用价值的植物，以小组为单位形成药园规划图纸。针对校园中有药用价值的大型乔木与灌木，学生直接为其挂牌（挂牌上的内容包含药用植物的名称、科属、学名和功效等），形成开放的药用植物区。针对校园中60种有药用价值的小型草本、藤本植物，师生将其从校园各处收集而来，在生物园中集中栽培，形成集中的药用植物种植区。

设计意图：通过建设校园百草园，学生根据学校的自然条件与需求，规划设计种植活动并加以实施，在这一过程中体验常见的种植技术，了解中国传统农业特点，理解种植与生活及经济的关系，进一步了解、认识中药材，传承博大精深的中医药文化，养成辛勤耕耘的劳动品质。

中医药文化通过多种途径融入中学生物学学习中，学生通过切身感受、多方位地体验中医学与生物学之间的密切关系，既提高了学生的生物学素养，又形成了保护和传承中医药文化的社会责任感。教师结合本校情况开发与中医药有关的特色校本课程，也是将中医药知识与生物学的学习巧妙结合起来的重要方式。除此以外，学校还可以通过与高校合作在中学开设中医药科普基地，邀请高校教师、学生到学校举办讲座，利用周末、寒暑假开设中医药文化的研修课程，参观中医药博物馆等多种途径将中医药文化引入中学生物学的学习中。从课堂到课外，通过一系列活动挖掘青少年对中医药学的热爱，同时提供科学创新实践指导，必将在中学涌现出一批对中医药学有强烈兴趣且具备一定实践创新能力的优秀青少年。

七、化生万物，将中医药文化融入化学教学

化学课程作为一门自然科学课程，具有基础性和实践性，对落实"把立德树人作为教育的根本任务"、促进学生德智体美劳全面发展具有重要价值。义务教育阶段的化学课程有利于激发学生对物质世界的好奇心，形成物质及其变化等基本化学观念，发展科学思维、创新精神与实践能力，养成科学态度和社会责任感，从而为学生的终生发展奠定基础。中药文化的发展与化学学科息息相关，纵观化学发展史，在化学学科体系混沌未立的时期，我国古人就在这方面做出了杰出贡献。古代的炼丹术正是中药学与化学相结合的早期实践探索。在《神农本草经》《本草纲目》《唐本草》等中药著作中记载药物千余种，其中包含无机药物百余种，还涉及无机化学、有机化学和分析化学知识。中医药文化发展至今，更是离不开现代化学技术的发展。

（一）中医药文化与化学学科的关联点（表6-13）

表6-13　中医药文化与高中化学教学主题的关联点

授课内容	辅助讲解
九年级化学：第八单元课题三"金属资源的利用与保护"	介绍金属及金属材料的性质与用途关系，引导学生从跨学科角度认识金属特性与医药功效在药用领域中的交叉关系。将化学科学知识与岭南中医药文化紧密联系起来，不仅能加深对化学知识的理解，还能从跨学科角度认识人类对物质的探索和利用是多元且相通的
九年级化学：第十一单元课题一"化学与人体健康"	介绍人类所需的六大基本营养素和化学元素与人体健康的关系。引导学生利用化学学科核心素养的"营养均衡观"认识岭南地区的煲汤文化，体会岭南中医药文化中注重饮食养生以维持人体健康
九年级化学：专题"物质的组成与性质"	介绍认识物质的组成、性质、转化及应用关系的一般思路，引导学生认识中医诊断病情的方法——"四诊法"即"望、闻、问、切"，了解疾病发生的原因、性质、部位等，为疾病治疗提供依据
化学选择性必修三：第一章第二节"研究有机物的一般方法"	介绍屠呦呦从植物青蒿中提取青蒿素的方法与步骤。引导学生利用化学认识中草药的提取、分离、净化、生产流程、应用等知识
化学选择性必修三：第四章"生物大分子"	介绍生物有机分子与生命活动的关系，引导学生从化学的角度认识和分析生活中的有关营养物质、草药等与卫生健康相关的问题，并作出有科学依据的判断、评价和决策，感受化学的应用价值和社会意义，培养学生的科学态度与社会责任
化学选择性必修二：第三章第四节"配合物与超分子"	介绍卟啉配合物叶绿素的结构与应用、超分子溶解与萃取的原理等。引导学生从分子水平上认识和体会化学在生命科学发展中所起的作用

（二）中医药文化融入化学教学

高中化学课程标准强调"要更多地联系社会生活实际，突出学生综合运用化学知识和其他学科知识解决实际问题的能力"。在高中化学学习"糖类"

时，教师可以先讲述生活中常见的中药——地黄，并列出其含有的主要有效成分——地黄多糖，引入糖类的教学；地黄炮制过程中涉及单糖和多聚糖含量的变化，可由此展开对单糖种类的介绍；在讲述糖类用途时，进一步以地黄多糖的药理作用为素材加以拓展。此外，教师可以选择几种常见的岭南中药材，如广藿香、砂仁、茯苓等，介绍其化学成分和药理作用。通过化学实验，让学生亲手提取和分析中药材中的化学成分，加深对中药材中化学知识的认识。设计科学探究活动，如"中药材中的抗氧化成分研究"等，引导学生运用化学知识解决实际问题。组织学生观看中药材种植基地及制药厂的生产流程，了解中药材的种植、加工和制药过程。介绍现代科技在中药材研究中的应用，如高效液相色谱、质谱等现代分析技术，引导学生思考如何将传统文化与现代科技相结合，推动中医药文化的创新发展。

从科学本质观的角度看，化学知识是人类在不断实践中对物质的认知结果，而认知结果受社会生产水平的限制也必定会经历从混沌到科学的过程，这与学生的认知过程是一致的。例如，学生在刚接触分离提纯的相关实验操作时，对技能性知识较难领会与运用，教师可以让学生观看膏方的制作过程。在滤药步骤中讲解如何将药渣和药汁分离，由此引出过滤的概念及其操作；再对滤药时使用的纱布孔径大小进行分析，引申出实验室中常用的孔径较小的器材——滤纸和半透膜；在熬膏步骤中，学生通过观察视频中药汁逐渐浓缩形成药膏的过程，进一步明确蒸发浓缩的操作方法在实践中的应用。综上，教师可将岭南中医药文化作为情境素材矫正迷思，促进知识的理解。

（本案例由广州市真光中学黄华、高志艳老师提供）

八、注重实践，将中医药文化融入体、美、劳教育

中医药文化渗透在体育、美育等课程中，可形成特色课程，如将太极拳、五禽戏、八段锦等融入体育类课程，不仅能强健体魄，更能将阴阳辨证、天人合一等中医思想潜移默化地影响学生。中学体育、美育是近几年课程改革中

研究和实施的重要课程，将中医药文化与绘画、诗词鉴赏等美育类课程相互渗透，亦可使学生得到人生价值和哲学思维的熏陶，提升综合素养。如广州市真光中学的美术教师设计了一节校园药用植物的手绘课，带领学生游走于校园之中，一边欣赏校园美景，一边用心感受校园中的一草一木，认识药用植物，再以线描或插画的手绘表达形式进行校园药用植物写生，培养学生欣赏植物造型美的审美能力。这样的教学设计让学生在掌握绘画技巧的同时，了解岭南地区丰富的中医药资源，让学生对校园和中医药文化都多了一份爱的情怀。

习近平总书记在2018年全国教育大会上作出重要指示："要在学生中弘扬劳动精神，教育引导学生崇尚劳动，尊重劳动。"劳动课程是实施劳动教育的重要途径，2020年教育部出台《大中小学劳动教育指导纲要（试行）》确立劳动教育作为基础教育必修课程的地位。广州市真光中学结合学校自身优势，利用当地中医药文化资源，以中医药文化进校园为契机确立"项目+课程"的劳动课程体系。课程以丰富开放的岭南中医药文化为载体，有目的、有计划地组织学生参加日常生活劳动、生产劳动和服务性劳动，让学生动手实践，接受锻炼，磨炼意志，培养学生正确的劳动价值观和良好的劳动品质。

（一）中医药文化与劳动教育的关联点（表6-14）

表6-14　中医药文化与劳动教育的关联点

劳动任务群		具体内容
日常生活劳动	家用器具的使用与维护	熟悉制茶器具与煲汤器具
	烹饪与营养	制作简易茶饮与养生药膳
生产劳动	农业生产劳动	识别中医药用植物，建设百草园
	传统工艺制作	建立中医药文化实验室，形成中医药手工制品
	新技术体验与应用	参观制药企业，认同技术指导生产
服务性劳动	现代服务业劳动	引进中医智慧屏，开展智能体检
	公益劳动与社会服务	分享中医药产品，宣传中医药文化

(二)中医药文化融入劳动教育

1.食膳制作,习得日常生活劳动技能

岭南中医药文化可植入劳动教育课程标准中"烹饪与营养"任务群。在劳动课程起始阶段,教师通过布置家庭作业,要求学生完成简易茶饮的制作,如冰糖菊花茶、罗汉果茶。在这一过程中感悟中医药文化指导健康生活,感悟劳动创造价值。随着课程进阶,教师提供若干简单易行的食疗方(如蒲葵子瘦肉汤、艾叶煎蛋、五花茶、桑葚牛奶饮品、银岑车前饮等)与制茶茶壶、煲汤砂锅,学生分成若干小组,选择其中一个食疗方,在教师的引导下根据制作步骤自主开展食疗方的制作,品尝并分享。课后学以致用,与家人共同制作养生食膳。家校联合共创课程资源,进一步拓展课程的时空,有利于促进劳动教育与亲子教育。学生在享用美味的中医药食疗的同时了解其对自身健康的促进作用,感悟药食同源,有利于增强对传统中医药文化的认同感,并在这一过程中习得日常生活劳动技能。

2.项目导向,体验生产劳动

(1)建立中医药文化实验室,体验传统文艺制作。基于中医药文化进校园、进家庭和好家风教育、劳动教育实践,广州市真光中学拟建一个用中医思维贯穿整体的"中医药文化实验室",开展中医药传统工艺产品制作,如玫瑰花精油、中药手工皂、香囊、情志香、药用植物标本制作、中药零食制作、药膳食疗组方、中医药入门科普教材等,培养学生对中医药文化的兴趣和认知。这一过程重在体验与实操。以"药用植物有效成分提取"为例,中药有效成分是传统中药治疗疾病的物质基础,选择适当的提取方法提取分离有效成分有利于降低原药毒性,提高药效。在劳动课程中,可利用学校生物学、化学实验室组织学生体验中草药部分成分的粗提取实验。

(2)参观制药企业,认同技术指导生产。生物工程在中医药物研发中也发挥着不可或缺的作用,如利用基因工程技术对中草药资源的改造与改良;利用发酵工程生产虫草菌丝体、灵芝菌丝体等发酵制品;利用细胞工程加快人参、三七、紫草、紫杉醇等名贵药用植物的生长与繁殖,提高药用成分的药理

活性，进而投入规模化生产。在劳动课程中组织学生参观"陈李济""潘高寿"等制药企业，调研新技术在现代企业中的应用情况，与研究人员交流现代生物技术对生产、生活的价值，从而为学生的未来生涯规划奠定基础。

3.热心公益，开展服务性劳动

（1）引进中医智慧屏，体悟劳动人民的智慧。推进中医药现代化、产业化进程，通过科技创新驱动，促进中医药传统诊疗手段与现代科技相结合，是让古老的中医药重新焕发青春的路径。在劳动课程中将"中医+AI"的中医智慧屏引入学校，让学生感受中医综合性整体观理念与西医诊断技术相结合的联合诊疗方案。中医智慧屏健康管理系统可以便捷快速检测校园内被测评的其他年级同学的经络气血运行状态，被测评者可根据测评结果及建议，进行自我健康管理，改善气血运行状态，从而达到强身健体的目的。

在课程中组织学生形成志愿者团体，运用中医药智慧屏在校园内为师生进行免费中医体检，通过采集被试者的面部、舌苔、脉搏等数据，与特定疾病的数据群在后端数据库平台进行分析比对，结合中医理论研究，形成精确的诊断评估结果，为被试者分析诊断结果并提供养生建议。

通过引进中医智慧屏，引导学生关注科学技术在改变传统中医诊疗方式、降低成本、提高诊疗质量方面带来的主要变化。学生在这一过程中掌握中医智慧屏的使用方法，了解其工作原理，感受新技术在日常生活中发挥的作用，体悟劳动人民创造新技术的智慧。

（2）分享中医药产品，体验公益劳动与志愿服务。如在校运动会期间布设中医药小摊，开展爱心赠凉茶活动，为校内师生免费提供适季凉茶，讲解适季中草药饮品。与校园合作，组成运动会后勤小队，为有需要的师生提供中药饮片、中药养生膏方、防疫香囊、养生足浴包等，为校内老师、同学普及中药识别、中药养生（药膳、膏方）、中药临床应用等知识。

（3）利用新型媒体宣传岭南中医药文化。网络技术的发展演进让中华优秀传统文化传播面对新挑战的同时，也带来了新机遇。在劳动课程中引导学生及时记录身边的中医药文化，如拍摄简易茶饮及养生药膳的制作视频；撰写运用中医药文化预防疾病、抵抗疾病的经验帖;用相机记录一次参观中医药博物馆的经历……广州市真光中学依托"岭南中医药文化进校园"公众号,将融合岭南中医药文化的文字稿、图片、视频进行分享,并定期推送相关文化资讯,形成线上线下互动推广方式,更好地顺应当下时间碎片化的场景需求,从而促进岭南中医药文化的有效传播,同时推动岭南中医药文化实现创新性的发展和创造性的转化。在这一过程中,学生成为岭南中医药文化的传承人和践行者,进而增强社会责任感。

【实践案例1】

体验传统工艺制作——中医药有效成分的提取

一、融合劳动教育的课程设计理念

中药有效成分是传统中药治疗疾病的物质基础,选择适当的提取方法提取分离有效成分有利于降低原药毒性,提高药效。教师可利用学校生物学、化学实验室组织学生体验中草药部分成分的粗提取实验。在真实情境中综合运用科学、技术、工程学等学科概念、方法和思想,设计方案并付诸实施,以寻求科学问题的答案或制作相关产品。学生在实验中感悟传统工艺制作,习得基本的劳作知识与技能,在劳动实践中增强体力,提高智力和创造力。

二、教学目标

（1）劳动能力:了解提取植物芳香油的常见方法和基本原理;能够根据常见的中医药植物选择恰当的提取方法对其有效成分进行提取;开展艾叶精油提取实验,掌握规范的实验操作技能,计算产量并尝试改进实验操作以实现增产。

（2）劳动习惯与品质:形成规范劳动、有始有终等习惯,养成认真负责、吃苦耐劳、珍惜劳动成果等品质。

（3）劳动精神:认同劳动对人类幸福生活的价值。

三、教学过程

1.分析诺贝尔奖,明晰课程目标

教师以屠呦呦获得诺贝尔奖的经历引出药用植物有效成分提取的重要性。由于中医理论中用到的药用植物材料成分复杂而不稳定，难以通过国际上的双盲测试，并不被国际社会认可，因此，需要提取植物中的有效成分并进行化学分析，明确其作用。如2015年诺贝尔奖获奖者屠呦呦成功提取青蒿素并对其进行相关临床验证，青蒿素对疟疾的作用效果再一次给人们展示了植物有效成分的价值。

设计意图：以2015年诺贝尔奖获奖者屠呦呦的事例发扬中医国粹，有效激发学生学习中医药文化的学习兴趣，使其认同劳动技术对人类健康的巨大贡献。

2.呈现古籍配方，解析提取原理

教师出示古籍中用于对抗疟疾的方法——水煮青蒿以及《肘后备急方》中"青蒿一握，以水二升渍，绞取汁，尽服之"，进一步补充该法的疗效：有效成分低，病人病情反复。引导学生推断有效成分青蒿素的特性——不溶于水，溶于有机溶剂。实验证明乙醚的萃取效果较好。

设计意图：通过对比古籍配方与现代改进技术，使学生认识到工艺技术会随着人们的深入研究而不断得到改进。

3.艾叶有效成分的提取

艾叶中精油的提取方法基本采用水蒸气蒸馏法。此种方法简单高效，且提取的精油成分结构类型丰富，香味醇厚，色泽明亮，杂质少。教师引导学生按照一定的步骤完成艾叶精油的提取。

设计意图：通过开展中药有效成分提取实验，学生充分学习生物学与化学实验技能，实现跨学科实践，同时学生在这一过程中提升劳动技能。

4.产品制作：中药香薰炉

在教师的引导下，学生通过整合超声波雾化器、Wi-Fi开关、语音识别控制器、雾化量控制器等方式改进普通香薰炉，制作出新一代智能中药香薰炉（图6-2）。中药香薰炉的工作原理为通过超声波雾化器中的陶瓷雾化片的高频谐振，将液态水分子间的分子键打散而产生自然飘逸的水雾，使中药香薰原液通过口、鼻吸入，皮肤、经络穴位吸收，疏通脏腑经络体系。将提取的艾叶精油导入中药智能香薰炉熏半小时。芳香药物具有通经走络、开窍透骨的作用，可疏通脏腑经络、调节气机，使气血流畅、脏腑安和，增强人体免疫能力，达到"正气存内，邪不可干"的功效。

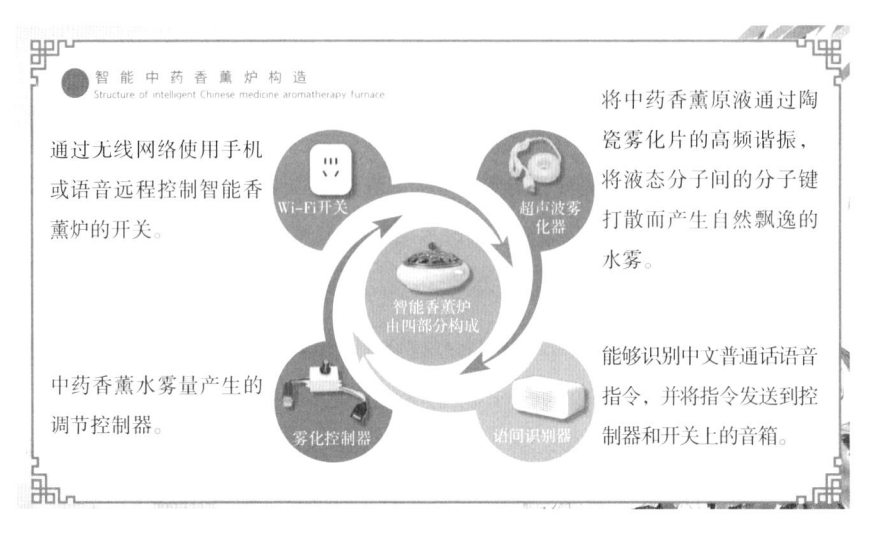

图6-2 智能香炉构造

设计意图：通过中药香薰炉的制作，充分利用已提取的艾叶精油。中学生在制作产品与享受成果的同时树立劳动光荣、技能宝贵、创造伟大的观念。

将中医药文化融入劳动教育的过程，应避免单一、机械的劳动技能训练，避免简单的劳动知识讲解，避免缺少实践、过于泛化的考察探究。注重引导学生从现实生活的真实需求出发，亲历情境、亲手操作、亲身体验，经历完整的劳动实践过程；注重动手实践、手脑并用、知行合一，倡导"做中学""学中做"，从而激发学生参与劳动的主动性、积极性和创造性。在这一过程中习得中医药文化知识，感悟中医药文化的强大魅力，获得丰富的劳动体验，习得劳动知识与技能，感悟和体认劳动价值，培育劳动精神。

（本案例由广州市真光中学刘柱坚、蒯展虹老师提供）

【实践案例2】

真光校园药用植物——手绘表达

一、融合美育的课程设计思路

真光中学七彩美韵社初一与初二学生对校园的认识度较弱，对校园充满新鲜感，并且具有较强的求知欲和好奇心。我校学生在基础绘画课上已经掌握基本写生与造型相关知识。学生游走于广州市真光中学校园，用心感受校园中的一草一木。通过生物教师的引导，学生认真观察并感受到真光校园是一个药用植物宝库，通过校园能够了解岭南地区丰富的医药资源。采用手绘表达药用植物，让学生对这所古老而优美的校园又多了一份爱的情怀。

二、教学目标

（1）知识与技能：了解真光校园药用植物的相关知识，提高学生欣赏植物造型美的审美能力。掌握植物写生的方法，以线描或插画的手绘表达形式进行校园药用植物写生。

（2）过程与方法：观察和细致分析自己手绘校园植物造型之美，通过讲授和实践训练掌握手绘的表现方法。

（3）情感态度与价值观：通过欣赏与描绘真光校园药用植物之美，感受岭南中药文化的博大精深，提高学生对周围环境药用植物的敏锐观察能力和实践能力。

三、教学重难点

重点：了解手绘植物写生的表现方法。

难点：学生运用线条及色彩，通过丰富多样的表现力突出主体，创作具有个性的药用植物写生作品。

四、教学准备

教师收集并整理岭南校园药用植物，研读真光校园药用植物相关书籍。收集关于中草药视频资料以及课件制作。

学生准备好岭南常用药用植物图片、画纸、铅笔或马克笔、画夹等工具。

五、教学过程

1.岭南中药文化的传递

教师提问：你生病的时候会选择中医就诊吗？为什么呢？

学生1：我特别喜欢看中医，因为中医不需要打针。

学生2：我会优先考虑中医，中医会因个人特点定制药方，针对性特别强。

教师出示真光校园中常见的几种花卉图片，它们分别是鸡蛋花、木棉花、桂花、火炭母等，并向学生提出问题：请问你在校园中有看到过它们吗？你知道它们有什么药用价值吗？学生通过观察后回答：这些植物都能在校园中找到，木棉花与鸡蛋花能去湿热，火炭母能清热解毒。但也有部分学生对中药特性了解较少。

教师提问：你们知道什么是岭南中医药文化吗？学生回答，教师引导并总结：自神农氏尝百草到如今21世纪，中草药已经陪伴中华民族走过了五千年的风风雨雨。中草药文化根植于中华传统文化的土壤之中，融汇了中国五千年哲学、文学、历史、天文和地理等多学科知识。岭南中草药文化作为中草药文化的一个分支，其发展有得天独厚的地理位置和广泛的人文基础的优势。在中草药的传承问题上，岭南中草药有突出的贡献。历史上的中医药大夫是如何把中医药文化流传下来的呢？比如，神医李时珍描绘了一些植物图谱著作《本草纲目》等作品，这些都流传于后世。

设计意图：通过图片与交流让学生对中草药历史、中医药文化都有一定的了解。初步调动学生热爱中药文化的情感，同时激发学生走进真光校园探寻中药植物的热情。

2.真光校园药用植物初探

（1）真光校园药用植物介绍。教师出示《真光校园药用植物研究》一书并提问：同学们知道真光校园内能找到哪些中药植物吗？学生小组激烈讨论并回答：大榕树、一点红、仙人掌、樟木等。

（2）探寻真光校园植物之旅。教师引导学生走出教室，在校道上游走，边走边介绍真光校园内具有药用价值的植物，引导学生观察其形体特征并使用笔记本用图文结合的形式初步记录。

设计意图：在真光校园中去寻找并发现具有中药价值的植物，教师引导学生细致观察、感受真光校园中药用植物的造型特点。采用从整体到局部的教学方式，落实细化学生对真光校园中草药文化的渗透，从而激发学生去研究校园中草药文化的学习兴趣。

3.描绘真光校园药用植物，制作中药图谱

（1）了解手绘表达的定义。教师提问：我们除了摄影还可以用什么样的形式记录我们校园中的一草一木呢？学生说："用笔画下来。"教师展示历年来部分中药大师及学生的绘画作品。教师介绍手绘表达的定义：在短时间内用简练的线条，使用色彩简要地描画出观察对象的特征。

（2）手绘表达技法。教师提问：一张手绘表达效果图能有这么强的表现力，如何做到？学生认真观察作品思考后回答："线条长短不一样；线条也很自由，不呆板。"学生继续观察发现色彩的表达也需要加强色彩的对比，色彩的层次也可以略微丰富一些。

（3）手绘表现中的构图与色彩。教师提问：手绘表现具有好的线条表达能力就能画出好的作品吗？学生认为造型在速写中更加重要，因为线条对画面美感的影响不大。教师引导并介绍一幅好的手绘表达作品要有好的构图、表达能力以及色彩处理能力。学生尝试运用手绘形式对植物进行记录并完成细致刻画。部分学生在绘画的时候会出现畏难心理，觉得难度较大。教师多次提示先整体后局部——观察植物形体特征，使用简单图形进行归纳，位置确定好后开始刻画细节。随后引导学生对画面进行互相点评。

设计意图：通过情感的渲染激发学生学习手绘表达技法的兴趣。知识点采用了对比或者示范的教学方法，都是为了更直观更有效地把手绘表达及运用方法传授给学生，学生也会更容易把这部分知识进行内化。最后的一个实践环节是有效地检查学生对知识的掌握程度以及学生的学习信心与热情。

4.传递真光中医药知识

引导学生利用课下时间，上网查询其描绘的中药植物的药用价值及特征。最后，通过标注及介绍完成真光中草药图谱的设计。

设计意图：充分调动学生知识迁移与综合运用的能力，使学生充分地感受到岭南中草药是我们的宝贵财富，我们应当在传承它的基础上不断创新并发扬光大。而作为一名学生，我们首要的任务就是要先提高自己的身体素质和能力水平,不断充实自己。

(本案例由广州市荔湾区真光实验学校卢凤媚老师提供)

正如习近平总书记指出的:"中医药学包含着中华民族几千年的健康养生理念及其实践经验,是中华文明的一个瑰宝,凝聚着中国人民和中华民族的博大智慧。"党和政府高度重视中医药工作,特别是党的十八大以来,以习近平同志为核心的党中央把中医药工作摆在更加突出的位置,中医药改革发展取得显著成绩。年青一代作为未来社会的接班人,广大教师应该切实把中医药这一祖先留给我们的宝贵财富继承好、发展好、利用好,将中医药知识和文化融入、渗透各学科教学中,增强学生的学习信心与热情,不断进取,不断成长。

第七章

中医药文化与学校德育相融合

一、中医药文化与中学德育

在党的十八大报告中,教育被放在改善民生和加强社会建设的首位,充分体现了党中央对教育事业的高度重视和优先发展教育的坚定决心。党的十八大报告对教育提出了一系列新要求、新论断,首次提出"把立德树人作为教育的根本任务",这是我党的重大政治宣示,令人精神振奋,备受鼓舞。发掘和总结医学理论中蕴含的人文精神和道德规范具有很高的价值,学习中医药文化中蕴含的德育之道,再结合现代管理学进行教书育人,正是履行好为党育人、为国育才、培养社会主义的建设者和接班人的职责。要谈中医药文化在学校德育中的渗透,我们首先需要明确中医思想和中学生德育的各种关联。

(一)中医思想契合立德树人的根本要求

伴随着中华文明五千年的发展,中医学始终重视修心、修身、修德,形成了独特的生命观、价值观、疾病观、治疗观、养生观和中医道德精神等,其中蕴藏中华民族经典的哲学思想。比如,中医经典《黄帝内经》,倡导人们淡泊名利,提倡"高下不相慕",心不为外物所动,使自己的行为合于"道"。有研究者指出,此处的"道"不仅是"法于阴阳,和于术数"的养生之道,也是指道德的"道",扶正道德才能从根本上防御疾病。《黄帝内经》提出的"德而不危",正呼应了德育的初衷——立德树人是教育的根本任务。中医的生命观、价值观、世界观融合了众多中国古典哲学思想,是帮助中学生建立正确价值判断的重要工具。从中医整体观视角来看,人体是一个有机整体,同时人体与自然、社会环境也具有整体协调性,这与"三全育人、五育并举"的教育目标有异曲同工之妙。"五育并举"将德育放在首位,"三全育人"的重心在于"全",意在将育人工作赋予整体性,从机械分裂转向整体协调整合。中医认为人会生病是因为局部过强或者过弱,造成了失衡,这种疾病观集中体现了中医思想的整体观念,此观念不仅是发掘病因的关键,同时是行事为人的重要参考。整体观念还体现在时间的整体连续性上,在此视角下,育人工作应当持续不断,全方位覆盖学生学习生活的方方面面。学生在学校里是学生,在社会上是公民,在家庭中是家庭成员,德育工作三方皆有责任,因此,应当大力推进学校、社会、家庭一体化育人,以达到全员、全过程、全方位育人。除了整体观念,中医思想还蕴含大量值得传承与弘扬的精神意志品质,如精勤笃行的人生态度、普救大众的仁爱精神和防患于未然的忧患意识等。可见,中医思想契合立德树人的根本要求,将中医道德精神融入中学生德育工作,有助于培养合格的社会主义建设者与接班人。

(二)中医思想对德育实践有指导作用

中学德育既要教会学生怎么做人,又要教给学生如何做事,让学生形成科学的认识论和方法论,求真务实,开拓进取,获得勤奋坚毅的意志品质、批判性思维、创新意识和学术诚信等。在德育过程中,开阔中学生的视野是十分重要的,视野在一定程度上决定了格局,中医文化和思想无疑是重要的德育资源。中学生德育与管理和中医学理论看似相差很大,实则具备相似性和联系。《黄帝内经》开篇云:"昔在黄帝,生而神灵,弱而能言,幼而徇齐,长而敦敏,成而登天。乃问于天师曰:余闻上古之人,春秋皆度百岁,而动作不衰;今时之人,年半百而动作皆衰,时世异耶?人将失之耶?岐伯对曰:上古之人,其知道者,法于阴阳,和于术数,食饮有节,起居有常,不妄作劳,故能形与神俱,而尽终其天年,度百岁乃去。今时之人不然也,以酒为浆,以妄为常,醉以入房,以欲竭其精,以耗散其真,不知持满,不时御神,务快其心,逆于生乐,起居无节,故半百而衰也。夫上古圣人之教下也,皆谓之虚邪贼风,避之有时,恬淡虚无,真气从之,精神内守,病安从来。"相关学者认为，由此段论述可以发现长寿的方法在于养成良好的起居饮食习惯和保持心情的恬淡虚无。健康长寿不是依靠保健品或者药品，而是依靠个人内在主观能动性的调控，也就是说，中医学实际上也是一门自我管理的课程，强调人的发展在于"向内"的管理，这和中学生的德育实践是相一致的。学校德育也是通过实施有效的德育管理办法，调动学生的内在主观能动性，让他们有意识地管理和调控好自己的日常起居饮食习惯与情绪状态，使得生活、学习稳定化，学校的运作有序化。学校的德育实施者若能理解这一点，并让学生认识到二者本质的相似性，必然能够为他们树立良好的自我管理的科学观奠定坚实基础。

（三）中医思想对德育方法有引领意义

中医学中的思维方式与方法论能对德育工作的开展起到指导作用。有德育工作者指出，至少有四种中医思想为中学德育提供方法引领。首先是"整体观"，中医将人体的统一性和完整性放在重要地位，融入整体观念的德育方法论可以指导教育者把遇到的问题放到大环境中，而不是只把目光局限于问题本身。其次是"辨证论治"，"辨证论治"作为中医认识和治疗疾病的基本原则也可以运用到日常的德育工作中。辨证要根据四诊所收集的资料来分析判断是何种性质的"证"，接下来是论治，就是根据辨证的结果来确定相应的治疗方案。在德育工作中同样需要收集大量关于存在问题的种种资料，正如医治患者需要辨证一样，唯有辨清问题的本质和发展趋势，论治起来才会更有实效。再次是"治未病"，中医的"治未病"思想能够给予德育工作防患于未然的重要启示。《黄帝内经》有言"圣人不治已病治未病，不治已乱治未乱"，即告诉人们未病先防，反映到生活中可以引述为做任何事都要未雨绸缪。在德育工作中，也要运用好中医"治未病"的思想，将许多在中学生学习和生活中可能出现的问题想在前面，提前准备好应对突发事件的措施，防患于未然。最后是"取象比类"，"取象比类"思想对德育工作的认知与实践也具有重要的引领作用。根据《黄帝内经》的记载，人们通过对于天地自然的了解推导出人体脏腑、经络、肢节的一些特征，又把人的生长发育及寿命与古代的象数思维相联系。人们观察自然以掌握规律，又将这些规律应用于实践，同时不断地在实践中总结规律，这就是"取象比类法"的要旨。"取象比类"思想倡导的这种对事物的认知方法给予德育工作者认知事物和归纳总结的灵感，将这种思想运用在德育工作中能快速整体把握事物，并且在运用规律的过程中不断总结经验、归纳方法。

（四）中医药文化为德育活动提供素材

中医学在发展的过程中积淀了丰富的医学精神和伦理道德，形成了现在独特的中医药文化，具体可分为物质文化和精神文化。中医学的物质文化主要指中医学的文化典籍、器具设施和中草药材料等，它们可以成为承载德育内容的载体。人们在发现、创造这些物质文化的同时附加了许多精神文化，使得这些物质载体被赋予了中医学的特征与内涵。有学者指出，中医药物质文化载体多样、内容丰富，在德育中融入中医药的物质文化，既可让学生接触和感受到中华文明璀璨的文化瑰宝，又可增强学生对于中华传统文化的认知程度，增强文化自信，这将对德育工作的开展大有裨益。中医学的精神文化同样可以作为德育工作内容进行发掘。精神层面文化如求真务实的态度和传承创新的精神等均可推动德育工作更好地进行。中医药体系的建成有赖于人们通过生产生活实践对于人体生命现象持续不断地观察总结和积累，这一过程既体现了朴素的唯物主义观念，又有对自然、宇宙、人体的不断探索与创新，是求真的更高境界。同时，中医提倡"师古不泥古"，从《黄帝内经》《伤寒论》等经典论著中挖掘中医经方有效抗击新型冠状病毒，体现着中医药在一代又一代人的努力下不断创新、不断发展。中医药传承至今，少不了前人的奠基和后人的求索精神，这些物质文化和精神力量能够很好地激励学生在学习道路上笃行致远。

二、中医药文化对中学德育的启示

中医药文化孕育在中华传统文化之中，是中华传统文化的重要组成部分。相对于近年来中医药学在高等教育中的蓬勃发展，基础教育对中医药文化资源的运用显得略有滞后。中医药文化以"天地一体、天人合一、天地人和、和而不同"的思想为基础，深刻体现了中华民族的认知方式和价值取向。充分挖掘中医药文化中的德育资源必然对中学德育工作起到一定的积极作用。从中医理论的形成来讲，它是祖先们在长期的生活、生产实践中，不断积累原始医药知识而形成的，可为后人很多行为举止、为人处世，提供一种借鉴和指导。因此，将中医理论中的哲学思想运用到中学的德育工作中一定会有不一样的启示。

（一）"仁爱之心"对师德建设的启示

道德情操作为一种重要的精神力量，对人的道德行为起着支持作用。百年大计，教育为本；教育大计，教师为本；师德师风，为师之本。党的二十大报告指出，要加强师德师风建设，培养高素质教师队伍，弘扬尊师重教的社会风尚。师德通常是指一个教师的道德感和个人操守的结合，是构成道德品质的重要因素，每个社会和时代对师德的要求都有相应的内容。教师的道德情操既符合时代的要求，又是建立在继承中国优良传统的基础之上的，教师既要掌握丰富的科学文化知识，又要在生活实践中陶冶思想品质，树立崇高的理想。

在中国历史长河中，众多秉持高尚情操与宏伟志向的儒者，常将从医视为仅次于仕途的重要人生道路。元代著名诗人戴良曾说："医者，旨在救人性命，其道与儒家之精髓紧密相连，实乃最接近吾儒之大道。"这句话深刻阐述了医者与儒家思想的紧密联系，医者以救人性命为己任，这与儒家所倡导的仁爱、慈悲等思想不谋而合。被誉为西方"现代管理科学的奠基人"的彼得·德鲁克认为，管理的本质在于激发个体内在的善意与潜能，故管理行为所蕴含的价值观念与信仰体系至关重要。他还进一步指出，上行下效是激发善意的有效途径，因此，领导者自身所展现出来的坚定信念与善意，成为引领组织前行的关键力量。德鲁克所倡导的基于信念的善意激发与古代圣贤所秉持的以仁治国理念，在精神实质上存在着深刻的契合之处，均强调了领导者内在品德与正面价值观对于社会治理或组织管理的决定性作用。这一跨文化的共鸣，彰显了不同文明对于优秀治理智慧的共同追求。

中医经典典籍《黄帝内经》把人体的五脏比喻为古代不同的官职，以阐明五脏的不同功能特性。"黄帝问曰：'愿闻十二脏之相使，贵贱何如？'岐伯对曰：'悉乎哉问也。请遂言之。心者，君主之官也，神明出焉。肺者，相傅之官，治节出焉。肝者，将军之官，谋虑出焉。胆者，中正之官，决断出焉。膻中者，臣使之官，喜乐出焉。脾胃者，仓廪之官，五味出焉。大肠者，传道之官，变化出焉。小肠者，受盛之官，化物出焉。肾者，作强之官，伎巧出焉。三焦者，决渎之官，水道出焉。膀胱者，州都之官，津液藏焉，气化则能出矣。凡此十二官者，不得相失也'"。对于医生而言，其天职是治病救人保全人们的身心健康，而对应到古代的官员，他的职责是辅佐帝王，治理国家，造福天下，使百姓受惠。《黄帝内经》在此指出了医生和官员有着天然的共通性，如果我们再拓展一下，官员可以看作国家事务的管理者、执行者，教师也对学校德育事务承担着类似的功能，应从中获得相关的启发。

仁心，作为管理者与教师共同崇尚的道德情操，其培育之路丰富而深远。在中华传统文化中，站桩、太极、气功等修身养性的实践，为涵养仁心提供了宝贵的途径。这些方式通过调息静心，帮助个体达到身心和谐，进而培养更加深厚的同情心与包容心。国外研究亦佐证了冥想等身心调节法对于提升个体情感智力的积极作用，这对于教育工作者而言，无疑是一笔宝贵的财富，有助于他们在教育实践中展现出更加细腻的人文关怀。哈佛大学的研究案例揭示打坐训练有助于管理者多维度能力的提升，如身体健康、思维清晰度以及共情能力的显著增强。这种共情能力的提升，使得教育工作者和管理者在面对复杂情境时，能够做出更加人性化、更具智慧的管理决策，从而促进学生与组织的全面发展。

进一步而言，"仁爱之心"在教育领域的核心体现在于以学生全面发展为中心，这涵盖了品德、智力、能力及可持续性等多元维度，其中，学生品德的发展被视为重中之重，因为它关乎个体人格的完善与社会的和谐。正如中医所强调的整体观念，人体各部分相互依存、协调运作，人的发展亦应如此，追求内在品德与外在能力的全面进步。因此，培育仁心不仅是对个体道德修养的追求，更是推动教育与管理实践向更高层次迈进的关键。通过融合古今中外的智慧，我们可以探索出更多有效路径，以仁心作为引领，促进教育工作者与管理者自我完善的同时，也为学生的健康成长和社会的持续发展贡献力量。

中学德育中的人本观需要深刻地理解和实践，它强调在以学生为中心的同时，关注学生的全面发展，特别是心理健康与道德情操的培育。我们可以从以下5点进一步拓展和深化对人本观在德育中应用的认识。第一，情志与人体五脏的联系不仅体现了中医的整体观念，也为德育提供了独特的视角。教师应了解并关注学生的情绪变化，理解其背后的生理与心理基础。例如，当发现学生易怒或情绪不稳定时，除了进行心理疏导，还可以引导学生通过适当的运动、饮食调节或冥想等方式来平衡情绪，以维护身心健康。这种教育方式体现了对学生个体差异的尊重，也是人本教育的重要体现。第二，凸显教师的榜样作用。苏霍姆林斯基的名言强调了教师作为"教育者、生活导师和道德引路人"的重要性。教师应当认识到自己的言行对学生有着深远的影响，因此必须以身作则，树立正面榜样。这不仅限于教学行为，更包括日常生活中的每一个细节，如遵守时间、保持环境整洁、积极参与劳动等。教师的积极态度和良好行为能够激发学生的正面情绪，促进他们形成积极向上的价值观和道德观。第三，尊重与理解学生。教师在德育中要尊重学生的个性差异，理解他们的情感需求。中学生正处于青春期，情绪波动大，易受外界影响，教师应以包容的心态接纳学生的多样性和不完美，避免以偏概全或贴标签的行为。通过倾听、沟通和引导，帮助学生认识自我，管理情绪，培养健康的心理品质和良好的道德品质。第四，强调德育的实践性与参与性。德育不应仅仅停留在理论说教层面，而应注重实践性和参与性。教师应组织丰富多彩的德育活动，如志愿服务、社会实践、主题班会等，让学生在实践中得以体验、感悟和成长。通过参与这些活动，学生可以增强社会责任感、团队协作能力和自我管理能力，从而形成正确的价值观和道德观。第五，建立良好的师生关系是德育成功的重要保障。教师应以平等、尊重、信任的态度对待每一位学生，并与他们建立亲密无间的师生关系。这种关系能够让学生感受到教师的关爱和支持，从而更加信任教师，愿意接受教师的教育和引导。同时，教师也应鼓励学生积极表达自己的想法和感受，建立开放的沟通机制，促进师生之间的有效互动和共同进步。

总之，"仁爱之心"要求学校的德育工作者应该具有高尚的道德情操和以学生为本的人本观，要求教师以学生为中心，关注学生的全面发展，特别是心理健康与道德情操的培育；注重教师的榜样作用、尊重与理解学生、强调德育的实践性与参与性以及建立良好的师生关系等。只有这样，才能真正实现德育的目标，培养出具有高尚品德和健全人格的新时代青少年。

（二）"阴阳学说"对师生关系的启示

"阴阳学说"作为中国古代哲学的瑰宝，其深邃的思想体系不仅揭示了宇宙万物生成、演变与转化的基本规律，也为人类社会各个领域提供了宝贵的理论指导。在教育这一关乎个体成长与社会进步的重要领域，"阴阳学说"同样展现出其独特的魅力和价值。"阴阳学说"在教育领域的应用，特别是其在解析师生关系、促进教育和谐共生方面的独特作用，可以为教育实践提供新的视角和思路。

"阴阳学说"源于中国古代的自然观和宇宙观，其核心在于探索阴阳两种对立而又统一的基本力量是如何相互作用，共同推动宇宙万物的运行与发展。《黄帝内经》中的"阴阳者，乃天地运行之根本法则"一语，精辟地概括了"阴阳学说"在宇宙秩序构建中的核心地位。阴阳之概念，超越了具体物象的束缚，提炼出事物共性的本质属性，从而具备了广泛的适用性和解释力。

"阴阳学说"强调对立统一、相互依存、相互转化和消长平衡的原则。在自然界中，阴阳双方既相互排斥、对立分明，又相互依存、互为前提，共同维持着生态系统的和谐与稳定。这种动态平衡之美，不仅体现在自然界的万物之中，也深刻影响着人类社会的各个领域，包括教育领域。将"阴阳学说"映射至教育领域，教师与学生便构成了教育活动中一对典型的阴阳关系。教师主"教"，承担着传授知识、启迪智慧的重要职责；学生主"学"，则通过接受知识、内化理解来实现个人成长与发展。在这一过程中，教师与学生各司其职，又相互依存，共同推动教育活动的顺利进行。

教师与学生的关系，首先表现为一种对立统一的矛盾体。教师在传授知识的过程中，要求学生遵守纪律、努力学习；学生则可能因兴趣、能力等因素而产生不同的学习态度和效果。这种对立性，在一定程度上促进了教育活动的张力与活力。更为重要的是，教师与学生在对立中寻求统一，通过相互理解、相互支持，共同实现教育目标。教师因学生的需求而存在，学生的成长和进步也离不开教师的引导。这种相互依存的关系，使得教师与学生之间形成一种紧密的共生关系。在教育实践中，教师需要不断学习新知识、新技能，以适应学生日益增长的学习需求；而学生也应在教师的指导下，积极探索未知领域，培养自主学习能力。这种相互学习、共同进步的过程，正是"阴阳学说"中阴阳互化思想的生动体现。教师管理与学生自我管理之间同样存在着微妙的平衡与消长关系。适度的教师管理能够帮助学生建立良好的学习习惯和行为规范，促进学生自律能力的提升；而过度的干预则可能抑制学生的主观能动性和创造力。相反，学生高度的自觉性能够减轻教师的管理负担，使教师有更多精力投入教学研究和个性化指导中。因此，在教育实践中，教师应根据学生的实际情况和具体需求，灵活调整管理策略，实现管理与自我管理的最佳平衡。

"阴阳学说"强调对立统一的原则，启示我们在教育实践中应尊重学生的个性差异和多样性。每个学生都是独一无二的个体，他们具有不同的兴趣、能力和需求，因此，教师应根据学生的实际情况和需求，采用多样化的教学方法和手段，激发学生的学习兴趣和潜能，促进学生的个性发展。"阴阳学说"中的相互依存和共同进步的思想，要求我们在教育实践中加强师生互动和合作。教师应积极倾听学生的意见和建议，关注学生的情感变化和成长需求；学生也应尊重教师的辛勤付出和专业指导，积极参与课堂活动和学习讨论。通过师生互动和合作，构建和谐的师生关系和学习氛围，共同推动教育活动的顺利进行。"阴阳学说"中的物极必反原则和精准拿捏的思想，对教育管理具有重要启示意义。在教育实践中，教师应根据学生的实际情况和具体需求，精准拿捏管理尺度，既不过度干预也不放任自流。通过适度的管理和引导，帮助学生建立良好的学习习惯和行为规范。同时，也要注重培养学生的自律能力和自主学习能力，从而为学生的终生发展奠定坚实基础。

综上所述，"阴阳学说"以其独特的视角和深刻的内涵，为我们解析教育活动中的师生关系提供了有力的理论支持。在教育实践中，我们应充分运用"阴阳学说"的智慧，尊重学生的个性差异和多样性，强化师生互动和合作，精准拿捏管理尺度，促进教师与学生之间的和谐共生与共同进步。只有这样，我们才能构建一个更加和谐、高效、富有活力的教育生态系统，进而为培养具有创新精神和实践能力的高素质人才贡献力量。

（三）"辨证施治"对德育方法的启示

"辨证施治"作为中医诊疗的核心原则，不仅深刻影响疾病的诊断与治疗，所蕴含的哲学思想更是跨领域，为包括教育在内的多个社会领域提供宝贵的启示。中医"辨证施治"，即根据患者的具体病情，通过望、闻、问、切四诊手段，全面收集病情信息，进而运用中医理论进行综合分析，辨别疾病的病因、病性、病位及邪正关系，最终制定个性化的治疗方案。这一过程体现了中医以人为本、整体观念和辨证论治的核心理念，也是中医区别于西医的重要特征之一。在中医临床实践中，辨证施治贯穿于疾病诊断与治疗的始终。首先，医者需通过细致入微地观察与询问，获取患者的脉象、舌象、症状及体征等信息，这是辨证的基础。随后，运用中医理论对这些信息进行综合分析，明确疾病的本质与病机，即所谓辨证。在此基础上，医者会根据辨证结果，结合患者的体质、年龄、性别等因素，制定针对性的治疗策略与方法，即施治。这一过程不仅需要医者具备深厚的中医理论基础和丰富的临床经验，更需要具备灵活应变的能力，以应对疾病状态的瞬息万变。

《黄帝内经》提出的"治病必求于本"思想，强调了治疗疾病必须从根本上解决问题，而非仅仅停留在症状表面。这一思想与"辨证施治"原则相辅相成，共同构成了中医治疗的精髓。在实际操作中，医者需如同侦探般敏锐地捕捉病情线索，全面掌握病情动态，确保治疗方案的精准与有效。同时，由于疾病表现的多样性和复杂性，同病异治与异病同治成为中医治疗的常态，体现了中医"辨证施治"的灵活性与深刻性。中医"辨证施治"的思想不仅适用于医学领域，其蕴含的哲学智慧同样适用于教育领域。学生作为成长中的个体，具有复杂性和多变性，其学习状态、心理状况及行为表现等方面均存在显著差异。因此，在教育实践中，教师应以"辨证施治"的态度对待每一位学生。

具体而言，教师可借鉴中医"望、闻、问、切"的方法，全面了解学生的学习状况、心理需求及家庭背景等信息。在"望"方面，教师可观察学生的课堂表现、作业完成情况等外在表现；在"闻"方面，教师可倾听学生的心声，了解他们的内在想法与困惑；在"问"方面，教师可主动与学生交流，询问他们的学习感受与需求；在"切"方面，教师可通过测评、测试等手段，评估学生的学习能力与水平。通过这些手段，教师可更加全面、深入地了解每一位学生，为后续的教育决策提供有力支持。在了解了学生的具体情况后，教师应根据"辨证施治"的原则，制定个性化的教育方案。对于学习困难的学生，教师可采取辅导、补习等措施，帮助他们克服学习障碍；对于心理问题突出的学生，教师可进行心理疏导与干预，引导他们建立健康的心态；对于行为失范的学生，教师可加强规则教育与引导，帮助他们树立正确的价值观与行为规范。这些措施的实施，不仅有助于解决学生的具体问题，更能够激发他们的内在潜能与积极性，从而促进他们的全面发展。因此，深入挖掘中医"辨证施治"原则的内涵与价值，对于推动教育事业的进步与发展具有重要意义。

（四）"中和思维"对处理学生问题的启示

在探讨教育领域的复杂挑战时，"中和思维"以其独特的哲学魅力，为我们提供了一座通往和谐与理解的桥梁。作为一种深邃而古老的哲学理念，"中

"和思维"不仅蕴含宇宙间万物相生相克、和谐共存的智慧,更在教育实践中展现出其独特的价值与应用潜力。

"中和思维",根植于中华传统文化的深厚土壤之中,其核心在于"中"与"和"的完美结合。"中"字,寓意中正无偏、恰到好处,它要求我们在处理问题时保持客观公正的态度,不偏不倚,寻求最合理的解决方案。"和"字,则象征着和谐融洽、相辅相成,强调事物之间的相互依存与平衡发展。将"中"与"和"相结合,便形成了"中和思维",它倡导在处理复杂问题时,应追求矛盾双方的和谐共生、协调平衡,避免走向极端与偏颇。

在教育领域,"中和思维"同样具有深远的指导意义。它要求教师在面对学生的问题时,不仅要关注学生的个体差异和成长需求,更要注重教师与学生之间的情感交流与心灵沟通,以建立一种和谐、平衡的关系。这种关系不仅有利于促进学生的全面发展,还有助于提升教育教学的质量和效果。在当前的教育实践中,我们不可避免地会遇到一些"挑战性"学生。这些学生往往因家庭变故、成长环境等多重因素影响,表现出复杂多样的行为问题,给传统的教育模式带来了严峻的挑战,然而,正是这些挑战,为我们提供了应用"中和思维"的广阔舞台。面对"挑战性"学生,教师应秉持中和之道,与学生之间建立一种动态的平衡关系。这种关系不是简单的对立或顺从,而是在尊重与理解的基础上,通过有效地沟通与协商,逐步达成共识与默契。教师需要敏锐地识别学生问题的根源所在,区分哪些问题是可以通过教育引导加以改善的,哪些问题是外部环境所致,难以直接干预的。对于后者,教师应采取更加包容与耐心的态度,与学生共同寻找适应性的解决方案。在具体操作上,教师可以运用"中和思维"中的妥协与协商策略,以更加灵活和人性化的方式处理学生问题,这要求教师在坚持原则性问题的同时,能够灵活调整处理细节的方式方法。例如,在面对因家庭离异而陷入迷茫的学生时,教师可以通过建立信任关系、倾听其心声、提供情感支持等方式,逐步引导学生走出心理阴影。同时,在行为规范上与学生达成共识,设定合理的行为界限,并通过持续、细微的引导,帮助学生逐步建立正确的世界观、人生观和价值观。"中和思维"还强调要关注学生的个体差异与成长需求。每个学生都是独一无二的个体，他们有着不同的家庭背景、性格特点和成长经历，因此，在应对学生问题时，教师应充分了解学生的实际情况和具体需求，采取有针对性的教育措施。这要求教师在教育实践中保持高度的敏感性和灵活性，能够及时发现并解决学生存在的问题，同时能够预见并应对可能出现的挑战。

"中和思维"在教育实践中的价值体现在多个方面。首先，它有助于建立和谐的师生关系。通过运用中和思维处理学生问题，教师可以更好地理解和尊重学生，并赢得学生的信任和支持，从而建立起一种基于理解和尊重的和谐师生关系。这种关系不仅有利于促进学生的全面发展，还有助于提升教育教学的质量和效果。

其次，"中和思维"有助于提升教师的专业素养和教育智慧。在应对复杂多变的学生问题时，教师需要不断学习和探索新的教育理念和方法。而"中和思维"作为一种独特的哲学理念和教育策略，为教师提供了一种全新的视角和思路。通过运用"中和思维"处理学生问题，教师可以不断提升自己的专业素养和教育智慧，成为更加优秀的教育工作者。

最后，"中和思维"还有助于推动教育改革的深入发展。在当前教育改革的大背景下，我们需要不断探索新的教育模式和方法以适应时代发展的需要。而"中和思维"作为一种具有深厚哲学基础和广泛实践应用的教育理念和方法，为我们提供了有益的借鉴和启示。通过运用"中和思维"推动教育改革，我们可以更好地实现教育的目的和价值，从而为培养德智体美劳全面发展的社会主义建设者和接班人做出更大的贡献。

（五）"整体性"思想对家校社共育的启示

中医理念不仅适用于疾病的诊治，更蕴含着对生命本质的深刻理解与哲学思考。中医的整体观念强调人体内部各脏腑、心理与生理功能的和谐统一，以及人体与外界环境（包括微观的家庭、学习、工作环境和宏观的自然、社会环境）之间的紧密互动与相互适应，为现代教育尤其是中学德育提供独特的视角和深刻的启示。如何借鉴中医整体观构建"家庭—学校—社会"三位一体的中学德育模式，以促进学生的全面发展与终生幸福，是我们要探索和思考的问题。

中医的整体观认为，人体是一个复杂的动态平衡系统，其健康状态取决于各要素之间的和谐共生及与外界环境的良好适应。同样，中学生的成长过程也是一个内外因素相互作用、不断调整与适应的过程。在这个过程中，德育作为塑造学生品格、引导价值观形成的关键环节，其效果不仅取决于学校教育的直接作用，更深受家庭环境、社会氛围等外部因素的影响。因此，将中医整体观融入中学德育中，强调"家庭—学校—社会"的协同作用，具有重要的现实意义。

家庭作为人生的第一个课堂，是德育的起点与基石，其教育作用无可替代。家庭教育的核心在于品德教育，即教会孩子如何为人处世，树立正确的世界观、人生观、价值观。这正如中医理论中的"正气内存，邪不可干"，一个内心充满正能量、品德高尚的孩子，自然能够抵御外界的不良诱惑，健康成长。因此，家长应高度重视孩子的品德教育，以身作则，成为孩子学习的榜样，同时加强与学校的沟通与合作，共同为孩子的成长营造良好的家庭环境。

学校作为德育的主体，是德育的主阵地与关键力量。教学过程中，学校应秉承"德育为先"的教育方针，将德育贯穿于教育教学的全过程。具体来说，学校应紧密围绕学生思想动态，实施教育引导、全员参与、贴近学生的策略，全面加强德育建设。一方面，通过开设专门的德育课程、举办主题班会、开展社会实践活动等形式，向学生传授道德知识，培养其道德情感；另一方面，教师应在传授专业技能的同时，注重德育元素的融入，通过言传身教，引导学生树立正确的世界观、人生观、价值观。此外，学校还应加强与家长的沟通与合作，通过家长会、家委会等常规机制，搭建家校共育的桥梁，共同形成教育合力。

社会环境是德育的广阔舞台与重要支撑，作为影响学生身心发展的重要外部因素，其复杂性和多变性不容忽视。社会进步带来的竞争加剧、信息爆炸等现象，给学生的成长带来了诸多挑战，因此，社会各界应积极参与中学德育，为学生提供更多实践机会和正面引导。例如，通过组织志愿服务、社会实践等活动，让学生在实践中感受社会、服务社会，进而培养其社会责任感和公民意识；同时，加强对网络、媒体等传播渠道的监管，净化社会信息环境，减少不良信息对学生的侵扰。此外，社会各界还应加大对中学德育的支持与投入，为学校提供更多的教育资源和服务保障。

基于中医的整体观念，我们认识到中学德育是一个涉及家庭、学校、社会多个层面的系统工程。只有强化"家庭—学校—社会"的协同作用，形成全方位、立体化的教育网络，才能有效提升学生的综合素质，为其终生幸福奠定坚实基础。未来，我们应继续探索和实践更加科学、有效的中学德育模式，为培养德智体美劳全面发展的社会主义建设者和接班人贡献力量。

（六）"五行学说"对班级管理的启示

"五行学说"将自然界和人体的各种特征归纳为五种基本元素：木、火、土、金、水。这五种元素存在着相生相克的关系，形成了一个动态平衡的系统。其中，木性体质的人性格仁慈、宽容、积极进取。他们善于合作，具有较强的领导能力和创造力，但在情绪上可能较为敏感，容易感到焦虑或忧虑。火性体质的人性格热情、开朗、果断。他们具有很强的领导力和感染力，但有时可能过于急躁，容易情绪激动。土性体质的人性格稳重、踏实、诚实。他们善于协调和组织，具有很强的责任感和耐心，但有时可能显得固执或缺乏灵活性。金性体质的人性格严谨、自律、果断。他们注重细节，具有很强的执行力和原则性，但有时可能过于刻板，缺乏变通。水性体质的人性格聪明、机智、冷静。他们善于分析和解决问题，具有很强的适应能力和应变能力，但有时可能显得过于谨慎或缺乏主动性。

在中医理论中，"五行学说"被用来解释人体的生理和病理现象，同时也为班级管理提供了有益的启示。

1.角色分配

根据学生的五行体质特征，合理分配班级角色和职责。例如，偏木性体质的学生可以担任班干部或组织者，发挥其领导和协调能力；偏火性体质的学生可以负责班级活动的策划和组织，利用其热情和创造力；偏土性体质的学生适合担任纪律委员，维护班级秩序；偏金性体质的学生可以负责班级的财务和物资管理，确保各项事务有序进行；偏水性体质的学生可以担任学习委员或生活委员，利用其分析和解决问题的能力，帮助同学们提高学习效率和生活质量。

2.团队建设

在班级团队建设中，注重五行之间的相生相克关系，合理搭配不同五行体质的学生。例如，在小组活动中，可以将不同体质的学生搭配在一起，形成良好的互动和协作关系；同时，也可以通过相互监督和激励，促进彼此的成长和发展。

3.沟通与协调

了解学生的五行体质特征，有助于教师更好地与学生沟通和协调。例如，对于偏木性体质的学生，教师可以采用鼓励和支持的方式，帮助他们克服焦虑和忧虑，发挥其积极进取的精神；对于偏火性体质的学生，教师可以引导他们学会控制情绪，发挥其热情和创造力，同时注意避免过于急躁；对于偏土性体质的学生，教师可以肯定他们的稳重和踏实，鼓励他们多尝试新事物，提高灵活性；对于偏金性体质的学生，教师可以肯定他们的严谨和自律，同时引导他们学会变通和创新；对于偏水性体质的学生，教师可以鼓励他们多参与集体活动，提高主动性和积极性。

4.个性化教育

根据学生的五行体质特征，制订个性化的教育方案。例如，对于偏木性体质的学生，可以多安排一些需要合作和创新的活动，培养其领导能力和创造力；对于偏火性体质的学生，可以多安排一些需要表达和展示的活动，培养其沟通能力和自信心；对于偏土性体质的学生，可以多安排一些需要耐心和细致的活动，培养其责任感和协调能力；对于偏金性体质的学生，可以多安排一些需要严谨和自律的活动,培养其执行力和原则性;对于偏水性体质的学生,可以多安排一些需要分析和解决问题的活动,培养其逻辑思维和应变能力。

综上所述,通过将"五行学说"应用于班级管理,教师可以更好地了解学生的个性特点和需求,制定合理的教育策略,促进班级的和谐发展和学生的全面发展。

三、中医药文化渗透学校德育的具体路径

德育工作的核心使命在于塑造学生成为热爱社会主义祖国的典范,他们需具备高度的社会公德心、强烈的法治观念以及良好的文明行为习惯,成为遵纪守法的公民。此过程旨在引导学生循序渐进地确立科学的世界观、人生观及价值观,持续升华其爱国主义、集体主义和社会主义的思想境界,为成长为坚定的共产主义接班人奠定坚实的思想基础。中医理论作为中国古代智慧的璀璨结晶,其历史深远且内容博大精深,是中华文明的重要传承者与实践者。从《黄帝内经》的奠基,到《伤寒杂病论》的临床实践智慧,再到《本草纲目》对中草药世界的详尽探索,这一系列中医经典不仅是医道技艺的精妙展现,更是深邃人文精神的璀璨绽放。它们不仅为古代中国人提供了丰富多样的疾病预防与治疗方法,还深刻蕴含我国古代哲学的精髓,对现代人的生活仍具有不容忽视的启迪意义。接下来笔者将探讨中医药文化精髓融入中学生德育工作的具体策略与路径。

(一)通过班会课等常规德育活动引入中医药思想

中医药思想体系涵盖了中医理论所蕴含的独特世界观、方法论,以及贯穿于医学实践之中的世界观、人生观与价值观。在德育的渗透实践中,教师可巧妙利用班会课,设计一系列与学生兴趣相契合的教学方案,旨在通过中医药文化的探索,同步提升学生的思想道德品质。中学时期,学生正处于心理、智力与生理的快速发展阶段,既展现出强烈的叛逆倾向与高度可塑性,又兼具思

想成熟的初步迹象与稚嫩的特质。这一阶段的学生，尤为向往英雄式偶像的引领，因此，在道德与法治的教学框架内，强化价值观与人生观的培育显得尤为重要。中医文化，以其丰富的历史积淀与感人至深的文化故事，恰好契合了这一阶段学生的发展特点，为优化其价值观与人生观教育提供了宝贵资源。

以广州市真光中学王丽玲等教师设计的"探中医奥秘，品岭南瑰宝"研学课程为例，其中"学名人，强体魄"专题便是一次成功的尝试。教师在进行德育的过程中，可以利用班会课，结合课程中的内容向学生介绍李时珍等我国古代著名的医学家，师生共同穿越时光隧道，寻访中医药名人。了解他们的生平事迹、主要贡献，并且对这些医学家所具有的舍己为人、大公无私以及不断探索的精神进行学习。教师在教学中可以通过多媒体课件等诸多方式向学生展示我国古代医学家的成就及与古代医学家相关的各类故事，由此使学生更加全方位地体会我国传统医学家的高尚品质，同时通过医学家所获得的成就增强其民族自豪感，积淀中医药文化底蕴，并且以此影响自身价值观建设。

此外，教师亦可鼓励学生主动参与班会内容的筹备，自主收集整理与中医药文化相关的治疗案例与时代人物，如新型冠状病毒感染期间中医疗法的显著成效，或是屠呦呦教授发现青蒿素抗疟疾的壮举等。通过挖掘这些事件与人物背后的德育价值，不仅能够拓宽学生的知识视野，更能激发其思考，促进自我德育修养的提升。

（二）开展各项与中医药文化有关的德育活动

王丽玲老师的项目团队开发的"探中医奥秘，品岭南瑰宝"研学课程还包括"识药物，抗常疾""知医理，防未病"等专题，在这些专题中学生需要亲自去辨识生活中常见的药用植物，要求学生阅读真光校园常见的植物图鉴，并结合各药用植物的用途进行归纳总结；阅读与中药文化相关的读物，了解中药的定义、熬制中药的注意事项、喝中药的禁忌、传统的中药理论和西药理论的差异等相关知识；结合岭南气候特点，广泛应用当地医药资源，重视疾病预防，普及和制作凉茶饮品和中医药膳等。在学习各种理论知识以后，教师可以开展各类以中医文化为主题的课外活动，使学生在活动中进行观察及思考，以此促使学生在实践中形成高尚的品格和良好的行为规范等。例如，教师可以利用带领学生到社区开展义工活动，宣传简单的中医理论，介绍养生妙招——如简单的按摩、手部操等。社会义工活动能够帮助学生树立孝敬老人、关爱老人的思想，而在此过程中因为充分地融入中医文化，学生对保健按摩等诸多传统中医内容也进行学习。学生在敬老爱老的过程中，通过保健按摩等开展具体的关爱活动，更好地体验德育内容，以此通过活动培养学生的思想道德和品格。又如，"探中医奥秘，品岭南瑰宝"研学课程的另一个专题"常体验爱文化"，是对芳草堂国医馆进行参观和学习。该医馆邀请资深中医药行业专家讲解常见的中药材、人体经络、取穴技术和应用功效，学生体验推拿、拔火罐等中医疗法，在实践中体验中医的神奇与魅力！首先由医师热情地向大家介绍医馆的历史文化、特色项目、名医传人等内容。其次带领同学们参观医馆的中药房，辨识小抽屉里多种多样的药材，了解中药的炮制过程、性味功效。最后，针灸科医生通过针灸铜人给同学们介绍人体的经络分布。保健科医生根据学生的亚健康情况，有针对性地对学生实施推拿、拔火罐等中医疗法，同时耐心地为同学们讲解取穴技术和应用功效。在观摩学习的过程中，同学们也尝试学以致用，在专业医师的指导下，模仿专业医师做起推拿手法。通过亲身体验，大家逐渐领悟到守护生命健康首先要关注自己的身体，了解自己的身体状况；认识到养成健康良好的生活方式就是对生命负责。在整个研学过程中，同学们和医馆的工作人员进行了充分的互动和交流，这一过程中学生进一步了解中医药工作者的辛苦与快乐，认同"三百六十行，行行出状元"的理念。芳草堂国医馆研学之旅不仅让同学们学习到丰富的中医药知识，也让同学们切身感受到中医药文化的魅力。

（三）将中医思想应用在中学生日常生活中

中学生的一天大半甚至全部的时间都是在学校度过，在中学生日常生活中，学校不仅是知识传授的殿堂，更是德育工作的重要阵地，其范围涵盖学生衣食住行乃至学习作息的每一个细微环节。德育工作要关注到学生的衣食住行，生活、学习和作息规范都是德育工作的内容之一，尤其值得注意的是，中学生的身心健康，作为构筑美好人生的基石，应当成为德育工作的核心关注点。中学生正值青春发育的黄金时期，需珍视生命，以强健的体魄与健全的心智，让每一天都成为生命旅程中的璀璨篇章。中医作为中华民族的文化瑰宝，其知识体系中的保健智慧，对于中学生而言，是德育中不可或缺的一环。引导学生掌握基础的中医养生知识，不仅能够促进身体健康，还能够在潜移默化中培养其对传统文化的认同感与自豪感。

具体而言，虽常言早睡早起有益健康，但依据中医理论，早睡早起未必是最合适的作息方式，作息规律应顺应自然时令的变迁而灵活调整。饮食与时令变化的密切关联更是一门学问，例如，《黄帝内经》深刻阐述了人体与自然界四时阴阳的紧密联系，指出不同季节需防范不同的邪气侵袭，以维护机体平衡。

春季，万物复苏，肝阳生发，此时宜晚睡早起，适度运动，穿着宽松，以助阳气生发；饮食上，可选择韭菜、香椿等生发肝气的食物，并关注穴位变化，适时调理身体。

进入夏季，阳气外浮，心火旺盛，根据《黄帝内经》，应晚睡早起，增加户外活动，以宣泄体内阳气。此时，"冬病夏治"理念尤为适用，利用夏季阳气最盛之时治疗寒性疾病，效果显著。生姜、西瓜等时令食材，亦能发挥清热解暑、养心安神的功效。

秋季，作为阳气内敛之季，强调精神调养，倡导早睡早起，以促使心神内守，与秋之气息相呼应。针对肺部疾患，尤须警惕秋季萧瑟之气侵扰，以免肺津受损，引发口干、鼻燥、胸闷诸症。饮食上宜清淡为主，减少煎炸炙烤，推荐多摄取冬瓜、大白菜、梨、菠菜、枇杷、黄瓜等蔬果，肉类则可选白鸭肉、青鱼，以滋养身心。

转至冬季，万物闭藏，水凝地裂，此时应当顺应自然，勿扰阳气，采取早睡晚起，待日光普照而动的作息模式，旨在保护阳气不外泄，使心神宁静如隐。冬季以补肾为要,肾阳不足者易受寒邪侵袭,诱发恶寒、头痛、身重、咳喘等症。此时,可适量食用羊肉、鹿肉等温补助阳之物,为来年春季的健康打下坚实基础。

中医藏象理论认为,所谓的"藏象"可以进行分开释义:"藏"在中医理论中指的是"五脏六腑";"象"则存在两种主要的解释,一种表示为"藏"的解剖形态,另外一种则表示为"藏"的生理病态。中医藏象学说主要阐明的是关于人体内部的变化,对表现出来的病症需要寻找内部的原因进行治疗,其实质就是"透过现象看本质"。这一理论在现实生活中也大有用处。同时,中医讲究五行之间的相生相克,人体的五脏即对应着五行,五脏之间看起来不存在直接联系,但从内在运行来说却是息息相关。正是基于这样的理论基础,中医在疾病治疗过程中,不仅要治疗直接相关的部分,还要进行全面性治疗,让五脏更加和谐统一,而在具体的治疗过程中还需要注重五脏本身的相生相克原理,从运行机理入手进行干预治疗。联系中学生的学习生活,就要求学生对待事物的看法、调节手段也需要充分考虑体系问题以及事物之间存在的关系,而不能只是从单一事物入手。比如,在社会的运行中,政治行为、经济运转、社会稳定之间必然存在相生相克的关系,每一个环境的变化都可能带来其他环境的联动反应,这就需要进行前瞻性的思考和合理科学的预期。举例来说,在同学们进行自我学习的过程中,需要根据自身的情况来安排每个科目的预习、复习、重点突破的时间,由于每个同学的精力都是有限的,关于时间的分配则要求精细,拿捏得当,让基础相对薄弱的科目有相对多的学习时间,能够重点突破,而基础相对较好的学科由于提升空间有限,最为重要的目的是保持现状,才能够让同学们的学习成绩得到整体提高。

中医不仅是医学瑰宝,其蕴含的哲学智慧亦能指引生活,增进对社会的理解与感悟。它教会我们如何在复杂多变的环境中保持平衡,如何在系统思维下做出科学合理的决策。正如学生在学习规划时,需综合考虑各科情况,合理分配时间,确保整体进步,这正是中医智慧在现代生活中的生动体现。

（四）将中医思想渗透于中学生的心理健康教育中

中医药古典文献中蕴含丰富的养生智慧，对中学生心理健康的维护具有深远的正面影响。基于中学生的身心发展特性与中医养生理念，我们可以提炼出以下自我心理保健的策略。

首先，"仁心守静，静则神安"。此处的"神"，泛指情绪、思维与意识等精神活动，是生命活力的外在彰显与内在功能的镜像。精神世界的健康至关重要，《素问·刺法论》有云："养神固本，精气内聚，神自不散……神若离舍，难至真境"，凸显了"养神"的核心地位。遵循《黄帝内经》，我们不仅需要调适情绪，还需要调控心理欲求，如《素问·上古天真论》所言："淡泊名利，真气内充，精神内聚，疾病何由生？"它倡导心境平和、欲望淡泊，同时强调坚韧的意志对情绪与行为的调控作用。中学生正值三观形成与学习习惯养成的关键期，可通过多样化的班级活动、积极的人际交流、广泛的阅读探索及兴趣爱好的培养，达到静心养神、情绪稳定、精神愉悦的状态，塑造积极向上的生活风貌。

其次，"动以健体"，意指通过运动强健体魄。身体作为精神的载体，其健康状态直接影响心理状态，《素问·上古天真论》中的"形神兼备，方享天年"便是对此的深刻阐述。青少年阶段，经络畅达，气血旺盛，适宜进行多样化的体育锻炼。学校推行的阳光体育活动、课间操，以及中医传统的太极、气功、导引术、五禽戏、八段锦等项目，均能有效增强体魄，调节情绪，对心理健康与身体素质的提升大有裨益。学生应根据个人性格、兴趣及身体状况，选择适宜的锻炼方式，如活泼好动者可选择跑步、篮球、足球等高强度运动，而偏好静谧者则可尝试体操、慢跑、太极等温和项目，关键在于保持适度运动，避免过劳，持之以恒。

最后，"起居有序"，强调日常生活应顺应自然规律。《素问·四气调神大论》详细阐述了顺应四季变换调整生活作息的重要性，如春季生发、夏季繁荣、秋季收敛、冬季闭藏，各有其适宜的身心调节之道，旨在实现人与自然的和谐共生。同时，保持规律的作息也是关键，《素问·上古天真论》指出："古人起居有常，劳作适度，故能形神和谐，享尽天年。"这启示我们，确保充足的睡眠与休息时间，避免熬夜与过度娱乐，做到劳逸结合，是维持充沛精力与心理健康的基石。中医养生智慧作为中华优秀传统文化的瑰宝，其中心理保健方法的挖掘与应用，将为中学生的人格完善与健康成长提供有力支持。

【活动案例】

"舌尖上的岭南中医药文化"竞赛活动

"舌尖上的岭南中医药文化"竞赛活动是2024年广州市真光中学初中部实验校区科技节"科技引领新未来，创新成就高质量"的重要项目。

岭南中医药文化作为我国优秀传统文化的重要组成部分，源远流长、博大精深。为了让同学们亲身感受中医药文化的智慧和奥妙，增强对中医药文化的认同感，增强文化自信，同时养成良好的生活自理能力，现制定"舌尖上的岭南中医药文化"竞赛活动评选方案。

一、活动时间

第5周~第8周。

二、参与人员

初一、初二年级的学生均可参与。

三、活动方案

（1）"中医知识知多少"前测：利用第6周班会课活动时间，初一、初二年级每名学生完成一份"中医知识知多少"调查问卷。

（2）结合劳动学科中"烹饪"专题，以小组为单位，完成一份美食制作并录制成视频。撰写文案后，于第7周周一下午放学前提交到各班班主任处。

（3）各班推选一个优秀视频代表班级参加决赛，展示自己制作的美食，每班进入决赛同学的优秀视频将统一在"岭南中医药文化进校园"微信公众号上传播、推广，同时会在学校门口的大屏幕展播。

（4）决赛结束后，每名同学完成一份"中医知识知多少"调查问卷后测。

四、活动流程及注意事项

本次美食制作以视频制作为主,各班同学自愿报名参加,在各自家中完成视频录制及文案撰写,活动分为初赛和决赛。以下为活动流程及有关注意事项。

(1)撰写文案:文案可包含小组名称、小组成员介绍、所选食材及功效、步骤、感想评价等。食材种类不限,可以是广府美食、广东凉茶、广府靓汤、广东小吃等。

(2)视频拍摄:拍摄加后期制作不超过1.5分钟,不添加花絮。视频需要介绍药材的功效。

以上两项为初赛必做项,若进入决赛,则需要继续完成下列任务。

(3)制作展板:进入决赛的小组用一张A3大小的卡纸(颜色不限)制作一张宣传海报,在决赛时宣传自己小组及制作的美食。

(4)参加决赛:在规定的时间内,进入决赛的小组上台宣讲,也可以制作成PPT,介绍推广自己的作品。

(5)视频展播:进入决赛的作品将统一提前放置在"岭南中医药文化进校园"微信公众号上展播,同学们可以转发自己的作品并积极点赞、投票。

五、决赛细则

(1)决赛基本信息。

决赛时间:第8周周二下午第八、第九节(初一年级第八节;初二年级第九节)。

决赛地点:二号楼1楼美术室。

展板展出地点:二号楼楼下空地。

(2)所有进入决赛的同学,必须在第8周周一下午放学前将制作好的PPT发送给各班劳动学科教师,各班劳动学科教师统一将进入决赛同学的展示资料上传到FTP文件夹中;决赛前将安排时间进行抽签,确定参赛顺序并发放比赛编号。

(3)决赛时,参赛选手先在指定位置就座,前一组上台宣讲展示时,下一组应提前准备好并在门口等候,以此类推。每组上台展示时间不超过4分钟。

(4)比赛过程中,其他组可以在座位上坐好观看,不能大声喧哗。

（5）若班内安排同学专门负责拍照，人数仅限一人。摄影师在指定位置进行拍摄，拍摄过程不得影响比赛的正常进行。

（6）本次活动将招募工作人员（统一穿志愿者工作服），工作认真负责、公平公正者，可在相应班级比赛得分加5分。

（7）初赛有提交作品的班级，可加1分。

六、评分办法（表7-1）

表7-1 活动评价方案

项目	内容	各项分值	得分
积极参赛	积极参加"舌尖上的岭南中医药文化"活动	5	
文案设计	文案内容清晰	10	
	具有科学性，可读性强	10	
视频介绍	能配合PPT介绍，思路清晰	15	
	所选美食新颖、有创意；功效、性能介绍到位	15	
	在4分钟之内完成（超时10秒扣1分）	10	
	视频最后附总结及评价	10	
制作展板	有制作符合本班参赛内容的展板，附上班别和标题（标签纸由工作人员提供）	10	
推广效果	推广效果好	15	
附加分	带成品过来给评委品尝	20	
合计		100+20	

【研学课程案例】

"探中医奥秘，品岭南瑰宝"研学课程第四站
——深度探访广州芳草堂国医馆

在全球化与现代化的浪潮中，中医药作为中华民族独特的医学体系，以其深厚的文化底蕴、独特的诊疗理念与丰富的治疗手段，持续在全球范围内引发

关注与探讨。"探中医奥秘,品岭南瑰宝"研学课程,正是站在这样的时代高度,旨在通过一系列精心设计的实践活动,引领学生深入探索中医药的奥秘,感受其独特的魅力与价值。

1.探访活动的主题选择

课程的第四站确定为带领学生探访广州芳草堂国医馆,是基于让学生亲自走进中医馆,深度体验中医职业,感受中医文化的考量。广州芳草堂国医馆是芳村地区知名的中医诊疗机构,这里汇聚了众多名医大家,还保留了丰富的中医药文化遗产。岭南地区作为湿气较重的地方,祛湿养生是重要话题。通过探访国医馆,学生们可以直观了解中医药在祛湿养生方面的独特优势与实践方法。

2.探访前的精心筹备

为了确保探访活动的顺利进行,学生在前期进行了周密的筹备工作。先是通过查阅大量文献资料,学生们对中医药文化、春季祛湿养生等相关知识进行了系统的学习,为后续的探访活动打下了坚实的理论基础。同时,他们还制订了详细的探访计划,包括探访路线、采访问题清单、所需工具等,以确保探访活动的有序进行。

医馆方面不仅安排了经验丰富的中医专家作为采访对象,还为学生们提供了参观中药房、诊疗室等区域的机会,让他们能够近距离感受中医药的实际应用场景。

3.探访过程中的深度体验

探访当天,学生一行人满怀期待地来到了广州芳草堂国医馆。在医馆工作人员的带领下,学生首先参观了中药房。这里摆放着各式各样的中药材,从常见的茯苓、赤小豆到稀有的名贵药材,应有尽有。学生们仔细观察了中药材的形态、颜色与气味,并认真听取了工作人员关于中药材炮制过程与储存方法的介绍。通过亲身体验,他们深刻感受到了中医药文化的博大精深与独特魅力。

随后,学生们来到了诊疗室。在这里,他们目睹了中医专家如何运用望、闻、问、切等四诊合参的方法为患者诊断病情,并开具个性化的诊疗方案。学生们被中医专家精湛的医术与深厚的学识所折服,纷纷表示要努力学习中医知识，为未来的健康事业贡献自己的力量。

最令学生们兴奋的环节莫过于与李医师的面对面交流。李医师作为医馆的资深中医专家，医术高超，平易近人。在采访中，他针对学生们提出的问题进行耐心细致的解答。他先是强调春季祛湿的重要性，指出湿气过重会导致人体免疫力下降、易患疾病等不良后果。接着，他详细介绍茯苓、赤小豆、白术、薏苡仁、白扁豆等具有祛湿功效的药材的性味归经、功效主治及配伍禁忌等方面的知识。他还分享了自己在临床实践中积累的宝贵经验，让学生们受益匪浅。

最后，李医师还介绍了中医在祛湿养生方面的独特理念与方法。他指出，中医注重整体观念与辨证施治的原则，在祛湿养生方面也是如此。他建议学生们在日常生活中要注意饮食调理、适当运动以及保持良好的心态等方面来预防湿气的侵袭，同时，他还推荐了一些实用的祛湿汤谱与养生方法供学生们参考。

4.探访后的深刻反思与启示

探访活动结束以后，学生们纷纷表示收获颇丰。他们不仅掌握了丰富的中医药知识与祛湿养生方法，还深刻感受到了中医药文化的独特魅力与深远影响。他们纷纷表示要将在探访中学到的知识应用到实际生活中去，为自己和家人的健康保驾护航。

此次探访活动也给学生们带来了深刻的反思与启示。一方面，学生们认识到中医药文化作为中华民族的瑰宝具有极高的学术价值与应用前景。在未来的学习与工作中，他们将继续深入探索中医药的奥秘，为推动中医药事业的繁荣发展贡献自己的力量。另一方面，学生们意识到实践是检验真理的唯一标准。通过亲身体验与实际操作，他们更加深刻地理解了中医药知识的内涵与外延，也更加坚定了自己学习中医药的信心与决心。

第八章

中医药文化与社团实践相融合

通过岭南中医药文化进校园活动项目的实施，学生从智慧屏检测的感知，到解决健康问题的实践，再到寻找与各学科关联的自信，最后通过考察活动激发热爱，经历了"感知—践行—自信—热爱"的螺旋式上升过程，逐步成长为善于管理的自信健康人、热爱中医药文化的创新传承人（图8-1）。

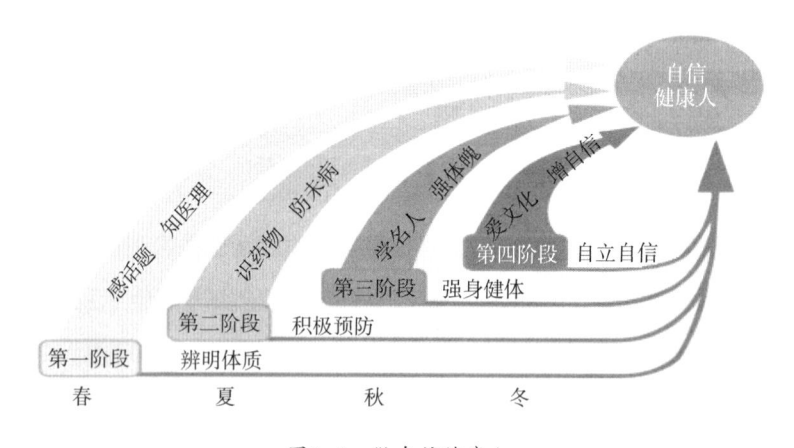

图8-1 做自信健康人

在课程的影响下，学生增强了文化认同，不少学生选择医药专业进一步发展，近年来报考比例明显高于广东省的平均水平，并呈逐年增长趋势。在传承与创新发展中，学生也用自己的方式记录下参与实践的点点滴滴。

一、岭南中医药文化融入传统节日

传统节日与岭南中医药文化之间存在密切的联系。岭南地区在漫长的历史进程中，形成了独特的文化风貌，其中中医药文化是其重要的组成部分。传统节日作为文化传承的重要载体，自然而然地融入了中医药文化的元素。这种融合不仅丰富了节日的内涵，也促进了中医药文化的传播和普及。

【活动案例1】

"活力少年端午安康"——
真光学子传播岭南中医药文化端午节主题活动

岭南中医药文化是我国优秀传统文化的重要组成部分，源远流长、博大精深。为了让同学们亲身感受中医药文化的智慧和奥妙，增强对中医药文化的认同感，增强文化自信，同时让学生了解端午节的来历和习俗，感受传统节日浓郁的文化气息，提升学生的动手能力，增强参与感，培养主体意识，特制定"活力少年端午安康"——真光学子传播岭南中医药文化端午节主题活动方案。

一、活动时间

2023年6月1日~6月22日。

二、参与人员

初一、初二年级的学生。

三、活动内容

了解端午节的由来，结合当前节气特点和劳动学科中"烹饪"专题，以个人或小组为单位，制作一份健康美食，完成视频录制和登记表填写，于6月16日下午放学前将视频和参赛作品登记表放置在FTP（"活力少年端午安康"——真光学子传播岭南中医药文化端午节主题活动）对应的班级文件夹中（可请班主任帮忙放入）。

四、评委老师

王丽玲、吴少雄、张明伟、周传健。

五、细则要求

（1）组织形式：各班同学自愿报名参加，以个人或小组参加比赛。

（2）作品内容：本次健康美食种类不限，可以是粽子、应季广府美食、药膳制作等。

（3）提交资料：健康美食制作以视频制作为主，提交资料包括视频和登记表。

①视频要求：拍摄+后期制作不超过1.5分钟，不添加花絮。视频需要介绍所用到的相关中药功效；视频结尾处要谈自己在制作时的感想。所有的文件命名统一为"作品名称+负责人姓名+班级"。

②登记表（后附表8-1）：登记表包含作品名称、负责人、小组成员、食材及功效、步骤、评价、自己的感想等。登记表命名统一为"作品名称+负责人姓名+班级"。

③提交方法：各班同学可将作品提交到班主任处，让班主任帮忙放置在FTP（"活力少年端午安康"——真光学子传播岭南中医药文化端午节主题活动）对应的班级文件夹中。建议收到作品后就立即上传到FTP文件夹中，以方便评委能够及时评选。

④视频展播：优秀作品将于6月18日开始在"岭南中医药文化进校园"微信公众号上展播，同学们可以积极推广自己的作品，争取更多的阅读和点赞。

⑤评奖依据：本次主题活动将按作品质量、推广效果，根据提交作品总数的10%、15%、25%、50%比例评出一等奖、二等奖、三等奖和优秀奖，颁发证书和奖品。

⑥注意事项：为保证食品安全，如有带来成品回校的同学不得随意向同学分享，必须由评委老师鉴定之后并由老师组织分享。

生物学科、劳动学科
2023年5月30日

附：2023年"活力少年端午安康"参赛作品登记表（表8-1）

表8-1 登记表1

作品名称					
负责人姓名		小组成员		所在班级	
作品简介（包括食材、功效、步骤、评价、自己的感想等）					

【活动案例2】

"健康巧少年，七夕展才艺"——
真光学子传播岭南中医文化乞巧节主题活动

岭南中医药文化是我国优秀传统文化的重要组成部分，源远流长、博大精深。为了让同学们亲身感受中医药文化的智慧和奥妙，增强对中医药文化的认同感，增强文化自信，同时让学生了解乞巧节的来历和习俗，感受传统节日浓郁的文化气息，提升学生的动手能力，增强参与感，培养主体意识，特制订"健康巧少年，七夕展才艺"——真光学子传播岭南中医文化七巧节主题活动方案。

一、活动时间

2023年7月4日~8月10日。

二、参与人员

初一、初二年级的学生。

三、活动内容

了解乞巧节的由来，结合生物学科的植物生长，劳动学科中"烹饪"专题和撰写语文调查报告专题，分别开展"巧种生""做巧食""写巧文"3个活动，以个人或小组为单位，3个活动任选其一，拍摄种植巧生的视频、完成巧食的海报、撰写乞巧节调查报告，于8月10日下午放学前将种生视频、巧食海报和乞巧节调查报告及参赛作品登记表交给各班班主任，由班主任统一交到王丽玲老师处。

四、评委老师

王丽玲、吴少雄、张明伟、周传健、李家茵。

五、细则要求

（1）组织形式：各班同学自愿报名参加，以个人或小组参加比赛。

（2）作品内容：①拍摄种植巧生的视频；②完成巧食的海报；③撰写乞巧节调查报告（三选一）。

（3）提交资料：作品和报名登记表。

①视频要求：拍摄+后期制作不超过1.5分钟，不添加花絮。视频需要介绍所用到的相关中药功效；视频结尾处要谈自己在制作时的感想。所有的文件命名统一为"作品名称+负责人姓名+班级"。

②登记表（后附表8-2）：登记表包含作品名称、负责人、小组成员、食材及功效、步骤、评价、自己的感想等。登记表命名统一为"作品名+负责人名字+班级"。

③提交方法：各班同学可将作品提交到班主任处，让班主任帮忙放置在FTP（"活力少年端午安康"——真光学子传播岭南中医药文化端午节主题活动）对应的班级文件夹中。建议收到作品后就立即上传到FTP文件夹中，以方便评委能及时评选。

④视频展播：优秀作品将于6月18日开始在"岭南中医药文化进校园"微信公众号上展播，同学们可以积极推广自己的作品，争取更多的阅读和点赞。

⑤评奖依据：本次主题活动将按作品质量、推广效果，根据提交作品总数的10%、15%、25%、50%比例评出一等奖、二等奖、三等奖和优秀奖，颁发证书和奖品。

⑥注意事项：为保证食品安全，如有带来成品回校的同学不得随意向同学分享，必须由评委老师鉴定之后并由老师组织分享。

语文学科、生物学科、劳动学科

2023年7月4日

活动一"巧种生"

文化背景：在七夕前几天，先在小木板上铺一层土，播下粟米的种子，让它生出绿油油的嫩苗，再摆一些小茅屋、花木在上面，做成田舍人家小村落的模样，称为"壳板"，或将绿豆、小豆、小麦等浸于瓷碗中，等它长出寸长的芽，再以红、蓝丝绳扎成一束，称为"种生"，又叫"五生盆"或"生花盆"。南方各地也称为"泡巧"，将长出的豆芽称为巧芽，甚至以巧芽取代针，抛在水面乞巧。还有些地方有做巧芽汤的习俗，七月初一泡好巧芽，七夕这天剪芽做汤。

活动形式：拍摄记录豆芽生长视频。

活动二："做巧食"

文化背景：七夕节的饮食风俗，各地不尽相同，一般都称其为吃巧食。一个"巧"字形象地道出了七夕食俗的独特之处，表达了人们追求心灵手巧、阖家安康、生活美满的美好愿望。

巧果：七夕乞巧的应节食品，以巧果最为有名。巧果又叫"乞巧果子"，款式极多。"乞巧果子"是七夕节的传统祭品和糕点。七夕晚上人们把"乞巧果子"端到庭院，全家人围坐，品尝美味的苹果。现在这种习俗在许多地方都已经不流传了，"乞巧果子"这种传统食品，也演变成多种花色糕点。巧果款式极多，主要材料是油、面、糖、蜜。此外，乞巧时所使用的瓜果也有多种变化：或将瓜果雕成奇花异鸟，或在瓜皮表面浮雕图案，此种瓜果称为"花瓜"。

酥糖：在中国一些地方的糕点铺，七夕节这一天还要制作一些织女形象的酥糖，俗称"巧人""巧酥"，出售时又称为"送巧人"，民间认为，吃了这种"酥糖"的人会变得心灵手巧。

巧巧饭：在山东，这一天要吃巧巧饭。乞巧的风俗十分有趣：七个要好的姑娘集粮集菜包饺子，把一枚铜钱、一根针和一个红枣分别包到三个水饺里，乞巧活动以后，她们聚在一起吃水饺，传说吃到铜钱的有福，吃到针的手巧，吃到红枣的早婚。

瓜果：在福建，七夕节时要让织女欣赏、品尝瓜果，祈求保佑来年瓜果丰收。供品包括茶、酒、新鲜水果、五子（桂圆、红枣、榛子、花生、瓜子）、鲜花和妇女化妆用的花粉。一般是斋戒沐浴后，大家轮流在供桌前焚香祭拜，默祷心愿。

活动形式：制作巧食，绘制海报。

活动三："写巧文"

文化背景：七月七的七娘会，广东多称"拜七姐"，闽台则称为"拜七娘妈"。广东旧时过七巧节是非常热闹的。广州天河区、番禺区、黄埔区一带把七夕节称为"七姐诞"，又叫"七娘诞""摆七娘""拜七娘"，是岭南古老乞巧民俗的存续。七夕之日，由社区组织"拜七娘"仪式，祭拜对象除了牛郎、织女二星，还有织女的6个姐妹。社区女性展示手工艺制品，是"摆巧"活动的主要内容。

活动形式：实地调查"拜七姐"的活动现场，撰写调查报告，1500字以内。

附：2023年"健康巧少年，七夕展才艺"参赛作品登记表（表8-2）

表8-2 登记表2

作品名称					
负责人姓名		小组成员		所在班级	
作品简介（包括食材、功效、步骤、评价、自己的感想等）					

【活动案例3】

"健康巧少年，才艺庆中秋"——
真光学子传播岭南中医药文化中秋节主题活动

岭南中医药文化是我国优秀传统文化的重要组成部分，源远流长、博大精深。为了让同学们亲身感受中医药文化的智慧和奥妙，增强对中医药文化的认同感，增强文化自信，同时让学生了解中秋节的来历和习俗，感受传统节日浓郁的文化气息，提升学生的动手能力、写作能力，增强参与感，培养主体意识，特制订"健康巧少年，才艺庆中秋"——真光学子传播岭南中医药文化中秋节主题活动。

一、活动时间

2023年9月28日~10月6日。

二、参与人员

初一、初二、初三年级的学生。

三、活动内容

了解中秋节的由来，品味中秋节的独特文化，结合生物学科中的中医药文化、劳动学科中的"烹饪"专题和语文学科的撰写作文，分别开展"创美食""制花灯""手抄报""小记者"4个活动，以个人为单位，4个活动任选其一，拍摄图片、视频，填写过程性表格，撰写文章。

四、评委老师

王丽玲、陈慧妍、吴桂梅、李家茵、李依玲、卢凤媚。

五、细则要求

（1）组织形式：个人或小组参加比赛，小组成员不超过2个人。

（2）作品内容：①创美食；②制花灯；③手抄报；④小记者（四选一）。

（3）提交资料：照片、视频、作品登记表。

①照片要求：拍摄过程性照片3~5张，结果照片2张，照片命名序号为1~7；照片要求学生（穿校服）有作品全景，也要有作品特写近景。

②视频要求：视频总时长不超过3分钟，作者穿校服出镜，不添加花絮。视频必须介绍所用到的相关中药的功效。

③登记表（表8-3）：登记表包含作品名称、负责人、所用食材、文化底蕴及功效、实施步骤、作品评价、思考感悟等。登记表命名统一为"班级+姓名+作品名"。照片、视频及登记表放在一个文件夹，文件夹命名为"班级+学号+姓名+类别+作品名"，如初三1班01×××。

④提交方法：10月5日各班同学可将文件夹发给各班语文科代表，科代表分类汇总后交给语文教师，由语文教师按类别发送给评委：①创美食（评委王丽玲）；②制花灯（评委卢凤媚）；③手抄报（评委吴桂梅、李依玲）；④小记者（评委陈慧妍、李家茵），以方便评委能及时评选。

⑤分享写作：10月7~8日进行课堂分享，当堂写作。

（4）视频展播：优秀作品将于10月8日开始在"岭南中医药文化进校园"微信公众号上展播，同学们可以积极推广自己的作品，争取更多的阅读和点赞。

（5）评奖依据：每个年级每个项目择优选择最多21份作品参与评奖，本次活动将按作品质量、推广效果，每个项目评选一等奖3名、二等奖6名、三等奖12名，颁发奖状证书。

（6）奖状推文：吴少雄。

（7）注意事项：为保证食品安全，如有带成品回校的同学不得随意向同学分享，必须由评委老师鉴定之后并由老师组织分享。

语文学科、生物学科、劳动学科、美术学科
2023年9月24日

活动一：创美食

1.花式蜜柚

文化背景：客家地区的代表梅州盛产柚子，细看柚子，正与圆月有几分相似，同样是浑圆的模样，同样是橙黄的色泽，它也象征着团圆。同时，"柚"也与"佑"谐音，有着"福佑人间""保佑平安"的寓意。从时令上看，柚子正好在中秋时节收获，于是柚子便登上了中秋节的餐桌。柚子不仅营养丰富，其酸甜的口感还能促进胃部消化，化痰止咳，可有效化解吃月饼后口中残留的油腻感，是很好的饭后果品。

在吃柚子之前，有一道工序被客家人称作"杀柚"，即将柚子剖成几瓣。而这一道工序中，也隐藏着驱邪的含义。当地人的说法不一，也有人说剥柚子皮是"剥鬼皮"，其中寄寓着人们驱邪消灾的愿望。

活动形式：制作柚子美食，包括柚子皮糖、蜂蜜柚子茶、柚子果酱等。

柚子皮糖制作方法：①柚子皮去除多余白瓤，加盐用水浸泡1天，期间要多次换水，直到水不再黄绿，主要去除皮的苦味；②柚子皮切条状用水煮5分钟；③捞出来后多次清洗换水，然后挤干水分，越干越好；④往不粘锅里倒入一碗清水，放入老冰糖，冰糖小火煮至融化成糖浆；⑤然后倒入柚子皮，搅拌均匀，让每块果皮都沾上糖浆，一边煮一边不停炒，一直到看不到有糖浆半成霜关火；⑥待冷却后再搅拌均匀，即都挂上霜（功效：清火润肺、止咳化痰、润喉、健脾、理气、降脂）。

蜂蜜柚子茶制作方法：①把柚子涂抹上一层盐刷干净；削下柚子皮，这是柚子祛痰镇咳的精髓所在；②剥出柚子肉撕成小块；削下的黄皮切成3厘米长、粗细1毫米左右的细丝，越细越好；把切好的柚子皮，放到盐水里腌1小

时；③把腌好的柚子皮放入清水中，和冰糖一起用中火煮，用中小火熬1个小时，熬至黏稠，柚皮金黄透亮就可以了，熬制时经常搅拌，以免粘锅；④等放凉后，加入蜂蜜，搅拌均匀后就做成蜂蜜柚子茶了，装入密封罐放在冷藏室存放，喝的时候用温水冲一下即可（功效：健胃消食、美白祛斑、止咳化痰、嫩肤养颜）。

柚子果酱制作方法：与上方法类同，不加蜂蜜。

2.酿制桂蜜

文化背景：桂花有"九里香"之誉，是我国人民十分喜爱的一种传统名贵花木。自古以来，人们把桂花及其果实视为"天降灵实"，作为崇高、美好、吉祥的象征。因此人们称誉好的儿孙为"桂子兰孙"，把月宫称为"桂宫"，以"桂魄"比喻月亮。在中秋节赏桂花更是别有滋味，因为桂花寄托着人们对甜蜜生活的追求和赞美。桂花不仅文化底蕴深厚，还极具药用的价值。古人认为桂花为"百药之长"，是药食同源的佳品，用途多，功效齐全，可养阴、润燥、去火。因此，我国有食用桂花的传统，桂花糕、桂花蜜、桂花酒等都是我国传统美食。

活动形式：制作桂花美食，包括桂花酒、桂花粥、桂花糕。

桂花酒：桂花酒制作材料包括桂花、白糖、桂圆肉、白参、红枣、枸杞、米酒或高粱酒。做法：①摘取新鲜桂花筛去杂质，把梗从筛眼里筛出来，用厨房纸打湿，轻轻地擦去桂花上的尘土；②然后加些白糖拌匀，放入容器内任其发酵两三天。每斤桂花加入四两白糖（粉状冰糖最好）；③然后准备一个空坛子，放入50克桂圆肉和10克白参、100克红枣和枸杞，倒入四斤至五斤35度以上米酒或高粱酒，密封起来，3个月以后就可以饮用啦。饮用桂花酒有开胃醒神、健胃补虚的作用。

桂花粥：桂花粥制作材料有赤豆100克、糯米150克、糖桂花10克、白糖适量。将赤豆、糯米分别去杂洗净；锅内放入适量水，加入赤豆，煮至皮破裂，再加糯米煮至成粥，投入桂花和适量白糖稍煮，出锅即成。此粥清香、浓馥，具有健补脾胃和血散瘀的功效。适用于体虚乏力、消化不良、食欲不振、水肿、营养不良、疗疮肿毒、牙痛等病症。

桂花糕：食材有糯米100克、白砂糖30克、综合水果干20克、糖桂花适量。

做法：①提前一天准备好100克的糯米，浸泡到清水中，水高出糯米一点即可；②隔天取出沥干浸泡的水，重新加入高出糯米一点的水，入锅蒸40分钟左右，至糯米完全软糯。蒸好取出趁热加入白砂糖，翻拌均匀至白砂糖融化；③取一个容器，垫上保鲜膜，先铺好一层糯米压实，然后均匀地撒上综合水果干；④继续铺好糯米压实，然后密封好放置冰箱冷藏4个小时左右；⑤冷藏至定型后，取出切成小块，淋上桂花蜜即可食用。

3.地域美食

文化背景：中秋节自古便有祭月、赏月、吃月饼、吃汤圆、吃柚子、吃杨桃、饮桂花酒等民俗。中秋节各地区更是有着极具地域特色的美食，例如，北京人吃螃蟹；北江浙地区人们爱吃"秋三宝"——菱角、栗子和莲藕，据说吃了"秋三宝"可以让孩子变得聪明伶俐，对身体大有好处；福建人吃糍粑；山东人吃麦箭；南京人吃桂花糕；浙江人吃藕盒子；广东人的中秋团圆饭会有一道炒田螺，传闻吃了炒田螺可使眼睛"明如秋月"。此外，广东潮汕地区闻名遐迩的潮汕朥饼，馅料选用上等的乌豆沙、绿豆沙，吃后凉喉清爽；还有如用洁白的糯米粿或是加了"艳米"的红艳艳的粿加花生再做成镰刀、饭勺、收稻桶、稻穗等模样的各式粿品，以及各具特色的糕饼类美食，如软糕、云片糕、书册糕等，寓意丰收的美味。

活动形式：制作一道自己家乡的中秋美食，展现地域文化特色，突出中医药文化作用。如制作月饼等。

活动二：制花灯

文化背景：柚子在客家地区也叫大橘，谐音大吉，在中秋的时候经常摆在案头寓意大吉大利，在节日中，大人往往给小孩制作柚子灯，刻上吉祥如意的话语，小孩提着各式各样漂亮的柚子灯欢快嬉戏，烘托出浓浓的节日气氛。

柚皮的表皮细胞中含有较多芳香物质，其味香且浓烈，通过蜡烛在柚子内部烘烤，散发出清新的柚子香气，令人神清气爽，提神醒脑。

活动形式：制作柚子灯笼。

活动三："迎国庆，庆中秋"手抄报

文化背景：中秋，一年中最有诗意的时节。与春节、元宵、端午等中国传统节日相比，中秋节似乎总是更能引发诗人情怀。海上生明月，天涯共此时。一年一度的中秋佳节即将到了，人间天上，共享一轮明月。自古以来关于中秋节的诗句有很多在流传，文人墨客留下的著名诗句经久不息，被后世代代吟诵。中秋迎国庆，双节喜相逢，请以"国泰民安，山河壮丽，中秋诗词，中医文化"为主要内容，创作一份手抄报。

活动形式：创意手抄报，要求A3纸张，图文并茂，色彩明丽，建议用马克笔。

活动四："我也来当小记者"新闻采访

同学们可以通过采访、实地考察、阅读书籍、资料搜索等方式，探究你感兴趣的项目，完成新闻采访提纲，最后根据采访提纲独立撰写一篇新闻稿，还可以附上活动过程的花絮，图文并茂，版面美观。

广府地区推荐采访项目：中医二天油制作技艺、岭南飞针疗法、肌骨同治疗法、中药炮制技艺（新会陈皮炮制技艺）、针灸（岭南陈氏针法）、饮茶文化习俗、凉茶、老火靓汤、广式凉果制作技艺、广式腊味制作技艺、粤绣（广绣）、鲤鱼舞（从化水族舞）、舞狮（广州醒狮）、开平碉楼。

附：2023年"健康巧少年，才艺庆中秋"参赛作品登记表（表8-3）

表8-3　登记表3

作品名称			作品类别（活动名）	
姓名		小组成员	所在班级	
所用食材				
文化底蕴				

续表

引用诗词	
功效作用	
实施步骤	1.
	2.
	3.
作品评价	正面：
	侧面：
感悟思考	

【活动案例4】

"龙行龘龘，欣欣家国"——
真光学子传播岭南中医文化春节主题活动

岭南中医药文化是我国优秀传统文化的重要组成部分，源远流长、博大精深。为了让同学们亲身感受中医药文化的智慧和奥妙，增强对中医药文化的认同感，增强文化自信，同时让学生了解春节的来历和习俗，感受传统节日浓郁的文化气息，提升学生的动手能力、写作能力，增强参与感，培养主体意识，特制订"龙行龘龘，欣欣家国"——真光学子传播岭南中医文化春节主题活动。

一、活动时间

从农历十二月廿四日到正月初六日。

二、参与人员

初一、初二、初三年级的学生。

三、活动内容

了解春节的由来，品味中秋节的独特文化，结合生物学科的中医药文化、劳动学科中的"烹饪"专题和语言过程性写作技巧，分别开展"春节之吃""春节之乐""春节之玩""春节习俗"四个活动，四个活动任选其一，拍摄图片、视频，填写过程性表格，撰写文章。

四、评委老师

王丽玲、陈慧妍、吴桂梅、李家茵、李依玲、卢凤媚。

五、细则要求

（1）组织形式：以个人或小组参加比赛，小组成员不超过2个人。

（2）作品内容：①"春节之吃"；②"春节之乐"；③"春节之玩"；④"春节习俗"。

（3）提交资料：照片、视频、作品登记表。

①照片要求：拍摄过程性照片3~5张，结果照片2张，照片命名序号1~7；照片要求学生有作品全景，也要有作品特写近景。

②视频要求：视频总时长不超过3分钟，视频必须介绍所用到作品的相关中药的功效。

③登记表（表8-4）：登记表包含作品名称、负责人、所用食材、文化底蕴及功效、实施步骤、作品评价、思考感悟等。登记表命名统一为"班级+姓名+作品名"。照片、视频及登记表放在一个文件夹，文件夹命名为"班级+学号+姓名+类别+作品名"，如初三1班01×××。

④提交方法：10月5日各班同学可将文件夹发给各班语文科代表，科代表分类汇总后交给语文教师，由语文教师按类别发送给评委。①"春节之吃"（评委王丽玲）。②"春节之乐"（评委卢凤媚）。③春节之玩（评委吴桂梅、李依玲）。④春节习俗（评委陈慧妍、李家茵），以方便评委能够及时评选。

⑤分享写作：2月20日进行课堂分享，2月23日当堂写作。

（4）视频展播：优秀作品将于3月1日开始在"岭南中医药文化进校园"微信公众号上展播，同学们可以积极推广自己的作品，争取更多的阅读和点赞。

（5）评奖依据：每个年级每个项目择优选择最多21份作品参与评奖，本次活动将按作品质量、推广效果，每个项目评选一等奖3名、二等奖6名、三等奖12名，颁发奖状证书。

（6）奖状推文：吴少雄。

（7）注意事项：为保证食品安全，如有带成品回校的同学不得随意向同学分享，必须由评委教师鉴定之后并由教师组织分享。

语文学科、生物学科、劳动学科、美术学科
2024年1月18日

活动一：春节之吃

文化背景：艾草可以促进血液循环、缓解疼痛、调节内分泌等，具有多种功效和作用。

（1）促进血液循环：艾草中含有挥发油、硫醚等成分，可扩张血管，促进血液循环，缓解疲劳。

（2）缓解疼痛：艾草中的挥发油和芳香化合物具有镇痛作用，可用于缓解关节疼痛、头痛等。

（3）调节内分泌：艾草中的挥发油和黄酮类化合物可调节内分泌，对于调节女性月经、缓解更年期不适等有一定作用。

（4）抗菌消炎：艾草中的挥发油具有抗菌、消炎作用，可用于治疗皮肤炎症、痤疮等。

活动形式：艾饼、艾糍、腊八粥、年糕、饺子、元宵、春饼、年夜饭。

活动二：春节之玩

文化背景：舞狮这一古老而富有活力的艺术形式，蕴含深厚的文化寓意，不仅是中国传统文化的重要组成部分，更是中华民族智慧和精神的象征。舞狮寓意着吉祥如意、兴旺发达、驱邪避害，以及勇猛和力量。这种表演形式通过狮子的形象，传递出人们对美好生活的向往和对未来充满希望的愿景。在古代，狮子被认为具有驱邪避害的能力，因此，舞狮表演也被视为一种能够驱除邪恶、保护平安的象征。在一些传统的宗教仪式或者庆典活动中，人们会通过舞狮表演来祈求神灵保佑、驱除邪恶，以此确保社区或家庭的平安和顺利。

活动形式：舞狮、舞龙灯、放鞭炮、放烟花。

活动三：春节之乐

文化背景：广州的迎春花市，又称年宵花市，是独具岭南特色的民俗景观，成为广州年节不可缺少的组成部分，在广州地区有"逛花街过大年"的说法。宋朝人过年时会在餐桌上摆放一种叫"百事吉"的利市——将柿子、橘子和柏枝放到同一个盘子里，是为"柏柿橘"，寓意"百事吉"。粤方言"橘""桔"与"吉"是同音字，广府人家新春期间家家户户都会在家里摆放一些橘盆，还会在年橘树上挂些"利是"封，寓意来年如意吉祥。

活动形式：逛花市、贴春联、收红包。

活动四：春节习俗

文化背景：潮汕地区英歌舞集戏剧、舞蹈、武术于一体，具有独特的步法、身法、槌法、阵法，既似土风，又似武舞。它以刚劲、雄浑、粗犷、奔放的舞姿，构成了磅礴、威武、强壮、豪迈的气势，给人以力与美的震撼。

活动形式：北京祭灶、潮汕营老爷、普宁英歌舞、揭阳阳美火把节等。

为了发扬中国最重要的节日传统，让大家更加快乐地融入喜庆、团聚、和谐的春节氛围中，让中华民族这一传统瑰宝源远流长，希望同学们在寒假中对春节的习俗、特色进行深入研究与调查，一起领略春节的魅力。

附：2024年"龙行龘龘，欣欣家国"参赛作品登记表（表8-4）

表8-4　登记表4

作品名称		班级	
姓名		学号	
时间、地点、天气特点			

续表

引用（诗句、典故、俗语等）	
文化特色的活动	
提两个问题	
视觉、听觉、嗅觉、味觉描写（"我"的人物描写）	
活动经过	1.
	2.
	3.
环境描写或人物描写（多种修辞的运用：比喻、拟人、排比、对比、夸张等）	
感悟思考	

【学生作品：开学汇报，撰写作文】

"艾"与爱，生生不息

　　大年初一早晨，厨房中的炊烟飘散开来，与除夕夜放烟花留下的灰烟相混合。"来吃糖水喽！"奶奶将刚出锅的艾汤圆端上桌，脸上洋溢着幸福的笑容，"家有三年艾，疾病不再来！来来来，每人一碗，今年平安健康，事事如意……"艾正如家人的爱，年年如是，永远美好。

　　除夕夜，我像往年一样，来到厨房帮奶奶准备大年初一要吃的艾饼与艾汤圆。我撸起袖子，洗干净手后，将买来已经摘出嫩叶和心的艾草洗干净并绞碎，放入锅中加入清水熬煮三小时左右，加少许白糖和花生油再煮一小时，熬成墨绿色的汁水后关火，倒入糯米粉，混合均匀并揉成面团。先从面团中扯半个巴掌大的面团出来，放在手心中，两掌相对，揉成球，然后大拇指从球中央向四周摁压，把面球按成一个扁扁的面饼，把提前备好的由花生碎、芝麻碎、椰丝、糖炒拌匀做成的馅料放在面饼中央，接着用两指将面团两端捏住，把馅料全包起来，做成一个球，便是艾汤圆了。艾汤圆还可以加工成艾饼，将其塞入模具，压实，拿着模具对着桌角敲两下，再倒扣在手中，一个有花纹的艾饼就安静地躺在手心。

我的动作越来越娴熟，不过做了半筐之后腰有点酸了，手臂与手指也累得酸痛发僵。我停下了手中的活想歇一会儿，却见奶奶越做越起劲，一搓、一摁、一放、一包，如行云流水般，不一会儿就做好一个汤圆，心中疑惑道："奶奶，您不累吗？休息一下吧，让我来，我可以的。"听罢，奶奶放下做好的艾汤圆，拍拍手上的粉，又捶捶背，才回答道："累啊，不过想到新年你们一家和你叔叔他们都回来了，一大家子聚在一起，我就开心了……"奶奶笑了起来，笑得脸上的皱纹挤在一起，眼中的光却越发得亮："春节吃艾草做的艾饼与汤圆，可以预防感冒，驱邪避疫。一大家子都平安健康，那我做什么都不累啦……"

我一边静静听着奶奶讲话，一边做着手里的汤圆，忽地，远处传来一声巨响，接着四处传来烟花与鞭炮的声音，向外看去，原本墨黑的苍穹霎时亮如白昼，流光溢彩，姹紫嫣红的花簇绚然炸开，把流动的璀璨花穗投向人间。一股暖意由心底蔓延开来，无声地传递爱意。

艾饼与艾汤圆出锅后，一口咬下去，软糯清新，艾草的清香横扫口腔。椰丝清甜可口，芝麻与花生碎香而脆，与面皮的软糯、汁水的甜腻相中和，令人欲罢不能。艾香与爱意顺着喉咙滑下，悄然爬上心间。

一丛艾草生奇香，叶似娇绒泛青光。捣汁和粉成团后，化作珍馐食中仙。艾饼、艾汤圆是家乡的传统美食，更承载了人们对家人平安健康的美好期许。"艾"

与"爱",都蕴含着人间的温馨与美好,代代相传,生生不息。(文/谭可欣)

制作青团美食,传承清明文化

"清明雨霏霏,艾叶香幽幽。遥知祖先来,早有青团食。"在清明浓厚的节日氛围中,我亲手制作青团,感受清明节的习俗。

窗外大雨如注,厨房内满是清新的艾草香,我用指尖揪住艾草的茎叶,将它们一一拔掉,只留下艾叶。处理好的艾叶跳跃着,在空中划过一道完美的弧线,稳稳落在了盛着水的钵子中。我往钵子里撒入小把的小苏打粉,哗哗哗,我开始搓洗,艾叶便在水中不断地旋转,它们尽力地将身上的泥甩出,被捞出钵子时,仿佛出水芙蓉一般美丽。

我将洗好的艾叶放进锅中,小火慢煮,滋啦滋啦,随着水的沸腾,我发现艾叶已经褪去了绿色的衣服,在朦胧的水雾中,换上了黄色的新装。我马上用筷子把它们捞出来,沥干水分后放入破壁机中,刀片一阵搅拌,艾叶也被打成了糊状,看着那绿油油的颜色,我不禁馋得直流口水。

我把大量的糯米粉和澄粉混合在一起,再把艾叶糊缓缓倒入,我迫不及待地把手伸进去开始搓艾团,艾团有些硬,像沙土一样一用力揉搓便会"分崩离析",这让我十分头疼。思考了一会儿,我的脑海中灵光闪现,已有了办法,从艾团中揪出两个小团后,把它们放入锅中,它们俩的颜色逐渐变绿,调皮地在热水中嬉戏,待它们煮熟后,再让它们回到生艾团中,让它们充分混合,混合之后的艾团更加柔软,有了不错的延展性。我擦了擦脸上的汗,露出了自豪的笑容。

不过,艾团十分调皮,一直黏着我的手不愿放下,我见状只好加入两勺食用油,终于让它安分了下来。再往里面加入白糖和小苏打,反复揉搓,便可以盖上保鲜膜去准备馅料了。用研杵把红豆研磨成粉,加入白糖,馅料的制作就大功告成了。最后一步——包馅,从艾团上揪下一小团,用食指在艾团上捅出一个小洞,接着把艾团的"小嘴"拉大,让它绽开笑容,用勺子把馅料"喂"进它的嘴里,最后用虎口封住它的嘴巴就完成了!不断地重复这个步骤,一个个小青团像是一个个可爱的小孩子出现在我的面前,又像是一颗颗碧绿的翡翠，在灯光下闪闪发光，不禁让人想赶紧咬上一口。

出锅后的青团颜色又重了几分，表面十分光滑，幽幽的艾草香夹杂着雨后的清新气味沁人心脾，我迫不及待地用筷子夹起一个放入口中咀嚼，艾皮软糯可口，咬破之后，豆沙如涓涓细流滑入口中，刺激着我的味蕾，甜而不腻，让人感觉如沐春风，真是美味极了！青团不仅味道鲜美，还有增加饱腹感、温暖脾胃的功效！

"捣青草为汁，和粉作粉团，色如碧玉。"制作青团，是为了祭祀祖先，青团象征着生命与健康、团圆与完整。看着眼前通过自己辛勤劳作制作的青团，不禁回忆起与逝去家人的温馨幸福时光，吃青团不仅是一种美食的享受，还寄托着我对家人的怀念，我会倍加珍惜与家人一起的宝贵时光！（文/惠润德）

中医药奶茶，传承与创新

在漫长的历史长河中，传统文化如一座灯塔，指引着我们向未来探索新的可能。

深秋时节，阴雨连绵，天空也似笼上了一层薄纱，赋予这座城市以朦胧之美。春雨轻打窗外的菊花，菊花也随着风雨摇曳。我正拿着手机准备点奶茶，突然，一个大胆的想法涌上心头，何不把菊花等药材和奶茶结合起来，自己动手做一杯奶茶呢？

我立刻放下手机，行动起来。先准备了三克菊花、一克金银花、两片甘草、几颗枸杞、少量红枣片、一粒冰糖和两盒牛奶。而后，我在炒锅中放入冰糖、甘草、菊花、金银花，开始翻炒。只见我一手执锅，一手拿铲，开大火先烧尽锅中残余的水分，再转中火让木铲在锅中大显身手。平推、回铲，再沿锅边一周铲下偷跑出的药材，一系列动作行云流水。待翻炒至药材两面金黄，冰糖融化，便可以倒入牛奶焖煮一分钟到两分钟了。

待牛奶咕噜咕噜地冒着泡，再加入枸杞和红枣片，再煮一分钟到两分钟。各种药材如五彩的音符，在奶白色的乐谱上跃动，金黄的菊花、朱红的枸杞、茶褐的甘草，相互映衬，组成多彩的画卷。药材随着牛奶的流动，时而交叠，时而分离，又似在携手跳着浪漫的华尔兹。奶茶的香气溢满厨房，似在宣示着它迫不及待要出锅，我便也顺着它的意，用纱布滤出残渣，让奶茶闪闪亮相。

我急不可耐地品尝了一口奶茶，随后发出满足的喟叹。扑鼻而来的是菊花的清香，夹杂着少许金银花的苦凉，入口先是甘草的甜、菊花的香，还裹挟着些许红枣的酸。枸杞和金银花的苦又被醇厚的牛奶中和，浓郁的奶香过后，甘草的甜也不甘示弱再度涌上舌尖，丝滑的牛奶也似在舌尖滑翔，顷刻便消失无踪，让人口齿留香，回味无穷。

菊花能够平抑肝阳，金银花则能利胆、降血糖，甘草能补中益气，枸杞能滋肝补肾。各种药材和牛奶相得益彰，既丰富了奶的口味，也发挥了中医药清热解毒的功效。奶茶一扫我心中的阴霾，对传统文化的认同与民族自豪感，如雨后的彩虹般绚丽夺目。

中医药奶茶，既是传承亦是创新，如必不可少的调味料，丰富着消费者的口味选择；如千载难逢的契机，让人们践行健康生活的理念；如喷薄而出的朝阳，唤起人们对传统文化的保护；如打开文化大门的钥匙，为传统中医药文化注入新的活力，推动其创造性转化，创新性发展。让中医药文化在浩瀚传统文化星河中熠熠生辉吧！（文／苏雅晴）

朴籽笑开花，清明永相传

四月初，"樱桃花谢已清明"。清明时节，春光正好，朴籽叶嫩，正是做朴籽粿的好时节。一个个"笑开花"的朴籽粿，悄悄地将笑声传遍人间，带来美好与希望。

清明早晨，我一早起床帮母亲做潮汕地区清明节必备的传统糕点——朴籽粿。在母亲的指引下，我将朴籽叶洗干净，摘下嫩叶，放进破壁机中，加水打成浆。朴籽叶被打散成如翡翠宝石的碎片，你追我赶，最终化为一片翠绿色。我把绿色汁水倒在滤网上过滤，青色汁水从滤网中滴下，在碗中泛起涟漪，荡漾开春的气息。接着倒掉叶渣，留下叶汁，然后将泡打粉、面粉、糯米粉、白糖混合均匀，倒入叶汁，用勺子搅拌成均匀无颗粒的面浆，静置30分钟发酵。

在等待发酵的期间，我把传统陶制的爱心和花朵状的模具摆上蒸架，锅中加水煮开后把发酵好的面浆用大勺子盛入模具中，盖上锅盖大火蒸30分钟。

等待朴籽粿蒸熟的时候，母亲拉着我坐下，开始讲述她的童年趣事，"每至清明，我们最期待的就是蒸朴籽粿。放进去的时候是面浆，拿出来时就膨胀变大，竟'笑开了花'……"听到这儿，我觉得十分有趣，问："'笑开了花'？是谁想到的词呀？这么有创意。"母亲答："不知道呢，老一辈都是这样说的，一代代传下来的吧……"继而忽然又想到什么，勾起嘴角道："不过每年清明扫墓回来，看到朴籽粿的笑脸，也没那么感伤了……"

袅袅白烟从锅中升起，又打着旋儿飘出窗外，与窗外淅淅沥沥的雨相混合。揭开锅盖，蒸汽夹着朴籽叶的清香袭来，烟雾散后，便看到一朵朵鼓鼓的浅绿色"花朵"，顶上"花瓣"绽开露出蓬松的"心脏"就像敞开心扉对着人开怀大笑。一口咬下，朴籽粿软糯却又不失嚼劲，渐渐地，面粉在口腔中融化，渗入口齿之间，朴籽叶的清甜随之扩散开来，沁入五脏六腑，春天的气息贯通全身，让人心旷神怡，心里也甜甜的。

窗外，树木抽出浅绿色的嫩芽，枝头鸟儿张开翅膀，从枝头跃起，留下新枝在蒙蒙春雨中摇曳，一切都充满春的希望。

古诗云"清明时节雨纷纷，路上行人欲断魂"，或许不然，朴籽叶在潮汕人手中被制成了开怀大笑的朴籽粿，"笑开了花"这一说法正是老一辈人豁达胸襟的体现。清明时节，潮汕人用朴籽粿提醒我们，唯有当下的才最为珍贵，无论何时，我们都应当抬头向前，珍惜当下，微笑面对生活。朴籽笑开花，清明永相传。愿这一份美好能够传承下去，发扬光大，让清明的传统代代相传，让朴籽粿的笑声传遍人间。（文/谭可欣）

中药奶茶，历久弥香

"燕子来时新社，梨花落后清明。"清明时节，草长莺飞，一幅明媚的春景图浮现眼前，我缓缓举起桌上的杯子，将中药奶茶一口饮尽，迷人的香味弥漫在清风中，沁人心脾，我不禁感叹凝聚了五千年文化的中药，真神奇。

清明时节，我与家人一同外出踏青，树叶还留着昨夜的雨露，空气中是清新的味道，弟弟不禁说："这个时候来杯奶茶就好了！"听闻此语，我偶然想起之前在网上看到的一个创新美食——中药奶茶。我雀跃道："走，回家请你们喝奶茶！"

到家后，我跑到储物柜里不停翻找着，拿出了几包小小的药材。我拿出锅，打开开关，将模式调成"炒菜"，随后将盘中的金银花、杭菊和胎菊都倒了进去，一触碰到锅底它们就跳起舞啦，发出"刺啦刺啦"的声音。看着锅中不停起舞的金银花，我左手轻扶锅柄，右手拿着锅铲，不断翻炒着锅中药材，不一会儿金银花的颜色显得更加金黄浓郁，胎菊和杭菊也不再矜持，脱下旧衣，穿上新的黄衣，形成一幅令人心静的画面。

过了不久，白烟直起。我不断翻炒，直到冰糖融化，我把牛奶倒入锅中，本是乳白色的牛奶在倒入锅中没多久后，便染上新的奶茶色，颇有一番奶茶的样子。我将盘子拿起，往锅里倒入甘草、枸杞。枸杞似海上的浮标，又像找不到妈妈的蝌蚪，到处游玩。对比下甘草便多些沉稳，它浮在表面一点点将味道融入牛奶中。我盖上锅盖，将奶茶焖煮3分钟。

3分钟一到，我缓缓打开锅盖，奶茶浓烈的香味瞬间扑面而来，弥漫在空气中，甜甜的，香香的，让人有些期待。我用漏勺将药渣过滤掉，并召唤家人一起来品尝。我缓缓拿起杯子，浓厚丝滑的奶香滑进喉咙，金银花和胎菊的味道在奶味下时隐时现，微微有些苦涩，正如它本身的性子一样，甘甜而又神秘。等到咽下奶茶，甘草的甜味慢慢回流在嘴巴里，枸杞微微的酸甜令人有些惊讶。弟弟喝完咂吧咂吧嘴，又倒了一杯，"好香的奶茶呀"弟弟不由得发出感叹。

我骄傲地说："奶茶不仅好喝，金银花有清热解毒、疏散风热的功效，胎菊有清肝明目的作用，喝下这杯香气沁人的中药奶茶，祛湿降火，有助于缓解风热感冒。"不愧是中药奶茶，果然历久弥香。

与家人一起共享中药奶茶，将中药融入日常饮食，以力求创新与喜闻乐见的方式满足人们的味蕾需求，践行健康生活的理念；又传承与发扬中华民族五千多年的中药文化，让更多人感受中药文化的历久弥香，中华文化的源远流长。（文／谭星君）

中秋月夜桂花香

正值中秋佳节，月明星稀，桂香四溢。夜色如水，月光与花香交融，在院中缓缓流淌。

今夜正是吃桂花粥的好时候，我早早地准备好糯米、赤豆、糖桂花，只为在中秋的夜晚增添一份节日氛围。

将糯米、赤豆分别洗净装在盆中。外婆告诉我，糯米、赤豆类在煮前泡一会儿会更加软糯些。想到那绵软的糖粥，心中越发期待，手上的动作加快，嘴角的笑容也在不知不觉中勾起。糯米在水中顺着手搅动的方向滚动，如同那海上的浪花，可爱极了，我仿佛已经看到一碗煮好的桂花粥在眼前出现。

先把赤豆倒入盛着水的锅中煮。颗颗分明的赤豆顺着水流转动，轻轻敲打在锅沿上、汤勺上，振动通过勺柄落在手心，与跳动的脉搏呼应，一种说不出的幸福感。赤豆煮到破皮后，再加入糯米共同熬煮。盖上锅盖，水蒸气一拥而上，扑向玻璃内壁，留下一层白色的水雾，看不清锅内景象，朦朦胧胧中，我瞧见锅中不断翻腾，冒出细小的白色泡沫。一段时间后，只见锅盖内壁一片清亮的白色，全然不见其中情景。恍惚间，我仿佛见到了天上的月亮。我抬头望向那轮真正的月亮，它正安安静静地挂于夜色中，在深沉的暮色下格外明亮，清冷的月光透过玻璃窗洒在灶台上，正好落在那洁白的瓷碗上，碗中盛满了月亮送来的光芒。

半个小时过去了，我将锅盖掀开，热气扑面而来，还带着糯米的香味落在鼻尖。粥色黯红，赤豆的颜色染红了整片雪白，糯米已然煮得软烂，光看着就仿佛已经尝到它的美味。接下来是最重要的一步——加糖桂花。本来是要先加白砂糖的，可我不太喜甜食，便自作主张省去了这一步，只加入糖桂花。糖桂花的香味不太明显，却在落入粥中的那一刻激发出来，与热腾腾的锅气交融在一起，香得恰到好处。我将桂花粥盛入那装满月光的瓷碗中，用汤匙搅动，二者相融。

我迫不及待地尝了一口碗里加入了月光的桂花粥。入口，桂花的清香充斥在口舌之间，软糯的糯米落在舌尖，一阵暖意渗入身体，满足感油然而生。我这独特的配方收获了家人的赞许。

"人闲桂花落，夜静春山空。"赏月品粥，此粥清香浓馥，具有健补脾胃、活血散瘀的功效，还适用于体虚乏力、消化不良、食欲不振等病症，益处多多。（文／李文茵）

做蜂蜜柚子茶，品传统文化

中秋佳节，节日文化气息浓郁，在"双节"愉快的氛围中，我开始制作蜂蜜柚子茶。

我将事先准备好的柚子搬上桌子，轻轻放入钵子中，柚子皮上刷上一层食盐，用水清洗干净。用刀在柚子上划开几道口子，剥下几块柚子皮，柚子便如花朵般绽开露出里面的柚子肉，将红色的果肉一块块地剥出放入碗里，再将大块儿的柚子皮放到菜板上，"嗒嗒嗒"将大块儿的果皮去掉了白色的果肉，变成一条条细丝，再放入盐水中腌制一小时，便可以下锅煮了。

在锅中添入少量的水，我用手捧起腌制完成的柚子皮，在空中颠了颠，水被甩出，把柚子皮下锅。随着锅底的火焰腾起，几块冰糖"扑通"落入水中，水的颜色开始变黄。锅铲在我的控制下在锅中不停地搅拌，空气中弥漫着柚子皮的清香气味，还夹杂着冰糖的甘甜，让我心旷神怡。锅中的柚子皮逐渐变得金黄透亮，有些黏稠。

一刻钟后我将柚子皮从锅中倒出，柚子皮在碗中不断地冒出热气，放凉后，晶莹剔透的蜂蜜从高处淋下，带着金黄的、诱人的光泽，终于大功告成了，将柚子皮装入密封罐放入冰箱冷藏，然后迫不及待地取出几块果皮，捏出几小块柚子肉，放入温水中冲。

过了几十秒，水变成淡黄色，轻抿一口，入口苦涩，不久又回甘。清爽绵密，感到神清气爽，蜂蜜柚子茶果然醒神，有着健脾消食、止咳化痰等功效。虽然在切柚子皮、放糖用量上的细节把握得不是很好，但通过动手实践，让我感到了古人喝柚子茶"福佑人间""保佑人间"的美好愿望，感受到了传统文化的魅力。中秋佳节的实践活动，使我受益匪浅！

"醉别江楼橘柚香，江风引雨入舟凉。"我们应热爱劳动，敢于实践，在传承传统文化的过程中提高自己的动手能力，涵养自己的品格！（文/惠润德）

二、岭南中医药文化融入科技实践活动

岭南中医药文化源远流长，科技创新是推动社会进步的重要力量，传统与现代交融更具新时代特色。在广州市真光中学的校园里，学生们将岭南中医药文化与科技实践活动紧密结合。这些活动不仅体现了岭南中医药文化的深厚底蕴，更彰显了科技创新的活力与潜力。学生们在实践中探索，在探索中创新，将中医药文化的智慧融入现代科技的实践中，为岭南中医药文化的传承与发展注入了新的活力，也为科技创新活动开辟了新的方向。

【活动案例1】

真光校园中草药植物研究

实施者：真光植物协会。

活动介绍：

从2004年至今，连续组织学生进行研究真光校园中草药植物的科技实践活动。本活动充分利用身边环境，发掘校园资源，取材于生活，关注生命和健康，活动形式新颖，深受历届学生的喜爱。

一、活动宗旨：研究中草药植物，关注生命与健康

校园里的中草药植物是有生命的，学生通过研究活动，发现其价值，从而更重视保护和维护它们的生存环境。学生与植物一起成长，珍惜身边的生命，研究植物药用价值的同时关注自己的身体健康，领悟中医"未病先防"的理念，运用"广东凉茶"的调理效果和"老火靓汤"的食疗功效，综合调养，增强体质，为顺利完成学业，将来成就事业以及生活幸福打下坚实基础。

学生通过科技实践活动了解校园丰富的中草药植物资源，熟悉部分常见中

草药植物的药用价值；接触广东的饮食养生文化，掌握广东凉茶和老火靓汤的制作过程；了解中医药的常识，感受中医药知识的博大精深，从而增强学生热爱学校、热爱家乡、热爱中华传统文化的情感。

二、活动过程

第一阶段：产生活动灵感（2003年）

2003年，广州市教研会生物科和广州市中学生物教学研究会组织了"广州地区中草药植物识别比赛"。在指导学生参加比赛的过程中，我初步对校园的中草药植物进行了调查，发现校园内蕴藏着丰富的中草药植物资源，于是萌发了组织学生"研究校园中草药植物"活动的念头。这既发掘了身边的资源，又可以让学生与中草药植物一起成长，并领会"处处留心皆学问"的道理。

第二阶段：师生发掘资源（2004~2005年）

2004年2月，组织第一批学生开始科技实践活动，首先进行校园中草药植物资源调查。因为学生在研究活动中需要一些基础知识，同时结合广州的饮食文化，我设计了"真光校园中草药植物调查""中医常识介绍""中药常识介绍""老火靓汤调查"4个专题。

在组织学生活动时，我把学生分成4个研究小组，每个小组收集一个专题的资料，每一位同学研究一种以上的中草药植物。为了使学生的研究活动能够紧密地围绕校园的中草药植物，我把已知的校园中草药植物列出，再由学生选择研究对象。在学生进行研究的同时鼓励学生一起参加校园资源调查，发现新的中草药植物马上记录。

第一阶段的研究活动结束时，收到学生的《校园中草药植物研究报告》有400多份，四个专题也分别收集到许多资料，学生在分享的时候还制作了多媒体课件。

第三阶段：形成校本课程（2006年）

2006年，随着教学改革不断推进，学校开设了许多校本课程，要求各个学科编写校本教材。由于"真光校园中草药植物研究"科技实践活动深受学生欢迎，又具有鲜明的校本特色，于是学校把该项活动确定为我校的生物校本课程，要求我整理相关的资料，编辑生物校本教材。

2006年，各媒体关于"广东凉茶"的报道较多，"广东凉茶"申报了国家非物质文化遗产。凉茶是中草药植物的一个很好的应用实例，又是学生熟悉的内容，于是，我把"广东凉茶"也编入了教材。

教材手稿出来后，受到学校领导的重视。在我校国家级示范性普通高中评估初评中，专家们评价很高，认为它很好地发掘了校本资源，既贴近学生的生活，又有浓厚的地方特色，很是欣赏！

第四阶段：完善活动方案（2007年）

2007年，学校又组织高二年级学生开展"真光校园中草药植物研究"科技实践活动，以生物校本课程的形式举行，保证科技实践活动的时间有8至9个课时。学生进行科技实践活动时间有保证，活动进行顺利，效果更加显著。

在科技实践活动中，我们不断总结提高，形成了丰富多彩的活动形式：有以校园考察、植物识别、收集资料为主线的研究活动，有以制作凉茶、实践煲汤为主线的制作活动，有以品味凉茶、品尝靓汤为主线的体验活动，有以分享作品、汇报成果为主线的交流活动……学生的激情很高，对活动很投入。他们在研究中学、在制作实践中学、在品尝体验中学、在交流评价中学……并且学以致用，运用掌握的知识和技能指导自己的生活。

经过多次实践，逐步形成目标明确、内容充实、形式新颖的活动方案。

第五阶段：活动纵深发展（2008~2009年）

在广东省国家级示范性普通高中教学评估中，我校是第一批高分通过的学校之一。在迎接评估的过程中，受到各级领导的高度重视，区、市各级领导多次到我校调研听课。"真光校园中草药植物研究"科技实践活动也获得了展示的机会，受到多位听课专家和领导的高度赞赏。

2008年1月4日，我受市教研室的邀请，在广州市教育局教研会生物科和广州市中学生物教学研究会联合举办的"广州市2007学年初中新课程骨干教师培训班"上做了专题报告，介绍了"真光校园中草药植物研究"科技实践活动的开展，并最终形成了具有本校鲜明特色的校本课程，受到与会教师和领导的赞赏，荔湾区生物教研员翁老师还计划在2008学年第二学期组织全区生物教师到我校参观学习。

2008年暑假，我组织真光植物协会的学生，利用假期时间制作了"中草药植物校园网"，以方便科技实践活动的开展和学生的主动探究。

2008年11月，学校为校内的植物重新制作新牌，选用不锈钢作为材料。借此机会，师生为整理出来的138种中草药植物挂牌，介绍它们的名称、科属、学名和功效等，对于野生的中草药植物，选择在学生经常经过的地方为其挂牌，以方便学生识别和研究，充分发挥校园内一草一木的育人效果。

2008年12月参加第24届广州市青少年科技创新大赛，获优秀科技实践活动一等奖。

2008年12月，在学校的大力支持下，新的生物校本教材《真光校园中草药植物研究》终于正式出版。这本教材不但完善了5个专题的内容，还增设了12页的彩页，收入的138种中草药植物皆有彩图。

三、具体成果

1.学生方面

学生在科技实践活动中锻炼和培养了研究能力和生活能力，增强了热爱学校、热爱家乡、热爱中华传统文化的情感，逐步形成关注生命和重视健康的人生理念。

（1）提高研究能力，形成1400多份研究报告。在科技实践活动中，学生通过校园资源调查、植物观察识别、资料收集整理和交流分析等活动，对校园中草药植物进行研究，提高研究能力，并形成1400多份研究报告。

（2）提高实践能力，在分享中锻炼交流与合作能力。在科技实践活动中，学生通过制作凉茶、品味凉茶、实践煲汤、品尝靓汤、分享作品、汇报成果等活动，提高生活实践能力，在分享交流中锻炼学生交流与合作的能力。学生在分享交流时准备了可供品尝的凉茶、靓汤，制作了多媒体课件。

（3）实践中医"未病先防"理念，综合调养，增强体质。学生运用掌握的知识和技能指导自己的日常生活，增强了体质，处理青少年常见问题，如

"青春痘"的调理，也收获一定的效果。

2.学校方面

（1）在国家级示范性普通高中评估中，受到评估专家的高度赞扬。2007年12月27日至29日，我校在广东省国家级示范性普通高中教学评估中，评估组专家观看了"真光校园中草药植物研究"科技实践活动，综合实践活动课专家卞裕兴教授还随堂听课，当时的生物校本课是"老火靓汤——研究中草药植物的食疗功效"。在课堂上，卞裕兴教授喝了学生制作的七种"老火靓汤"。在评价时，他说："我是看到'中草药'三个字才来的，我以前也指导过学生关于中草药这方面的研究。我想知道在广州市这样的大城市里的中学是如何搞中草药研究的，一进来见到的是"老火靓汤——研究中草药植物的食疗功效"，我非常欣赏，因为学生除做、听、讲以外，还达到了品尝的效果。这一专题取材于生活，学生很有兴趣，很投入。这个课很有新意，是一种大胆的尝试，挺好的。"

（2）在广东省绿色学校评估中，获得评估专家的高度评价。2009年1月5日，在我校创建广东省绿色学校接受专家评估的现场评审会上，多位专家提及本科技实践活动。广东省环保宣教中心教育部罗佳副主任在总结中说："学校的科研实力强，尤其是'中草药研究'是工作的亮点，也是创新的特色，值得再重点打造。"

（3）形成具有本校鲜明特色的校本课程，并出版了教材《真光校园中草药植物研究》。在科技实践活动中，逐步形成具有本校鲜明特色的生物校本课程，该课程具有科学的理念、明确的目标、课程的实施、课程的评价等。

课程理念：研究校园中草药植物，关注生命与身体健康。

课程目标：知识目标、能力目标和情感目标。

知识目标：了解校园丰富的植物资源，熟悉一种（或几种）中草药植物；接触广东的饮食养生文化，掌握凉茶和老火靓汤的制作过程；了解中医药常识，感受中医药知识的博大精深。

能力目标：培养学生的研究能力和生活能力，以及交流与合作的能力。

情感目标：增强学生热爱学校、热爱家乡、热爱中华传统文化的情感。

课程实施：以学生交流互动为主，结合教师讲解和校园调查等。

课程评价：采用发展性评价。

（4）整理校内植物资源，建设了中草药园，完善了生态园。在科技实践活动中，学生参与资源的发掘，整理校园中草药植物138种，还有十多种仍在继续鉴别中。学生为校园的中草药植物和生态园的各类植物挂牌，对生态园中各区域植物的规范管理提出了合理的建议，完善了生态园。学生还把药用植物进行集中栽培，建设了中草药园，如今中草药园已栽培了60多种中草药植物。中草药园成为学生进行种植实践、观察研究的良好基地。

四、反思总结

本项科技实践活动开展时间较长，深受广大学生的欢迎，收效明显，成果丰硕，能取得这么好的成绩跟以下几方面密切相关。

（1）学校领导的重视和大力支持，使活动能够持续、深入开展。

（2）学生具有浓厚的兴趣。本项科技实践活动取材于生活，研究对象是身边的植物，活动形式新颖，学习过程生活化，学生能够学以致用，运用掌握的知识和技能指导自己的生活实践。

（3）指导教师用心做事，持之以恒。

（"真光植物协会"活动项目"真光校园中草药植物研究"，2009年3月，获广东省第24届青少年科技创新大赛优秀科技实践活动二等奖。）

【活动案例2】

探究不同培养基对石斛生长的影响

作者：袁来、黄子晴、郑梓淇。

指导老师：王丽玲。

一、探究背景

石斛是兰科、石斛属植物，是一种珍贵的药材，具有益胃生津、滋阴除热的功效。我们学校有几棵大榕树，枝叶繁茂，树桩周围是否可以充分利用起来种植石斛呢？使用哪些材料作为培养基？这是我们要探究的主要问题。

二、检索资料

石斛一般生长在南方地区，分布于印度、尼泊尔、锡金、不丹、缅甸、泰国、老挝、越南、中国，喜在温暖、潮湿、半阴半阳的环境中生长，多生于海拔480~1700米的山地林中的树干上或山谷岩石上。

三、探究过程

（1）确定主题：探究不同培养基对石斛生长的影响。

（2）实验时间：2023年7~8月。

（3）探究方法：对照实验，以砾石、花生壳、沙子、营养土、黑土五种不同材料作为培养基（表8-5）。

表8-5 不同培养基下石斛的生长条件

植物	培养基	生长条件
基质石斛	砾石	阴凉处，一周淋两次水，保持湿润
基质石斛	花生壳	阴凉处，一周淋两次水，保持湿润
基质石斛	沙子	阴凉处，一周淋两次水，保持湿润
基质石斛	营养土	阴凉处，一周淋两次水，保持湿润
基质石斛	黑土	阴凉处，一周淋两次水，保持湿润

（4）过程记录：7月7日我们把学校的榕树作为实验枝条，带回家中培养，每周淋水两次，并观察植株的生长变化，8月底统计实验结果（图8-2）。

（5）数据整理（表8-6）。

表8-6 数据整理

培养基	植株编号	植株初始的情况			植株培养后的情况			株高总增长度	平均每株增高长度
		叶片情况	枝条状态	枝条高度	叶片情况	枝条状态	枝条高度		
砾石	①	健康	健康	9cm	健康，增多	健康	18cm	11.4cm	3.8cm
	②	健康	健康	33.6cm	健康	健康	35.5cm		
	③	健康	健康	37cm	健康	健康	37.5cm		

续表

培养基	植株编号	植株初始的情况			植株培养后的情况			株高总增长度	平均每株增高长度
		叶片情况	枝条状态	枝条高度	叶片情况	枝条状态	枝条高度		
花生壳	①	健康	健康	20.5cm	健康,数量偏少	健康,但枝干变弯	23.5cm	4cm	2cm
	②	健康	健康	31cm	健康,叶片数量偏少	健康,但枝干变弯	32cm		
沙子	①	健康	健康	69cm	健康,叶片数量多	健康	69cm	4.5cm	1.12cm
	②	健康	健康	20cm	健康,偏少	健康	20cm		
	③	健康	健康	21cm	健康	健康	21cm		
营养土	①	健康	健康	17cm	变黄甚至枯萎	不健康,由直变弯	17cm	0cm	0cm
	②	健康	健康	50cm	变黄甚至枯萎	不健康,枝变弯	50cm		
	③	健康	健康	7cm	变黄甚至枯萎	不健康,枝变弯	7cm		
黑土	①	健康	健康	52cm	无叶子	不健康,由直变弯	52cm	0cm	0cm
	②	健康	健康	12cm	无叶子	不健康,枝变弯	12cm		
	③	健康	健康	7cm	无叶子	不健康,枝变弯	7cm		

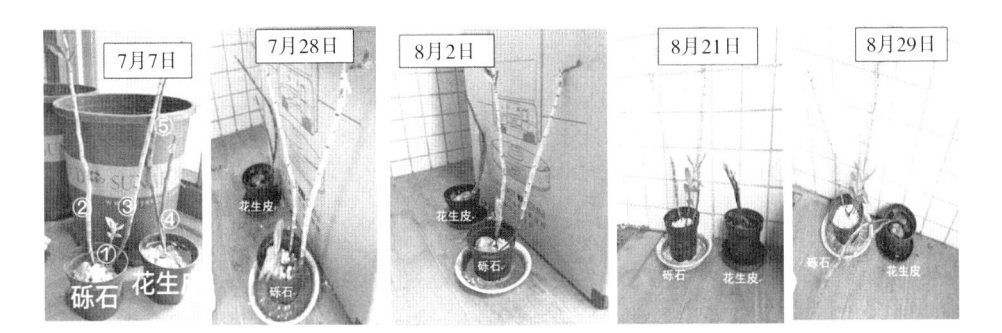

图8-2 不同培养基下植物的生长变化

（6）持续探究：在砾石和花生壳里长的石斛持续生长，我们仍采取原来的管理方法，但发现在石砾里生长的①号枝条部分叶片逐渐凋落，花生壳的枝条长得略粗些。

四、结果分析

在实验中，用砾石和花生壳种植的石斛，生长的速度以及吸收营养等对比其他石斛的生长情况好。砾石的形状较为圆扁，所以比较透气，且在浇水的过程中，砾石的排水性较强，水会使砾石表面覆一层水，不会积水，保证根部可以吸收到水分，同时具有较强的透气性，这让石斛不仅可以吸收水分，还有充足的氧气更好地进行呼吸作用和生长。

沙子会浸泡根，很烧根，导致生长速度大幅下降。在实验中用黑土种植的石斛并没有生长，用营养土种植的石斛生长了，但很微小，营养土是疏松透气的，但到石斛的根部还是会慢慢腐烂，我们就可以知道石斛不适合在土壤中生长。石斛的根为气生根，暴露在空气里吸收空气中的氧气和水分，而气生根扎进土壤里就会腐烂死掉，导致石斛无法生长。而且石斛作为气生根且为浅根系，泥土太过黏稠，完全达不到石斛的生长基质要求。

对照砾石和花生壳种植的石斛，我们发现在7~8月时皆能生长，砾石种植的生长得更好些，但到了11月，发现砾石种植的石斛嫩枝有叶片凋落，花生壳种植的石斛长势良好。叶片凋落是天气转凉引起还是培养基的营养不足引起？这有待我们继续培养探究。

五、探究结论

影响石斛生长的因素主要是培养基的排水性、透气性，最佳的培养基是砾石和花生壳，次之为沙子，石斛不适合在土壤里生长。

六、创新与特色

（1）就地取材探究可重复。

（2）实验结果应用显价值。

（3）斛树相促校园更美丽。

（2023年11月，在广州市中学生物科技创新能力提升系列活动之"中学生物科技创新教育项目"中，袁来、黄子晴、郑梓淇同学参赛作品"探究不同培养基对石斛生长的影响"获二等奖。）

【活动案例3】

探究厨余垃圾吸引蚯蚓养护校园腊肠树的实践方案

作者：刘家希、黄子睿、苏悦。

指导老师：郑珊珊、卢翠霞。

活动介绍：广州市真光中学有着150多年的历史，校园内种有不少古树，其中就有两棵腊肠树，但树的周围铺满了地砖和水泥块，使周围土壤板结化，腊肠树枝叶稀疏，因而需要加以养护。蚯蚓是天然的土壤疏松能手，我们这次的实践活动通过探究饭堂的厨余垃圾对蚯蚓的吸引程度来增加土壤中蚯蚓的密度，以此增加土壤周围的氧气和无机盐的浓度，从而利用蚯蚓提高腊肠树周围土壤的肥效等，以达到保护腊肠树的目的。

一、研究背景

广州市真光中学有着悠久的历史，校园内古树参天，通过调查校园野生药用植物资源数量了解到：有红豆树1棵、金凤树1棵、木棉树2棵、老樟树7棵、白千层15棵、石栗8棵、大王椰子2棵、蒲葵约20棵、老桑树1棵、腊肠树2棵等。其中，腊肠树经过时代的变迁在广州市已经很少见了，而真光中学还有两棵，这是珍贵的自然资源。但因为校园学习生活环境的需要，这两棵树的周围都铺满了地砖、水泥块，导致它们周围土壤里空气少，土壤板结。学校每天产生的厨余垃圾是蚯蚓喜爱的食物，如果在腊肠树的周围建造几个蚯蚓洞，利用厨余垃圾吸引蚯蚓过来，疏松腊肠树周围的土壤，增加土壤中氧气的浓度，改善土壤团粒结构和透气性，蚯蚓吃进腐烂的有机物消化后，形成粪便排出体外。这种蚓粪富含氮、磷、钾等大量元素，还富含农作物必需的多种微量元素，是树木的高级有机肥，这样通过蚯蚓提高了土壤的肥效，从而达到保护腊肠树的目的，所以我们在老师的指导下开始这个实践活动。

二、实地考察并提出设想

1.腊肠树的生存现状

腊肠树是广州市真光中学古老的树木之一。腊肠树是落叶小乔木或中等乔木，高可达15米，枝细长，树皮幼时光滑、灰色，老时粗糙、暗褐色，喜温喜光，喜生长在湿润肥沃排水良好的中性冲积土中，以砂质壤土为最佳。腊肠树具有丰富的药用价值，根、树皮、果瓤和种子均可入药作缓泻剂。腊肠树的果实可以用于润肠通便、抗菌杀虫，保护肝、肾，抗氧化、抗炎、解热，降血脂与血糖，有抗肿瘤、病毒、衰老作用。在经济利用价值方面，腊肠树的果实可以用于染色、吸附与净化。腊肠树木材坚重，耐腐力强，光泽美丽，可作支柱、桥梁、车辆及农具等用材。在真光中学的校园里，我们发现了两棵具有如此高价值的腊肠古树，这个发现，引起了我们的注意。但由于校园学习生活环境的需要，这两棵树的周围都铺满了地砖、水泥块，周围土壤里空气少，土壤板结，枝叶稀疏，腊肠树需要保护。

2.就地取材的保护设想

为了保护这两棵腊肠树，我们提出了一个设想，利用蚯蚓来保护腊肠树。蚯蚓善于松土，可以将有机物变成无机物，而学校每天会产生厨余垃圾和绿化垃圾，利用这些现成的资源来吸引、加快蚯蚓的成长，从而保护腊肠树，实现变废为宝、废物资源化。

三、实验准备：研究蚯蚓生活习性

蚯蚓喜欢黑暗、潮湿、安静、富含腐殖质的低盐环境，食性庞杂，是生物界最不怕脏的动物之一。蚯蚓吞食有机物和土壤，能够使土壤疏松，改良土壤的物理化学性质。经过蚯蚓消化管的土壤，排出的蚓粪含有氮、磷、钾的成分较一般土壤高数倍，是一种高效有机肥料。蚓粪又可增加腐殖质，对土壤团粒结构的形成起很大作用，蚯蚓吞食土壤和有机物质的能力很大，可利用蚯蚓处理城市的有机垃圾，保护环境，防止污染，可化害为利，抑制公害。

四、研究过程

1.田间实验吸引蚯蚓（第一次实验）

根据蚯蚓喜欢生活在黑暗且富含有机物的土壤中，我们设计了一个吸引蚯蚓的田间实验。在大田柑橘树旁边，我们划出两块1平方米的土地作为实验用地，用有机肥料作为饵料，进行吸引蚯蚓的实践。

实验目的：①蚯蚓是否能被吸引？②蚯蚓活动多的果树生长状况是否更佳？

实施方法：在大田柑橘树旁边划出两块1平方米的土地作为实验用地，用木板把它们围起来，在实验组样地中按照5点取样法，挖出5个小洞作为样方（图8-3），在里面放置有机饵料（鸡粪），再用土壤覆盖。另一对照组样地也在相应地方标出对应的5个样方，但不放置有机饵料，一个月后挖出两块实验样地中相应的5个样方的土壤，统计蚯蚓的数量。实验结果如表8-7所示。

图8-3 设置5个样方

表8-7 两块样地蚯蚓数量表

组别	样方1	样方2	样方3	样方4	样方5	平均值
对照组	2	2	1	1	1	1.4
实验组	4	3	3	2	0	2.4

结论：①实验样地大蚯蚓和小蚯蚓的数量都比对照样地的多，实验结果发现，有机饵料（鸡粪）有吸引蚯蚓的效果；②经过半年的观察，有饵料吸引的柑橘树生长状况更佳。

发现问题：在进行实验结果统计时，挖开最后一个样方投料点时，蚯蚓数量为零，但投料组与对照组比较，蚯蚓总数仍然是投料组多。

分析原因：在大田柑橘树旁泥土相对较硬，蚯蚓活动已有现成的孔洞，在挖泥计数时蚯蚓受到惊动，逃窜造成统计数据不准确。

2.实验室模拟实验吸引蚯蚓（第二次实验）

在实验室做厨余垃圾吸引蚯蚓的实验，可避免蚯蚓逃窜造成的误差。

实验目的：①蚯蚓喜欢哪种配方的厨余垃圾？②厨余垃圾对蚯蚓有没有吸引作用？

实施方法：使用若干个长39cm×宽28cm×高14cm的长方体塑料槽，里面放入适量的沙土，调节合适的湿度，在塑料槽两边放入等量的不同种类的厨余垃圾（如苹果皮碎和雪梨皮碎），把10条蚯蚓放在塑料槽的中央，盖上盖子，制造一个阴暗的环境，实验设计图如图8-4所示，一周后统计塑料槽9个箱（共3个箱，重复3组）

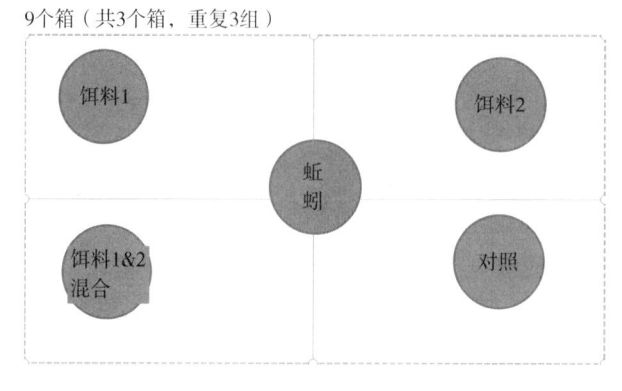

图8-4 实验设计图

两边厨余垃圾蚯蚓的数量。

实验结果如表8-8所示。

表8-8　实验结果

实验类别	左边蚯蚓数量（条）	右边蚯蚓数量（条）
实验一 （左：空白；右：苹果皮）	1	9
实验二 （左：空白；右：雪梨皮）	3	7
实验三 （左：雪梨皮；右：苹果皮）	3	7

再次思考：放在塑料槽中间的蚯蚓移向哪一边是否具有随机性？它是受到食物的吸引而移向厨余垃圾，还是随机移向导致的结果？蚯蚓到底有没有嗅觉呢？通过查找资料了解到蚯蚓有嗅觉。

验证蚯蚓有没有嗅觉的实验（图8-5）：塑料槽的两边分别放有苹果皮碎和苹果皮碎混浓香水，蚯蚓放在塑料槽的中间，结果发现没有喷香水的苹果皮那边的蚯蚓数量多。

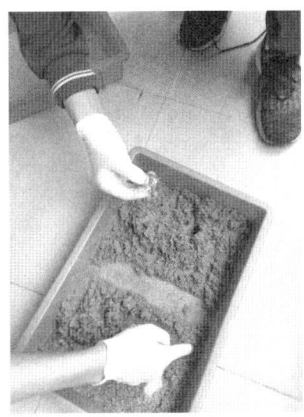

图8-5　验证蚯蚓有没有嗅觉的实验

塑料槽平均分成两半，让沙子分别与两种厨余垃圾混合均匀，在槽两边分别放10条蚯蚓，一周后统计槽两边的蚯蚓数目，结果发现还是苹果皮碎那一边的蚯蚓数量更多一些，说明蚯蚓是有嗅觉的，它们是可以被厨余垃圾吸引的。

3.实地考究养护腊肠树的方案

通过前面的实验和探索，我们知道厨余垃圾确实能够吸引蚯蚓过来，那我们就尝试实施实地吸引蚯蚓养护腊肠树的方案。

实验目的：①投料装置如何选点？②投料装置如何设计？

实施腊肠树的保护方案：腊肠树枝叶茂盛，腊肠树的周围铺满了砖块，1米之外则是水泥地面。考虑到实际情况，我们没有在水泥地面进行实验，而是在离腊肠树干1米左右的地方插入3个蚯蚓管，在里面放置厨余垃圾和实验余下的部分蚯蚓，让厨余垃圾的气味吸引蚯蚓，达到腊肠树的养护目的。

再次思考：把蚯蚓吸引到腊肠树周围后，应该多长时间补充一次饵料？蚯蚓洞的数量设置、蚯蚓洞与古树的距离多少才合适？蚯蚓洞的设置要安全、透气、易放饵料，如何改良？实验中厨余垃圾放置时间太长容易潮湿发霉，降低对蚯蚓的吸引程度，如何避免？这都引起了我们的思考，但由于时间有限，我们只做了初步探索。

五、方案创新点

1.就地保护，老树展新颜

经过一年多时间的养护实践，腊肠树的生长状况得到改善，树冠面积增大了，开花结果的数量也比养护前明显增多，老树展现出生机勃勃新颜貌。

2.循环利用，厨余显价值

厨余垃圾得到有效利用。虽然实际消耗的厨余垃圾数量并不多，但实践过程所展示的环保理念有极大的推广价值。如果把这种理念加以应用推广，则可实现城市垃圾的循环利用。

3.和谐相生，人树共成长

中学生活是我们人生最美好的时光。真光校园鸟语花香，风景迷人，美丽的腊肠树更是校园里一道靓丽的风景。经过我们的实践探索，终于寻找到就地保护老树的有效方法，同时引领学生学习相关的中草药知识，感受中医药文化的博大精深，增强学生的文化自信和民族自豪感。我们可以与腊肠树一起成长，共创和谐校园。

六、致谢

这个项目从选题到实践，我们遇到了种种困难，也曾因各种原因而停滞不前，感谢老师们一直以来的鼓励支持和辅导！也感谢我们自己，最终克服了困难，坚持下来了！同时感谢帮助支持我们的亲人、朋友们！我们真挚感谢所有帮助指导过我们的人！

（2023年11月，在广州市中学生物科技创新能力提升系列活动之"中学生物科技创新教育项目"中，刘家希、黄子睿、苏悦同学参赛的作品"通过厨余垃圾吸引蚯蚓的实践——思考校园腊肠树的养护方案"获三等奖。）

【活动案例4】

探究翅荚决明的组织培养方法

作者：解焱、朱穗健、凌芷茜、陈奕诗、刘泽华、詹小瑜。

指导老师：全霞、郑思东。

活动创新点：翅荚决明是木本植物，在组织培养的过程中很容易褐化。为防止褐化，本活动在外植体的获得、组织培养过程方面进行了改进，探索了诱导翅荚决明的发芽、生根的培养基配方和建立翅荚决明的再生系统。

外植体的获得：翅荚决明是木本植物，在组织培养的过程中很容易褐化。我们的实验表明，如果直接从野外的翅荚决明获取外植体的话，褐化现象非常严重，很快就会死亡，后面的工作就没有办法开展，于是通过查阅文献，我们考虑使用刚刚萌发的种子的幼苗获得外植体。

翅荚决明种子的种皮很坚硬，用常规的方法处理种子萌发率很低。于是我们再次查阅文献，经过多次试验，发现在萌发前用切割机械处理，或者用98%浓硫酸对种子进行浸种处理，都可以大幅提高种子的发芽率。可是，翅荚决明种子比较小，用机械切割处理不易操作，且用时长也易污染，于是我们采用浓硫酸浸泡的方法。

组织培养过程：由于翅荚决明很容易褐化，尤其是在愈伤组织的诱导中更为严重。经过探索，我们想跳过诱导愈伤组织这个步骤直接用无菌苗的外植体来诱导芽，结果是可行的。但是这个过程中同样有褐化现象，仍然是叶片外植体褐化现象严重且很难诱导出芽，于是我们只采用了所有外植体中茎段外植体并通过多次转瓶的方法来减轻褐化现象，最后成功得到芽（图8-6）。

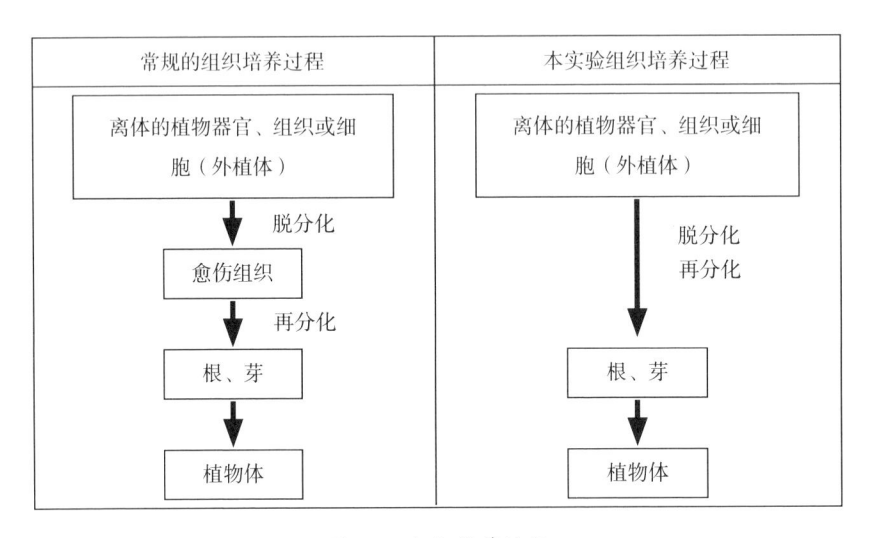

图8-6 组织培养过程

培养基生根诱导：此次实验中翅荚决明不定芽的生根诱导以1/2ms培养基添加少量的NAA最佳，而且在生根阶段降低大量元素和蔗糖的浓度更有利于翅荚决明不定芽的生根。

建立植物再生系统

通过实验室炼苗、移栽，最后得到再生植株，建立翅荚决明再生系统。最后移栽到校园中也能成活。通过此次实验，熟悉和掌握了组织培养技术，为以后进行更多植物再生系统的建立打下基础。

1.实验的基本介绍

真光中学有着悠久的历史，校园内古木参天，绿草如茵，校道林荫遮掩，逶迤延伸，浓郁的百年学府气息。校园里生长着各种植物，其中包括多种中草药植物。我校王丽玲老师出版过一本名《真光校园中草药植物研究》的书，里面介绍了真光校园内的中草药。有些老校友曾说，以前真光中学有更多的中草药，随着时代的变迁，有很多植物现在都见不着了，比如，藿香、决明子等中草药，还有别的一些观赏树木。

于是我们想通过组织培养的方法，自己来培养中草药和观赏植物的无菌苗，然后移栽到生物园中和校园中。一方面可以丰富真光中学校园内植物的种类，美化校园环境；另一方面可以找到所选植物组织培养的方法为农业生产提供依据。

植物组织培养技术是指利用植物细胞的全能性在无菌条件下，将离体的植物器官、组织、细胞以及原生质体，在人工配制的培养基上培养成完整植株的过程，被培养的离体材料称为外植体。

本次组织培养实验我们选用的材料是翅荚决明。翅荚决明（Cassia alata L.），又名翼果决明、黄花决明、具翅决明、有翅决明、翼轴决明、对叶豆、翅荚槐、蜡烛花，为豆科多年生常绿灌木。翅荚决明原产美洲热带地区，现广布于全世界热带地区，国内主要分布于广东和云南南部地区。

翅荚决明叶色翠绿、花色金黄，花期7月至翌年1月，长达6个月，果期10月至翌年3月。翅荚决明耐贫瘠，适应性强，是一种重要的观赏灌木植物，在园林绿化上有较高的观赏价值。在绿化配置上可以作为背景，以列植、片植、群植等种植手法用于林缘、路边等，是园林植物的新秀。

除观赏外，翅荚决明还具有较高的药用价值，其药用成分主要是醌类化合物和黄酮。人们常采其鲜叶适量捣汁来治疗神经性皮炎、牛皮癣、湿疹；种子可驱蛔虫，全株入药可作缓泻剂。

2.探索翅荚决明的组织培养方法

（1）仪器和材料。超静工作台、光照培养箱、蒸汽灭菌器、重蒸水器、电子天平、电冰箱、翅荚决明种子、大量元素、微量元素、有机物、铁盐、琼脂条、蔗糖、NAA、6-BA、pH试纸、升汞、酒精、氢氧化钠、盐酸等。

（2）方法和过程。

①培养基的配制及灭菌。配培养基（添加一定配比的激素）：采用MS基本培养基（Murashige和Skoog，1962），其中蔗糖浓度为3.0%，琼脂浓度为1.0%，

并添加不同浓度的植物生长调节剂。按MS培养基配方准确吸取母液（专管专用，不可混用）。取1000mL瓷杯加入适量蒸馏水，置于电炉上加热煮沸，使之充分溶解（不可加热过度，一般煮沸后搅拌均匀，直到琼脂条完全溶解）。

加入各母液，并搅拌，定溶至1000mL，加入蔗糖并不断搅拌，待煮沸后，端离火源。根据需要加入激素后，再调PH至5.8~6.0，过酸培养基太稀，过碱培养基太硬，这种情况都不利于外植体的生长。

培养基分装至培养容器中，封口后，写上组号、姓名和配制日期。

培养基经高温湿热灭菌后，置于培养架上放置2~3天观察无菌生长后才能使用。

培养基灭菌：培养基用高压灭菌。打开灭菌锅，把已装好培养基的果酱瓶，连同蒸馏水及接种用具等放入锅筒内，装时不要过分倾斜培养基，以免弄到瓶口上或流出。然后盖上锅盖，接通电源按照预定的程序灭菌。（在121℃，湿热蒸气灭菌20分钟）灭菌完毕，取出培养基，放于平台上冷凝。灭好的培养基不要放置时间太长，最多不能超过1周。

②外植体消毒。一开始，我们用野外翅荚决明的叶片外植体在超净工作台中进行消毒，但是无论用0.1%升汞消毒多少时间，叶片外植体在放到MS培养基之后两天左右就会褐化直到死亡，导致我们后续工作无法进行下去。于是通过教师指导查阅文献，知道通过加一些抗褐化剂（如活性炭、硫代硫酸钠等）可以缓解褐化的现象。于是我们也采用了此种方法，发现还是不能明显减轻褐化现象。通过小组讨论，我们决定从翅荚决明种子入手，利用种子萌发得到无菌苗，从而获得我们想要的外植体。接下来，我们又遇到了难题，翅荚决明种子比较硬实，用常规方法处理后萌发率很低，只有10%左右，而且污染率较高，一直很难得到足够的外植体开展探究活动。之后的两周时间里，我们利用课余时间查阅资料、相互探讨，并在教师的指导下对种子进行机械处理（用解剖刀划割种子）和浓硫酸处理的方法来进行种子的萌发实验，最后找到了能大大提高种子萌发率的方法，即取翅荚决明种子，在种子消毒前用98%浓硫酸分别浸泡0、5、10、20、30分钟，然后在超净工作台中消毒。75%酒精浸泡30秒

后，用无菌水冲洗3遍，再用0.01%升汞分别浸泡20分钟，无菌水洗5次，用滤纸吸干后接种于放有脱脂棉的150mL锥形瓶中，移植于组织培养室中萌发。以上每次处理各取50粒种子，重复3次，在组织培养室中萌发。各实验组均在第7天统计种子萌发率及染菌情况。

③诱导愈伤组织。将种子萌发得到的无菌苗的叶片外植体用刀片切成小块，大小在1平方厘米左右。然后接种于配好的愈伤组织诱导培养基中，在组织培养室中诱导愈伤组织（培养基提前配好灭菌）的生长素用NAA；诱导愈伤组织的细胞分裂素用6-BA。在121℃，湿热蒸气灭菌20分钟。培养材料均在白天25℃、夜间16℃、16h·d-1光照、光强2000 lx下进行培养。

④诱导芽。通过诱导愈伤组织的步骤之后，我们发现无菌苗叶片外植体在愈伤组织的诱导过程中同样有严重的褐化现象，我们一直担心的现象还是发生了，因为之前我们就了解木本植物在组织培养过程中容易褐化。采取能减轻褐化的方法也无任何明显效果，此路仍然不通。在不断查阅资料和实践中，我们找到了一条新路，即跳过愈伤组织诱导这个过程直接进行芽的诱导，选择无菌苗茎段和茎尖介入添加不同激素配比的MS固体培养基中进行不定芽的诱导。定期观察绿色不定芽的生长及分化情况。

⑤诱导生根。将在不定芽诱导培养基中诱导产生的高约3厘米的无根幼苗接入添加NAA0~0.4mg/L的生根培养基中诱导生根。

⑥炼苗及移栽。待植株长至高5厘米，根长达3~4厘米时，将生根试管苗的培养瓶封口膜打开，在组培室内放置2~3天后，取出小苗，洗去其根部培养基，种植于经过消毒处理的沙质土中，再放入组培室培养2~3天，每天浇水。最后统计生根率和平均每株生根数。

生根率=生根株数/总株数×100%
平均每株生根数=生根总数/总株数×100%
成活率=成活苗数/总株数×100%

3.实验结果及分析

(1)解除种皮的休眠。从表8-9数据中可以看出,种子用浓硫酸处理5分钟、10分钟、15分钟、25分钟和30分钟后都可明显促进种子的萌发,其中以浓硫酸处理种子10~15分钟对解除种皮的休眠效果最好,可大幅地促进种子的萌发,其萌发率达到96%。

表8-9　98%浓硫酸处理情况

处理编号	浓硫酸处理时间(分钟)	种子萌发粒数	种子萌发率(%)
1	0	6	12
2	5	28	56
3	10	48	96
4	15	48	96
5	25	39	78
6	30	16	53.3

(2)诱导茎段外植体分发芽。无菌苗的外植体在进行愈伤组织的诱导过程中仍然有严重的褐化现象,所以我们跳过诱导愈伤组织这个步骤直接用无菌苗的茎段外植体来诱导芽。

表8-10为翅荚决明茎段外植体在添加不同激素配比的MS固体培养基中培养28天进行不定芽诱导的实验结果。从现有结果来看,在本实验设计的所有激素配比的培养基中,翅荚决明茎段(带腋芽)外植体能分化形成不定芽,在MS+6-BA2.0mg/L培养基中的不定芽诱导率最高,高达100%。

表8-10　翅荚决明茎段不定芽的诱导

处理编号	6-BA(mg/L)	NAA(mg/L)	接种数(块)	不定芽诱导率(%)
1	0	0	24	91.67
2	0	0.1	24	79.17

续表

处理编号	6-BA（mg/L）	NAA（mg/L）	接种数（块）	不定芽诱导率（%）
3	0	0.2	24	62.5
4	0	0.4	24	70.83
5	0.5	0	24	91.7
6	0.5	0.1	24	95.8
7	0.5	0.2	24	82.6
8	0.5	0.4	24	75
9	1	0	24	95.8
10	1	0.1	24	95.8
11	1	0.2	24	75
12	1	0.4	24	83.3
13	2	0	24	100
14	2	0.1	24	83.3
15	2	0.2	24	70.8
16	2	0.4	24	87.5

（3）诱导再生苗生根。将再生的高约3厘米的芽体切下并接种于表8-11所示的含不同激素配比的培养基中，约7天后从幼芽苗基部产生暗褐色不定根。随着NAA浓度增加，主根长度越来越短，数目则越来越多；而侧根长度和数目则都是呈下降趋势。培养20天后植株高可达6~7厘米，根长最长可达9厘米。与MS培养基相比，1/2ms培养基更有利于幼芽生根，表现在幼芽的生根率比MS培养基有所增加，如翅荚决明不定芽在1/2ms+NAA0.2mg/L培养基中的生根效果最好，生根率达85%。

表8-11 翅荚决明再生苗的生根诱导

基本培养基	NAA（mg/L）	接种数	生根率（%）	平均主根长（cm）
ms	0	60	73.33	5.5
	0.1	60	66.67	4
	0.2	60	73.33	3.5
	0.4	60	75	3
1/2ms	0	60	71.67	7
	0.1	60	85	4.5
	0.2	60	85	4
	0.4	60	83.33	3

（4）炼苗移栽。待幼苗长至高5厘米，根长至3~4厘米时，将生根的试管苗封口薄膜打开，在组培室内炼苗2~3天。在炼苗过程中，由于培养基很快干燥，需补加无菌水；移栽时先洗去小苗根部培养基，将幼苗种植于经过灭菌处理的沙质土壤的基质中浇足水分，5天后，幼苗开始生长，幼苗移栽成活率高达100%。

4.结论

翅荚决明为木本植物，本实验直接用户外植物的外植体消毒进行培养的过程中褐化现象严重，一周左右就死亡，故很难继续实验，于是我们通过种子萌发培育无菌苗来获得无菌的外植体。

对于具硬实特征的种子，其种子透性（透水、透气性）差是制约种子萌发的限制性因素，而采用一些物理或化学方法来改善其透气透水性，就可打破其休眠促进种子正常萌发，如通过机械的方法擦破种壳可提高种壳的透性，因而可打破因种皮透性不良而引起的休眠。翅荚决明的种子硬实，种皮坚硬，表面角质化，通气和透水性很差，我们用98%浓硫酸在种子消毒之前浸泡处理就可打破其休眠，可大大提高其萌发率。实验发现，当用98%的浓硫酸浸泡种子10~15分钟时，种子的萌发率最高，可达96%。

植物激素或植物生长调节剂在植物形态建成中起着极其重要作用，是植物生长发育的化学决定剂。大量的实验研究表明，适当浓度的生长素和细胞分裂素配比在植物的愈伤组织形成及其器官分化过程中起着决定性的作用。当用无菌苗的外植体进行愈伤组织的诱导过程中仍然有严重的褐化现象，所以我们考虑是否可以跳过诱导愈伤组织这个步骤直接使用无菌苗的茎段外植体来诱导芽，结果是可行的。实验表明在MS+6-BA2.0mg/L培养基中的不定芽诱导率最高，达100%。但是这个过程中同样有褐化现象，于是我们通过多次转瓶来减轻褐化现象，最后成功得到芽。

此外，本试验中翅荚决明不定芽的生根诱导不定芽在1/2ms+NAA0.2mg/L培养基中的生根效果最好，生根率达85%。在生根阶段降低大量元素和蔗糖的浓度更有利于翅荚决明不定芽的生根。通过实验室炼苗、移栽最后得到再生植株，建立了翅荚决明再生系统。通过此次试验，我们熟悉和掌握了组织培养技术，为以后进行更多植物再生系统的建立打下基础。

相对于草本植物，木本植物的组培研究起步较晚并且不够深入，通过组培进行规模化生产的树种还比较少。作为一种木本花卉植物，翅荚决明的组织培养存在一定难度，比如，它的愈伤组织诱导后再分化比较困难，在组培过程中容易褐化等。褐变是指外植体在诱导脱分化或再分化过程中，自身组织从表面向培养基释放褐色物质，以致培养基逐渐变成褐色，外植体也随之进一步变褐而死亡的现象。有研究表明，在一些豆科植物外植体培养时，添加一些抗氧化剂，如DTT、硫代硫酸钠、胱氨酸等，能解除或大大减轻外植体的褐化程度。而如何解决豆科植物翅荚决明外植体在培养过程中的褐化将待进一步探究。

（2011年1月，"探索翅荚决明的组织培养方法"项目获广州市青少年科技创新大赛优秀科技实践活动三等奖。）

三、岭南中医药文化融入生活才艺

在上千年的发展进程中，中医药一直强调生活方式和健康有着密切关系，主张以养生为要务，认为可以通过情志调摄、劳逸结合、膳食合理、起居有常等方式，达到保健和防病作用。这些理念、理论、方法和技术，至今仍在服务人民群众健康福祉。广州市真光中学成立"多彩才艺社"，引导学生制作养生茶饮、药膳，调养身心，感受中医药文化的强大魅力。

舌尖上的酸甜——自酿柠檬醋

作者：林小微、谭晓枫、沈希、杨艺婷。

一、制作设计说明

（1）原理：利用醋酸菌（来自糯米白醋）把柠檬汁酿制成醋，反应原理：当氧气和糖源都充足时，醋酸菌能通过复杂的化学反应将糖分解成乙酸。反应式为：$C_6H_{12}O_6 + 2O_2 \rightarrow 2CH_3COOH + 2CO_2 + 2H_2O +$ 能量。乙醇转化为乙醛和乙酸：当氧气充足而缺少糖源时，醋酸菌直接将乙醇转化为乙醛，再将乙醛变为乙酸。反应式为：$C_2H_5OH + O_2 \rightarrow CH_3COOH + H_2O +$ 能量。

（2）酿制设计：进行不同醋酸菌发酵效果的对照和不同柠檬原材料发酵效果的对照。

不同醋酸菌发酵效果对照设计：比较来自酿造醋的醋酸菌、自酿糯米醋中的野生醋酸菌的发酵效果，并与使用配制醋（醋内本来没有醋酸菌）所制作的柠檬醋比较。

不同柠檬原材料发酵效果设计：比较柠檬切片、柠檬汁、柠檬渣的发酵效果和发酵时间。

二、产品的创新与优势

（1）多重对照，探究高效发酵条件：通过从菌种和原料的角度设置对照，探究得到自酿柠檬醋的合适条件和方法。

（2）应用生活化发酵方法，简便易行：酿造过程全程在家里进行，操作简便，经过相关的培训便可掌握操作。对这款产品感兴趣的师生，了解操作过程以后，能够在家中进行酿制操作。

（3）原料低廉，精加工提高经济效益：酿造使用的材料价格比较便宜，经过精加工后，把醋变为柠檬醋后，得到的酿造产品口感好，并有一定的养生功效，可以媲美市场上价格高昂的同类产品。

三、制作材料及过程、结果记录

（1）材料：柠檬、冰糖、糯米醋（配制食醋和酿造食醋），便于观察的玻璃罐、糯米、酒曲。

（2）制作过程。

①用盐水把柠檬洗干净，用清水把玻璃罐清洗好，一同晾干。

②处理柠檬原材料（分别切片和榨汁），冰糖敲碎。

③一层柠檬一层冰糖把材料放进罐里，表面盖上较厚的一层冰糖；榨汁的则直接放入冰糖。

④分别把买来的酿造糯米醋、配制糯米醋和自酿的糯米醋倒进罐里，盖上盖子。

（3）发酵过程。

①第2天，可以看到冰糖、醋和柠檬还没有融合在一起，糯米醋还是那么白，没太大的变化。

②第10天，可以看出，醋和柠檬已经慢慢融合在一起了，冰糖也融化了。

③第26天，冰糖已经彻底融化，柠檬也都基本经过了发酵期，有些果肉会沉淀到底部，柠檬的皮也从刚开始的鲜黄色变得有点暗淡。

④经过一个月时间的发酵，柠檬醋基本做成。柠檬在醋中放久了会有苦涩味，为了不影响柠檬醋的味道，要把柠檬夹出来，并进行隔渣处理。

（4）发酵结果（图8-7）。

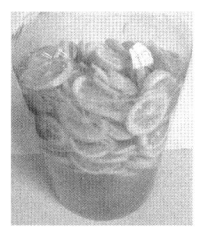

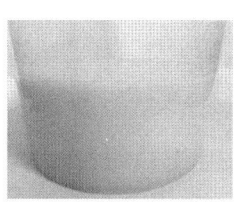

柠檬切片发酵　　柠檬汁发酵　　柠檬渣发酵

图8-7　发酵结果图

四、制作效果

1.不同醋酸菌发酵效果

邀请25个人共同参与品尝评价，总结评价意见，结果如下。

（1）野生醋酸菌发酵：口味综合评分9.1分，柠檬醋的口感比较好，酸味合适，柠檬的涩味比较淡，但是发酵周期比较长，从蒸煮糯米制作糯米醋开始到产出柠檬醋，需要3~4个月时间。

（2）选用现成酿造醋发酵：口味综合评分9分，柠檬醋的口感比较好，酸味合适，柠檬的涩味比较淡，发酵周期比野生醋酸菌的发酵期短得多，需大概1个月的时间。

（3）选用现成配制醋（醋内本身不含醋酸菌）发酵：口味综合评分8.3分，闻到柠檬醋的味道比较呛，入口时柠檬的涩味比较重。发酵周期与使用现成酿造醋的发酵周期大致相同，需时约1个月的时间。

2.不同柠檬原料发酵效果

（1）柠檬片发酵效果：口味综合评分9分，柠檬醋的口感比较好，酸味合适。

（2）柠檬汁发酵效果：在产品的表层明显看到一层白色的醋酸菌菌膜。口味综合评分8.8分，柠檬的涩味经由榨汁进入醋中，柠檬醋的涩味比较重，但是柠檬醋中柠檬的鲜味也比较突出，是3组对照中柠檬味最明显的一组。

（3）柠檬渣发酵效果：口味综合评分8.5分，由于涩味主要来自柠檬皮，而加入的原材料全部都是柠檬渣，浓度比较高，因此柠檬醋的涩味比较明显。

3.发酵成果在校内师生中的影响

经过三次制作，对学校的师生影响巨大。整个初二年级的全体学生和全校教师皆品尝并表示赞许。有10%的教师已回家制作，有20%的教师也准备制作，学生中也有不少同学进行重复实践。

第一次制作：初二年级学生暑假期间的开放式考查作业是发酵食品的制作。本学期开学后，学生陆续把各种发酵食品带到学校进行分享。9月18日学生把制作的柠檬醋拿到学校跟教师和同学们分享，师生们认为口感极佳，于是我们把柠檬醋定为今年竞赛展示项目。

第二次制作：9月30日在学校进行制作。材料有6斤柠檬、6斤糯米白醋、6斤冰糖。10月30日发酵完毕，分离出柠檬片和柠檬醋。

第三次制作：11月6日在学校进行制作。材料有10斤柠檬、10斤糯米白醋、10斤冰糖。将在12月初发酵完毕。

五、产品特点

（1）制作简单，易于实践，师生同乐。

（2）吃果喝醋，物尽其用，健康环保。

（3）晶莹剔透，醋香诱人，口感极佳。

六、柠檬醋的功效

（1）味道酸甜，生津止渴，减肥排毒。

（2）富含维生素，保健肠胃，促进尿酸代谢。

（3）防止、消除肌肤色素沉淀，美容养颜。

（4）增强人体免疫系统的功能，预防感冒。

（5）有保肝解毒的作用，有助于恢复体力。

（6）清除多余的胆固醇，促进人体内血液的循环。

七、产品包装（图8-8）

采用果酱瓶分装，手绘产品标签，根据制作经历拍摄微电影广告。

图8-8 果酱包装

八、经济效益

1.原材料投入费用

制作1升柠檬醋，约使用柠檬4个约5元、酿造的白醋400毫升约6元、冰糖400

克约3元,一共费用大约14元。如果使用自酿糯米醋,糯米醋的投入为5元。

2.产品包装投入费用

自酿糯米醋分装瓶为5元/瓶,产品标签为学生手工自绘,产品的广告拍摄由学生自行安排拍摄,广告拍摄不需额外租借场地和道具,产品包装费用约为6元。

3.预期售价

参考市面销售的柠檬醋售价,该产品预计售价为50元/瓶(500毫升)。

("舌尖上的酸甜"在2015年广州市中学生生物发酵技术创新与应用成果交流评比"活动中荣获二等奖,并在广州少儿频道报道。)

酸奶发酵技术的创新应用

作者:白礼贤、陈俊城、黄淑然、区家豪、黄伊靖。

一、活动概述

酸奶以新鲜牛奶为原材料,进行巴氏消毒以后通过乳酸菌的发酵作用,把牛奶中的乳糖分解产生乳酸,乳酸使牛奶中蛋白质变性凝固而使整个奶液呈凝乳状态。

酸奶发酵技术的创新不仅能锻炼动手能力和创新能力,而且能把酸奶制作从工厂化生产转为生活化,让所学的内容更好地应用在日常生活中。

二、优势与创新

(1)酸奶发酵家庭化、生活化:本次创新活动应用保温瓶替代普通家庭不普及的酸奶机,把工厂化生产的酸奶转化为普通家庭能进行的发酵活动。

(2)尝试分离和培养菌种:本次创新活动不仅进行简单的酸奶发酵重复实践,还尝试应用初中生物学所学的无菌操作技术,分离发酵所使用的菌种,并对菌种进行培养。

(3)无菌培养普及化:遵循无菌操作原理,通过创新设计,把原本只能在实验室中进行无菌操作转化为日常生活中能进行的一项探究活动。

(4)筛选酸奶发酵使用的菌种、发酵时间:通过合适的评价标准对其进行筛选,找出家庭化发酵酸奶的最适条件。

三、制作流程

1. 材料用具

不同酸奶（菌种）、纯牛奶、砂糖、保温瓶、琼脂、带盖小盒、电锅。

2.制作流程（图8-9）

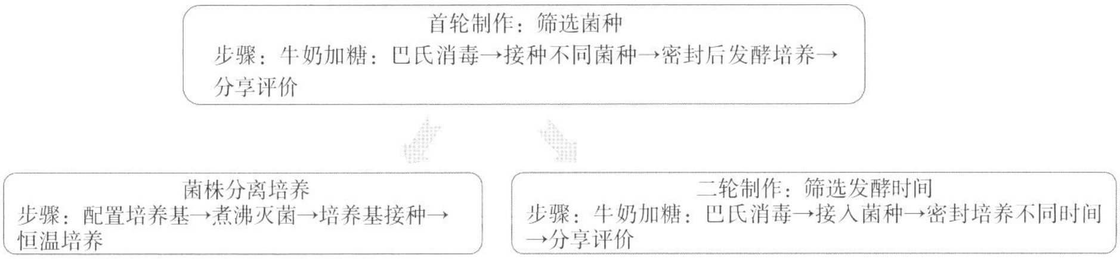

> 首轮制作：筛选菌种
> 步骤：牛奶加糖→巴氏消毒→接种不同菌种→密封后发酵培养→分享评价

> 菌株分离培养
> 步骤：配置培养基→煮沸灭菌→培养基接种→恒温培养

> 二轮制作：筛选发酵时间
> 步骤：牛奶加糖→巴氏消毒→接入菌种→密封培养不同时间→分享评价

图8-9 制作流程图

3.具体操作

（1）首轮制作：这一轮的实践目的是挑选合适的菌种进行酸奶发酵。具体操作如下。

①牛奶混合糖，用电锅进行加热，进行巴氏消毒。

②放凉牛奶至40℃左右（牛奶滴落手背稍感有温度），准备接种。

③使用3种基础菌种（健能酸奶、碧悠酸奶、益力多）进行组合，设计出6种菌种，包括单一健能酸奶、单一碧悠酸奶、单一益力多、健能酸奶混合益力多、碧悠酸奶混合益力多、3种酸奶混合，分别在牛奶上接种。

④接种后密封保温瓶，在保温瓶内进行保温培养。

⑤第二天对发酵酸奶进行分享，并应用评分表评价各菌种酸奶的口感和风味，选出合适菌种。

（2）分离培养：这一轮的实践目的是对发酵过程中的菌种进行分离，确定酸奶发酵中所使用的乳酸菌的种类。具体操作如下。

①使用电锅高温蒸煮带盖的盒子、筷子等，进行用具灭菌。

②煮溶琼脂，配成培养基，并倒入已灭菌的盒子中，制成平板培养基。

③在培养基上分别接种使用的3种基础菌种。

④进行菌种培养，观察其菌落。

（3）二轮制作：这一轮的实践目的是针对所筛选的菌种进行最佳发酵时间探究。具体操作如下。

①牛奶混合糖，用电锅进行加热，进行巴氏消毒。

②放凉牛奶至40℃左右（牛奶滴落手背稍感有温度），准备接种。

③在牛奶中接入首轮制作中筛选所得的菌种。

④接种后密封保温瓶，在保温瓶内进行保温培养。

⑤从发酵18小时开始，每隔40分钟终止一组发酵，对酸奶成品进行pH测定，并进行口味和风味评价，从而选出最合适的发酵时间。

附：评价标准

评分员10名，就香气显著程度和口感情况进行鉴定评分，最高分10分，确定加权系数分别为香气显著程度6分、口感4分。分3个等级，有异味、口感差0分；无异味也无明显香味0~3分；有香气、口感好，根据香气显著程度分为4~10分。

四、制作成果及分析

1.合适的发酵菌种筛选结果及分析（表8-12）

表8-12 不同菌种发酵评价得分

评分员	益力多		健能		碧悠		益力多+健能		碧悠+益力多		3种混合	
	香气	口味	香气	口味	香气	口味	香气	口味	香气	口味	香气	口味
1	5	4	4	3	3	2	3	0	4	4	5	4
2	5	3	4	3	3	3	4	4	6	3	6	4
3	6	3	4	2.5	5.5	3.5	4	3.5	4	3	6	3
4	4	4	1	2	4	2	4	2	2	3	4	3
5	4	3	3	1	4	2	3	4	4	2	5	3
6	4	3	2	2	4	2	3	4	4	2	5	2
7	6	3	4	2	3	1	3	3	5	4	3	4
8	5	4	5	2	6	4	6	3	6	2	5	3

续表

评分员	益力多		健能		碧悠		益力多+健能		碧悠+益力多		3种混合	
	香气	口味	香气	口味	香气	口味	香气	口味	香气	口味	香气	口味
9	4	3	3	4	5	3	5	3	5	5	4	4
10	5	3	4	3	4	3	5	3	5	4	5	4
平均分	4.8	3.3	3.4	2.45	4.15	2.55	4.2	2.85	4.5	3.2	4.8	3.4
	8.1		5.85		6.7		7.05		7.7		8.2	

根据评分标准，发现6种菌种中单一益力多发酵和3种菌种混合发酵得分最高。

通过查阅标签，健能酸奶含有的菌种为嗜酸乳杆菌、保加利亚乳杆菌、嗜热链球菌；碧悠酸奶含有的菌种为乳双歧杆菌、嗜热链球菌、保加利亚乳杆菌；益力多酸奶含有的菌种为活性乳酸菌。通过实验结果发现，3种菌种混合评分比较高，原因在于不同菌种对酸奶发酵都有一定作用，多种菌种混合可以提高酸奶发酵的效率，增加其风味物质。

2.合适的发酵时间（表8-13、表8-14）

表8-13 益力多菌种不同发酵时间评价得分

评分员	时间段1		时间段2		时间段3		时间段4		时间段5		时间段6	
	香气	口味	香气	口味	香气	口味	香气	口味	香气	口味	香气	口味
1	5	3	5	4	4	2	5	4	5	4	4	4
2	4	3	5	3	4	4	5	4	5	4	5	4
3	5	4	5	3	5	3	5	3	5	3	5	3
4	5	3	4	4	5	4	5	4	6	3	4	4
5	4	3	4	3	4	4	5	4	6	4	5	4
6	4	2	3	3	3	3	4	3	5	4	5	3
7	4	2	4	3	3	3	4	3	5	4	5	3
8	4	3	4	2	4	3	4	4	4	4	6	3
9	4	2	4	3	4	3	4	4	6	4	6	4
10	4	3	4	2	4	3	6	4	6	4	6	3
平均分	4.3	2.8	4.2	3	4	3.3	4.7	3.6	5.3	3.8	5	3.7
	7.1		7.2		7.3		8.3		9.1		8.7	

表8-14 混合菌种不同发酵时间评价得分

评分员	时间段1		时间段2		时间段3		时间段4		时间段5		时间段6	
	香气	口味	香气	口味	香气	口味	香气	口味	香气	口味	香气	口味
1	5	4	5	4	4	3	5	4	5	4	5	4
2	5	4	5	4	5	4	6	4	5	3	5	4
3	5	3	5	3	5	4	6	4	5	3	5	4
4	4	4	5	4	5	4	4	4	5	4	5	4
5	5	4	5	4	5	4	6	4	3	4	6	4
6	2	3	2	3	3	4	3	4	6	3	6	4
7	5	4	5	4	5	4	6	4	6	2	6	3
8	5	4	5	4	6	4	5	4	5	4	5	4
9	5	3	5	4	6	4	5	4	5	4	5	4
10	5	4	5	4	6	4	5	4	5	4	6	4
平均分	4.6	3.7	4.7	3.8	5.1	3.9	5.1	4	5	3.4	5.4	3.8
	8.3		8.5		9		9.1		8.4		9.2	

根据评分标准，发现益力多菌种发酵时间为22小时50分钟，口感和风味最好；对于3种混合菌种经过19小时20分钟发酵，口感和风味开始变好。

查阅文献发现，酸奶发酵一般在8~12小时可以完成，但通过我们的实践发现，酸奶发酵需要19小时以上，时间大大延长，推测原因是使用保温瓶替代酸奶机，保温瓶的保温效果不如酸奶机，不能长时间维持菌种生长的最适温度，因此发酵时间需要相应延长。但是，这一改动能简便操作，从而推动酸奶家庭化发酵的普及，具有积极意义。

对比单一益力多菌种发酵和3种菌种混合发酵，发现3种菌种混合发酵时间较短，由此推测多种菌种的发酵能提高发酵效率。

3.pH测定结果

通过pH测定结果（图8-10），发现各实验组的pH大致相同，这与pH试纸的精确程度有一定的关系。

（"酸奶发酵技术的创新应用"在2013学年广州市中学生生物发酵技术创新应用竞赛活动中荣获三等奖。）

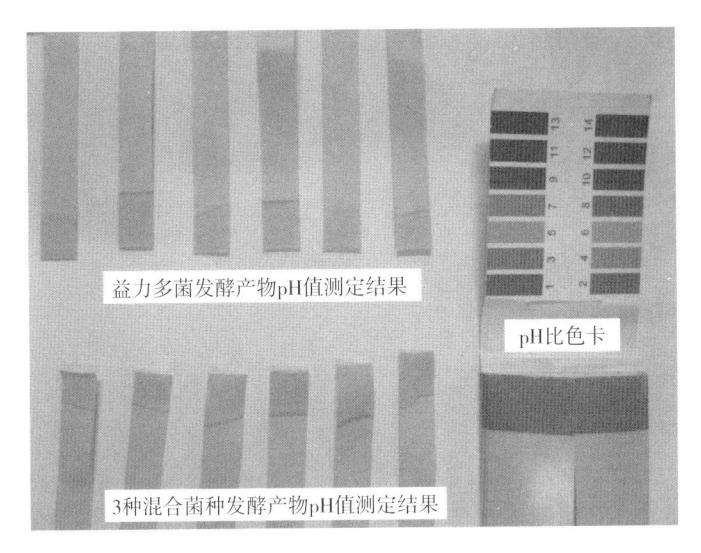

图8-10 酸奶发酵pH测定结果

探究"糖馏白果"与"白果糖水"制作和功效

作者:赵一帆、金子非、林畅然。

提出问题:据说"糖馏白果"是皇宫贡品,有很好的保健功效,如何制作"糖馏白果"?与我们制作的"白果糖水"有何不同?

探究思路:

第一步:制作"糖馏白果";

第二步:制作"白果糖水";

第三步:对比两种食品。

制作材料:白果1斤、白砂糖3两、陈皮1片、清水适量。

步骤一:"糖馏白果"的制作过程。

(1)把白果放入锅中加适量的水,以大火煮沸。

(2)把白果捞出,去膜、去芯。

(3)另一个锅,放适量清水,倒入白果、白砂糖、陈皮,煮1.5小时至水干即成。

步骤二:"白果糖水"的制作过程。

第一步和第二步跟制作"糖馏白果"基本相同,去芯时也可采用把白果切开,去芯更彻底。

然后把白果、陈皮一起放入水中,煮约一个小时后加糖即成。

步骤三:对比"糖馏白果"和"白果糖水"。

(1)制作材料:与上面制作材料相同。

(2)制作过程:第一步和第二步相同,步骤三所加水的量不同,糖的加入先后顺序不同。

(3)成品对比:"糖馏白果"基本没有水分,白果体积变小,呈金黄色,果肉有韧性,色香诱人。

"白果糖水"含水量较多,由于陈皮的颜色分解到了水中,液体呈黄褐色,白果体积较大,色白,果肉较松软,汤水中有陈皮的微涩味。

(4)保存时间。

①"糖馏白果"和"白果糖水"中的白果放在培养皿,暴露在空气中。

观察发现:"白果糖水"中的白果表面慢慢风干,果粒周围有许多白色的小粒,第二天已有异味;"糖馏白果"中的白果也逐渐风干,颜色更深,至第三天仍可食用,除韧性增加外,味道基本不变。

②"糖馏白果"和"白果糖水"中的白果放在塑料盒,加盖置于冰箱保存。

观察发现:第二天观察发现,两种做法的白果状态良好,跟第一天对比看不出差异。第三天观察发现,"白果糖水"中的白果周围出现小气泡,也散发出轻微的异味,可以确定已经变质,不能食用;"糖馏白果"中的白果颜色稍微变深,但气味仍清香。"糖馏白果"中的白果继续在冰箱中存放,并每天品尝一粒,至第七天,才感觉到口感较差,遂终止存放保存实验。

从两种对比可以发现,"糖馏白果"在空气中至少可保存两天,冰箱中可保存一周;"白果糖水"只能保存一天至两天,"糖馏白果"的保鲜时间长。

(5)味道对比:我们组织了全班同学进行品尝,大部分同学觉得"糖馏白果"的味道是先甜后苦甘，口感脆，较新鲜，总体来说是挺好吃。"白果糖水"看起来黏稠，口感较软，陈皮味较重，有点苦。同学们偏好"糖馏白果"。

（6）探究结论。

查找资料发现：白果性平，味甘苦涩，有小毒；入肺、肾经。

食疗作用如下。

抑菌杀菌：白果中含有的白果酸、白果酚，经实验证明具有抑菌和杀菌作用，可用于治疗呼吸道感染性疾病。

祛痰止咳：白果味甘苦涩，具有敛肺气、定喘咳的功效，对于肺病咳嗽、老人虚弱体质的哮喘及各种哮喘痰多者，均有辅助食疗作用。

降低血清胆固醇，扩张冠状动脉：银杏叶中含有莽草酸、白果双黄酮、异白果双黄酮、甾醇等，近年来用于治疗高血压及冠心病、心绞痛、脑血管痉挛、血清胆固醇过高等病症都有一定效果。

对比"糖馏白果"和"白果糖水"：发现两者材料相同，做法略有差异，但保鲜效果"糖馏白果"更佳。制作"糖馏白果"需要时间短，具有健肺止咳的功效，适合春天食用，平时也可以作糕点吃。

（7）注意事项：

①脱白果皮时速度要快，否则白果冷却，脱皮难度加大，且白果芯要挑干净，否则会有微毒。

②白果与白砂糖比例为10∶3。

③煮的时间要恰当，最佳时间为1小时至1.5小时。

④有实邪者不可服用白果。

（"探究'糖馏白果'与'白果糖水'制作和功效"参加"广州市2015学年初中生物开放式考查作品展示"活动，荣获三等奖。）

四、岭南中医药文化融入社区采风活动

广州市真光中学以学生社团形式组织名医名师采访活动。学生与中医药领

域专家面对面交流，在互动过程中答疑解惑，能有效促进其对中医药文化知识的了解。同时，在这一过程中增强社交能力、语言表达能力、团队合作能力，从而实现全方位发展。

关于春季祛湿养生的中医保健采访报告

【采访目的】了解春季祛湿养生的中医保健方法。

【采访地点】仁和堂药店。

【采访对象】仁和堂药店陈医师。

【采访实录】

问：陈医师，您好！春季是多雨潮湿的季节，请问这个季节我们应该如何调理保健身体呢？

答：春季湿气较重，人就容易生病，所以我们要祛湿。

问：湿气对我们有什么影响呢？

答：湿气在中医里指湿性黏重浊，易伤阳气。形象地说，湿是身体的垃圾，是黏滞的脏东西，如果人体湿气较重，会影响身体健康，降低人体对病菌的抵抗力，我们就容易生病。所以要祛湿，多喝祛湿汤是最好的缓解和保健方法。

问：那么煲什么汤可以更好地祛湿呢？

答：适合春季养生的祛湿汤有很多，而一些中药材就具有祛湿健脾的功效。

问：请问有哪些药材呢？

答：茯苓、赤小豆、白术、薏苡仁、白扁豆等药材都具有很好的祛湿健脾功效。

问：您能为大家介绍一下这几种药材吗？

答：好的。第一种是茯苓，俗称云苓、松苓，外皮黑褐色，里面白色或粉红色，味甘、淡，性平，具有利水渗湿、益脾和胃、宁心安神之功用。古人称茯苓为"四时神药"，因为它功效非常广泛，不分四季，将它与各种药物配伍，无论寒、温、风、湿诸疾，都能发挥其独特功效。第二种是赤小豆，又名赤豆、红豆、红小豆等，赤小豆味甘、酸，性平，有健脾益气，利水除湿，解毒排脓的功效。第三种是白术，性温，味甘、微辛带苦，有"南术北参"之美称，最早记载在《山海经》《尔雅》这些古籍里。白术的功能是健脾益气、燥湿利水。第四种是薏苡仁，具有利水渗湿、健脾止泻、除痹、解毒散结的功效。薏苡仁健脾利湿效果很好，对脾虚湿滞的患者尤为适用。第五种是白扁豆，白扁豆是我们常用的一个健脾的药，它味甘，性微温。主要功能是健脾、利湿、止泻，对于脾胃特别虚弱的人，炒白扁豆的效果是非常好的。

问：听了陈医师您的介绍，我了解了很多关于这些药材的药性和药理，请问我能够用这些药材煲些什么汤呢？

答：可以煲荷叶薏米瘦肉汤、芡实莲子薏米汤、冬瓜赤小豆生鱼汤、茯苓芡实薏米骨头汤等祛湿健脾的汤。但是在煲祛湿汤前，还要分清湿的性质是"寒湿"还是"湿热"，对症用料效果才更好。寒湿的人舌苔白、腻、厚，口淡，甚至感到甜，在同样的室温下，比别人易感到冷，喝热水会感到更舒服。湿热者舌苔黄、厚、腻，口干苦。如果我们无法判断的话，可选用药性平和的材料来煲汤，可用怀山、土茯苓、扁豆、玉米等。这些材料让有湿气的人可以祛湿治病，没有湿气的人也可以健脾，不易受湿邪侵袭，同时可起到预防的效果，可以一举两得。

问：原来煲祛湿汤对身体有这么多的好处，那我也要买这些药材来煲祛湿汤。请问除了煲祛湿汤外，还有什么方法可以祛湿的？

答：春季保健养生除注意饮食清淡，多煲祛湿汤外，还要适当运动，运动出汗是很好的祛湿方法，通过运动流汗祛体内多余的湿气。此外，养生要养心，养心要开心，如果能笑口常开，就能改善情绪，从而协调人体各脏器的功能。

【采访心得】通过这次采访，我了解到多种中药材的药性和功效，明白了祛湿对于春季保健身体的重要性，掌握了春季保健养生的方法：除要注意饮食清淡，多煲祛湿汤外，我们还要适当运动，并且要经常保持愉悦的心情，俗话说"一份愉快的心情，胜过十剂良药"。学生和家长平时大多会因为忙于学习和工作而忽略身体的调理保健，今后我们都要增强保健意识，加强日常身体护理，促进自己和家人的身心健康。心动不如行动，我回家就立即煲了陈医师介

绍的祛湿汤,果然是美味又健康!(文/苏韦诺、朱焌溶)

中医药的购买人群

【采访目的】探究中药店客流量、购买者年龄段、所属地区、中药与西药的销量对比。

【采访地点】北京同仁堂。

【采访对象】北京同仁堂店员。

【采访实录】

问:请问平时来药店的客人多吗?

答:不多。

问:请问平时会有多少人来买药?

答:30人左右。

问:购买中药的人大概是哪个年龄层?

答:30~50岁的中年人。

问:购买中药的顾客是男性居多还是女性居多?

答:都差不多,比较平均。

问:平时来买药的有没有比较熟的面孔?

答:有,挺多的。

问:顾客大多是来自什么地区?本地人居多还是外地人居多?

答:本地人居多,外地人只占少数。

问:一般顾客是买什么种类的药品?中药吗?

答:是的,而且中成药也占不小的比例。

问:顾客一般会购买什么类型的中药呢?

答:凉茶,还有一些药材。

问:顾客们大多数是因为什么买中药?

答:治病,也有用来滋补养身的。

问:药店会有什么治病的方子吗?

答：比较少，药店很少会开药方，基本上是顾客看完病后根据医生药方来药店开药。

【采访心得】

翁艺瑜：中药苦涩的味道，仿佛是一缕永不飘散的烟，环绕着我的童年，环绕着我记忆深处的广州。哪怕是在西药流入且盛行的年代，在广州，不少人生病时仍会选择中药。广州人爱调养，食疗、凉茶都是我们生活里处处可见的东西。今天的采访，让我对人们对于中医药的态度有了更深层次的了解。中药的使用，也意味着中国古老制药文化的传承，民间的各种药材延续至今，无论是在古时还是在如今，中医药始终以自己的态度，在中华民族留有悠悠余韵。

陈玥彤：我们从这次采访中得到了不少启发。我们发现买中药的人大多数是中年人，而店员说平时也会有许多面熟的面孔来买中药。这说明大部分来买中药的人（中年人）都是会长期使用中药的，他们习惯了这种传统的治疗方式，并且大部分买中药的人都是本地人，这也足以证明广东人更喜欢服用中药。广东的凉茶铺子也可以证明这个传统。中药是我们中华文明的一部分，它凝聚了古人的汗水与智慧，是祖先留给我们的珍贵的宝藏。而当今，越来越少的年轻人对中药感兴趣了。我们作为新一代的中国人，应当将中药传承下去并发扬光大，更不能让它止于我们这一代。

龚奕璇：我和我的组员在这一周进行了中药相关的采访实践，在同仁堂这一老字号药店中，我们向店员进行了采访。从采访得到的结果来看，本地人，以及中年人更偏向于中药的治疗。在店内，我们很少看到年轻人来买中药。我想中药也是有许多有趣之处的，我在爷爷的药房里帮他们称过药。种种中药的疗效与药性都让我惊叹，原来看上去平凡"落后"的中药，也是一种有效的中国传统的民间治疗方法。每次尝起中药，都会觉得苦涩。其实从那苦涩中，又何尝不是熬出了人民的智慧与辛劳呢。我想我们应该更多地去了解这方面的知识，将这份独有的智慧传承下去。（文/翁艺瑜、陈玥彤、龚奕璇）

走近中医药

【采访目的】中医到底有哪些特色疗法？是怎样融入生活的？中医与西医如何共处？

【采访地点】广州市慈善医院、百源堂（汾水）。

【采访对象】王女士（抓药师）、陈经宝医师。

【采访过程】

1.广州市慈善医院

经多番交涉，医师最后向我们展示了中医疗法。

问：请问您能给我们介绍一下中医疗法吗？

答：可以，来这边看，这就是我们省中医所用到的中医疗法：熟知的有针灸、艾灸还有拔火罐等（由于有工作与我们告别）。

接下来，我们便参观了医院的展示栏，对展示栏的内容有了大致的了解，中医特色疗法大致分类如下。①针法类：浮针、切脉针、头皮针等，应用范围广泛，基本的痛症甚至癌症均可。②灸法类：艾灸等，多用于经络血脉、改善体质等。③手法类：推拿等，畅气通络、正骨理疗。④其他：刮痧、拔火罐等。

2.百源堂

问：请问您平时工作中会接触到多少种中药？

答：至少150多种吧。

问：例如呢？

答：像黄芪、鱼腥草、党参那些。

问：它们有什么作用呢？

答：像黄芪，它可以驱寒毒，就是主治风寒感冒、气喘咳嗽等。黄芪的药用迄今已有2000多年的历史，其有增强机体免疫功能、保肝、利尿、抗衰老、抗应激、降压和较广泛的抗菌作用。党参它就是补气的，补中益气，主治中气虚弱，心悸气短。

问：那么请问您知道中药是怎样融入我们日常生活中的吗？

答：我们广州人经常用来煲汤、做凉茶。平时有小病都这样（治疗）。

问：最后一个问题，请问您知道有哪些有名的中成药吗？

答：有云南白药和喉特灵含片，喉特灵含片就是平时咳嗽时适量吃点，可以抑制一下，即使是日常也可以用来润喉和清痰。

通过采访店员，我们了解到更多与日常生活相关的信息。同时在查阅书籍时也了解到如今许多中成药的制作也运用了现代技术生产。

【小组实践】

煲汤材料：猪骨、莲子、芡实、怀山、云茯苓、眉豆、蜜枣。

步骤：①将猪骨焯水；②将所有药材放入，加水，慢火熬制2小时。

评价：好喝，好喝，很好喝！

【活动心得】

江卓轩、郭永亮、黄炜睿：通过这次活动，我们切身体会到中医药与生活紧密相关。在各大药店、医院都能买到中药材和各种中成药，说明中医药在寻常百姓家中必不可少，已经成为我们生活中的一部分。中药大多数应用于广东人生活中的养生和调理，很多广东人生病后首先都是去看中医，实在不行再去看西医，因为他们可能认为中药副作用比西药少，而且更接近原生态，可能比倾向于化学的西药更健康。西药研究治标，而中药注重于治本。所以，我认为对于中西药来说，既要接受西方的，又要保存我们的国粹。两者要发展均衡，毕竟事物都是具有两面性的，兼容并包、取长补短才是明智的选择。

王传粤：第一次有机会专门对中医来一次活动探究，身在广州，怎能不知中医药文化呢？但我在此之前却常常一问三不知，小组里只有我一个是"外江人"，在家乡中医药也有一定的基础，但大部分为外用，像广州这样与生活如此紧密的联系，是绝对鲜有的。采访过程中看到的薏米、党参等这些汤、茶水中常见的食材居然也是中药的一分子，实在是令我吃了一惊。关于中医与西医如何取舍的问题，我认为应该是可以互补的，中医可以运用西医的现代科技治疗方法来验证疗效，西医也可以采用中医的自然治疗方法来减少药物的副作用等，甚至可能产生"新药"，达到1+1>2的效果。

（文/江卓轩、郭永亮、王传粤、江卓轩、黄炜睿）

中医药文化探索

【采访目的】

①了解中医药文化，学会健康生活；②认识药材种类和药效；③了解中药的制作过程和分配方法；④中药和西药的区别；⑤了解顾客对中医药的看法。

【采访地点】 采芝林国医馆（花地大道北218号）。

【采访对象】 中药师杨医师。

【采访过程】

问：请问您能说说中医药的文化吗？

答：中医有很悠久的历史，它是中国很重要的医学文化。

问：您能说说中医来源于哪里吗？

答：在《本草纲目》和《黄帝内经》等书里都有详细记载。

问：那近代的中医发展怎样呢？

答：现在的中医发展挺好的，很多中医的药材、中医的理疗方法都传到了外国，外国人也挺喜欢接受中医的治疗方式的，例如，这次的新型冠状病毒感染，中医就起了很重要的作用，所以中医在人们生活中还是有很大用途的。

问：您能不能介绍一下比较重要的药材呢？

答：常用的药材有很多啊，像淮山那些煲汤的药材也是很受欢迎的，玉竹、怀山那些都有润肺功能的，茯苓、酸枣仁那些也都是能安神的，像白术、黄芪那些就有健脾的功能。

问：那我们普通人该怎么分配呢？

答：一般药材到了药店，已经按各种规格大小包装分配好，以保证中药的卫生不被污染，这样顾客购买也比较方便。

问：请问怎样煮中药呢？

答：在煮中药前，最好把药材浸泡水里10分钟左右，水面大概超过药面

2~3厘米就好，主要也看煮中药的方式，如果是煲凉茶的话，就不用没泡那么久，如果是捣粉就要泡久一点，浸泡完就煎煮中药，一般先用武火煮沸，再用文火煎30分钟到40分钟煎成一碗药汁即可。

问：想问一下，中药跟西药有什么区别？

答：中药就是治本，治本更好地调理身体；西药就是治标，药效显现出来会快点。

问：那感冒咳嗽用西药好还是中药好呢？

答：这得看个人的习惯和喜好吧，像我们这边的人就可能会比较喜欢中药多点。

【活动心得】

林楚维：中医是我国文化的瑰宝，医学界的一颗明珠，它承载了数千年中国人的智慧。从这次采访更深刻地体会到中医药文化的博大精深，了解了中医药蕴含的价值。平日里，中医的理念和药材与我们的生活息息相关，煲汤、做菜都时常会见到中医药的身影，而这次采访更让我了解了中医药的制作分配过程以及煎煮的方法，增长了见识，更真切地体会到中药的重要性，不仅有利于我们的身心健康，更对社会、国家乃至世界有出色的贡献，新型冠状病毒肆虐全球，中国采用中医药的治理方式，取得了重大的成果，我觉得我们需要更重视、更深入了解中医文化，感受国家的文化宝藏魅力，并大力宣传中医药，为国家的中医药文化感到自豪。

吴思娴：一株小草改变世界、一根银针串通中西、一壶药香跨越古今……中医药是中国古代科学的瑰宝，也是打开中华文明宝库的钥匙。通过这次采访让我了解到，现在不仅很多中医的药材、中医的理疗方法都传到外国去了，外国人挺喜欢、挺接受中医的治疗方式的。以前大众普遍认为中医的基础理论知识无法用现代术语解释清楚，就认为它是不科学的。现在科学技术水平大大提高，比如，这次的疫情，中医药就起了很重要的作用，所以中医药在人们生活中是有很大用途的。中药也与生活息息相关，平时做菜煲汤都会用到。中医药以它独有的魅力和深邃的哲学思想历久弥新，为中华文明的传承和发展作出了重大的贡献，凝聚着中华民族的博大智慧。中医药是中国的，也是世界的，我们应该让更多人了解中医药独有的魅力，让更多的中国人为我们国家的中医药文化感到自豪。（文/林楚维、范钰瑶、吴思娴、章涵月）

探究广东凉茶

【采访目的】了解凉茶历史、凉茶种类和凉茶功效。

【采访地点】悦成路黎泉凉茶。

【采访对象】"黎泉凉茶"老板。

【采访过程】这周末，我们前往"黎泉凉茶"，采访了有关中草药与凉茶之间关联的若干问题。"黎泉凉茶"是广州的老牌凉茶店，由1981年至今已有40多年，用中草药与凉茶相结合，使中草药更易于入口。然而他们是怎么巧妙地将中草药与凉茶完美地融为一体，令无数广州人都为之倾倒的呢？就让我们来为你一探究竟吧！

问：老板您好！我想来采访一下您关于凉茶方面的问题，可以吗？

答：可以的，没问题啊。

问：请问你们一般都在凉茶中添加什么中草药呢？

答：我们一般在降火除烦、清利湿热、凉血解毒上用到我们熟知的龟苓膏。对肝火旺盛的人用到我们养阴润肺、清心的百合融入凉茶之中。再比如说，我们还可以用罗汉果煲汤，来缓解咳嗽、痰多、口干、便秘等症状。总体来说，我们凉茶店就是帮助顾客将麻烦的煲煮中药的过程省略了，并且把原本苦涩、难入口的中药变得没那么苦涩，易于入口了。

问：凉茶是怎么与中草药一起混合制作的呢？

答：凉茶的制作过程并不困难，只是需要足够的耐心。比如说百合茶：①取百合花3~5朵（根据个人喜好，由少到多），放进盛有400毫升左右的玻璃杯中；②倒入开水过一遍倒掉，用途是洗掉花粉；③加入开水约八分满，盖盖子焖15分钟即可；④把事先准备好的凉茶与百合花茶混入一个锅里，再煮10分钟即可。

问：我看您这家店的凉茶有很多啊，这些凉茶都有什么功效呢？

答：用罗汉果泡茶具有以下几种功效。第一种，由于罗汉果是一种寒性的药材，所以具有降火的功效，可以用来治疗由于肺火过旺而导致的咳嗽，或者是用来治疗肠火旺盛引起的便秘；第二种，具有润肺止咳的功效；第三种，具有生津的作用，还可以用来预防中暑的发生；第四种，可以增强胰脏分泌胰岛素的功效，用来辅助治疗糖尿病；第五种，有止咳祛痰的功效。

问：您对中草药有什么看法吗？

答：我认为中草药是中医预防治疗疾病所使用的独特药物，也是中医区别于其他医学的重要标志。

【采访心得】

胡杨：此次活动让我深刻了解到凉茶与中草药之间的关系，也让我知晓中草药的功效是如此之多，也明白了中华五千年所传承下来的中国独有的医疗方法是如此神奇。我们应该行动起来，像"黎泉凉茶"这样，将中医药发扬光大，让中医药造福更多人。

谢企竣：今天我们访问了一家凉茶铺的阿姨。那位阿姨告诉我们一些凉茶的效果与药材，凉茶当中含有的一些物质具有清热解毒、生津止渴的功效，也能够去除体内湿气和下火等作用。对于一些口干舌燥的人来说，凉茶是一种很好的饮用水，而且身体湿气较严重者，也可以服用凉茶。正所谓良药苦口，凉茶大多数都是很苦的，但功效却出奇得好。

郭德刚：今天我们访问了一家凉茶铺的阿姨。阿姨告诉我们：在日常生活中，有许多人比较喜欢饮用胖大海泡水。胖大海是一味中药，可以单独泡茶饮用，也可以与其他中药联合泡水饮用，常与枸杞、金银花、麦冬、玄参等一起泡水饮用，可治疗肺阴不足引起的咽喉肿痛，如果与黄芪、党参在一起泡水饮用，能够缓解肺气不足而引起的声音嘶哑。胖大海属于寒性的药物，主要的药理功能具有清泻肺热的作用，用于治疗肺热声哑、干咳无痰、咽喉干痛、热结便秘、头痛目赤，还具有降血压的作用。

陆拓：中草药作为我国古代的文化结晶，经过了千年传承保存到如今。南方地区气候偏湿润，而中药中又有很多可以去湿的药材，所以在广州的路边可以看到许多凉茶铺。在老一辈人的眼里，凉茶就是一种有中药效果的饮料，他们也时常到路边的凉茶铺买一杯凉茶，当作保健品。其实，中药虽苦，但其中蕴含无数代中国人的不懈努力，让我们回味无穷……（文/郭德刚、胡杨、陆拓、谢企竣）

五、岭南中医药文化融入志愿服务项目

广州市真光中学岭南中医药文化弘扬社立足岭南中医药文化根基，建立岭南中医药文化探索机制，借助延续千年的中医药文化赋能志愿服务事业，建立中学生志愿服务长效机制。通过开展岭南中医药文化进校园项目，组建了一支以中学生为主体的岭南中医药文化传播队伍（图8-11）。

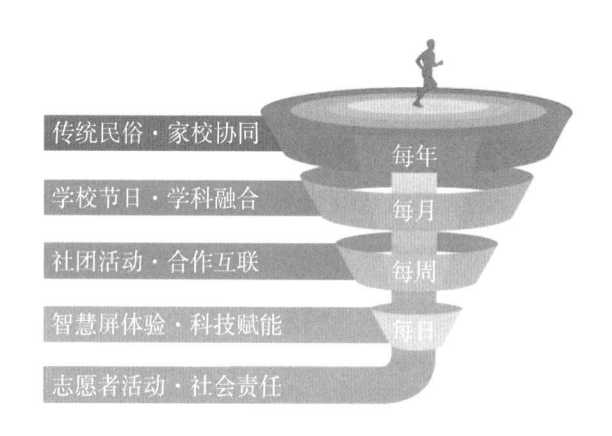

图8-11 岭南中医药文化的传播队伍

社团构建了"1+N"的志愿服务项目模式（图8-12），以1个"弘扬岭南中医药文化"为主题，提供若干项岭南中医药文化宣传进课堂、进校园、进家庭、进社区的项目化志愿服务活动。通过"家—校—社"的"同心圆"，开创一体化、全方位的中医药文化宣传与推广模式。通过定期开展岭南中医药文化进课堂、进校园、进家庭、进社区开展志愿服务项目，发挥中医治未病优势，做到早诊断、早治疗、早康复，减少疾病发生，带动更多人了解岭南中医药文化，树立健康生活理念，为推动全民健康和文化自信做出力所能及的贡献。

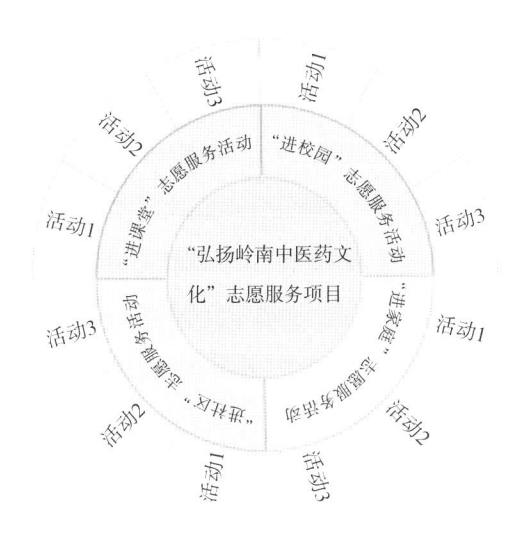

图8-12 "1+N"志愿服务项目模式

2024年，岭南中医药文化弘扬社在荔湾区第十五届"嘉庚杯"中小学优秀学生社团评选活动中荣获优秀学生社团称号。同年社团开展的志愿服务项目"弘扬岭南中医药文化，促进全民健康志愿行"在荔湾区中小学生志愿服务创新项目大赛，喜获"全运风采荔湾关注奖"和现场展演"优胜奖"！

志愿服务情景剧：弘扬岭南中医药文化，促进全民健康志愿行。

总书记指出："中医药学包含着中华民族几千年的健康养生理念及其实践经验，是中华文明的瑰宝，凝聚着中国人民和中华民族的博大智慧。"全运会前夕，我校岭南中医药文化进校园志愿者团队来到芳村花园社区，为居民朋友送健康。居住在芳村花园社区的王叔身体很不好，体弱多病，而且性格固执，这天，他来到志愿服务现场……

第一幕：中医AI智慧屏与"火山"老人家

演员：

卢乐燃：志愿者小卢

何诗茹：志愿者小何

袁子恩：志愿者小袁

蔡宇轩：居民王叔

程梓轩：居民程先生

志愿者小卢：居民朋友们，欢迎大家来到中医健康体验区！今天，我们将利用科技成果，结合中医智慧，为大家带来一场前所未有的健康体验。

居民王叔：是不是真的呀？你这个破仪器还能健康体检，一看就是骗人的，大家都不要相信，不知道是哪里的骗子来这行骗。你们赶紧离开，再不离开我报警把你们都抓起来。

志愿者小卢：（耐心解释）阿叔，我们是来自真光中学的志愿者服务队，不是骗子。这台仪器是将中医理念与科技（AI）融合的智能检测仪，通过看面相和测手指经络就能知道您的健康状况了，而且还能根据您的身体状况给出适合本季节的调养建议，您来体验下就知道。

居民程先生：不要相信他，就一台破仪器就知道身体状况，还能给出调养建议，谁信呀？这就是打着中医旗号来行骗的一支队伍（这时，志愿者小卢跟两位居民耐心解释）。

志愿者小何：（悲伤情绪）哎，第一次出来做志愿者就那么不顺利，早知道就不来了，真扫兴。

志愿者小袁：别气馁，让我们一起想想办法，大家看这样行不行……（三个志愿者低声附耳）

（关灯，3秒后转场）

第二幕：服务居民，传递健康理念

演员：

卢乐燃：志愿者小卢

梁楚婷：志愿者小梁

叶思妍：志愿者小妍

廖紫晴：志愿者小廖

袁子恩：志愿者小袁

蔡宇轩：居民王叔

做八段锦的居民代表：蔡宇轩（王叔）、陈乐妍、王晞彤、赵浩宇、程梓轩、王靖妍、肖岚廷、苏聘婷（婷姐）。

志愿者小梁带领居民蔡宇轩（王叔）、陈乐妍、王晞彤、赵浩宇、程梓轩、王靖妍、肖岚廷、苏聘婷在公园打八段锦（PPT播放八段锦音乐，大家跟着做动作）。

居民王叔突然脚抽筋，顺势坐下，志愿者小卢贴心按摩。

居民王叔：谢谢你扶我，（扭头一惊），怎么又是你啊？

志愿者小卢：看您的身体情况，应该是缺钙了。

居民王叔：（将信将疑的表情）哇，靓仔懂得还挺多的。

志愿者小卢：那可不，我经常学习岭南中医药文化知识。要不我给您检测一下，我还能说出更多您身体的小毛病呢。

居民王叔：好，那我就体验一下？

志愿者小卢：好的，（开始操作智慧屏，蔡宇轩和程梓轩在旁边围观）根据您的体质，推荐您＿＿＿＿＿＿＿＿＿＿＿＿（根据智慧屏上面的体检报告介绍如何保健）。

居民王叔：看不出来这个机器还能检查出身体毛病，之前在医院体检时就有这个老毛病，看来是我误会你们了，不好意思，也谢谢你们！

居民陈乐妍、王晞彤：这么准吗，给我也测测。

居民代表婷姐：（粤语举手提问）我家里也有高龄老人，请问冬季如何保健？

志愿者小廖（粤语解答）：靓姐你好，（其他志愿者拿道具下去给居民科普健康知识）冬季气温低，可以根据自身情况积极锻炼身体，如打太极拳、散步等。也可以根据自身实际情况做一些食疗汤，最后要多喝水，防止干燥。我们要做到作息有序，饮食有度，生活有趣，心中有数！更加有助于身心健康。

志愿者小袁：到这里，我们的志愿活动快结束啦。

（转场5秒，迅速排好队摆poss）

全体：弘扬岭南中医药文化，促进全民健康志愿行，我健康，我快乐！（做动作并定格2秒）

参考文献

[1] 谭佳威，黄远英，殷光玲，等.腊肠树的成分、药理作用及非药用功能的研究进展[J].西北药学杂志，2021，36（4）：693-697.

[2] 刘依林，陈大志，朱爽，等.厨余混合绿化垃圾的不同配比对赤子爱胜蚓生物量及堆肥效率的影响[J].生态科学，2013，32（5）：571-575.

[3] 黄继安，陈乐东.探究蚯蚓是否具有嗅觉功能[J].生物学教学，2010，35（7）：68-69.

[4] 王得贤.几种药剂对线叶嵩草种子萌发的影响[J].草原与饲草，2004（5）：52-53.

[5] 陈菲，李黎，宫伟.植物组织培养的防褐化探讨[J].北方园艺，2005（2）：69.

[6] 房丽宁，李青丰，李淑君，等.打破苔草种子休眠方法的研究[J].草业科学，1998，15（5）：39-43，48.

[7] 熊丽，吴丽芳.观赏花卉的组织培养与大规模生产[M].北京：北京化学工业出版社，2003.

[8] 许传俊，李玲.几种培养基及光照对蝴蝶兰叶片外植体褐变的影响[J].亚热带植物学报，2006，35（1）：9-12.

[9] 孔令彬.互动与传承:中医药文化在中小学生中传播初探——以"天津市中医药文化进校园项目"为例[J].智慧健康,2019,5（20）:48-50.

附录
活化校园中草药植物，创生文化传播媒介

广州市真光中学因地制宜开辟了开放式的"百草园"，园内种植了200余种中草药植物。学生通过研究中草药植物，创生出相关食品制作视频、文章、绘画作品等成果。这些学生研究成果借助微信公众号"岭南中医药文化进校园"进行展示，然后形成"二维码"，附在植物铭牌上，将中草药植物活化成为文化传播媒介。

莲

学名：*Nelumbo nucifera* Gaertn.
科属：莲科，莲属。
入药部分：茎、叶、花、种子皆可。
性味特点：叶味苦性平。归肝、脾、胃经。

岭南中医药文化进校园
项目组制

五月艾

学名：*Artemisia indica* Willd.
科属：菊科，蒿属。
入药部分：全草。
性味特点：辛、苦，温。归脾、肝、肾经。

岭南中医药文化进校园
项目组制

木棉

学名：Bombax Ceibal.
科属：木棉科，木棉属。
入药部分：干燥花。
性味特点：甘、淡，凉。归大肠经。

岭南中医药文化进校园
项目组制

菊 花

学名：*Chrysanthemum morifolium* Ramat.
科属：菊科，菊属。
入药部分：干燥头状花序。
性味特点：甘、苦、微寒。入肺经。

岭南中医药文化进校园
项目组制

鸡蛋花

学名：*Plumeria rubra* L.
科属：夹竹桃科，鸡蛋花属。
入药部分：干燥花、茎皮。
性味特点：甘、微苦，凉。

岭南中医药文化进校园
项目组制

柚

学名：*Citrus grandis*(L.)Osbeck.
科属：芸香科，柑橘属。
入药部分：未成熟或近成熟的干燥外层果皮。
性味特点：辛、苦，温。

岭南中医药文化进校园
项目组制

以上铭牌经南方医科大学中医药学院教授审核，依《中国药典》《香港浸会大学药用植物图像数据库》记录进行完善。

后记

当《融生教育的二十年探索：岭南中医药文化进校园的实践》最终付梓之际，回望这段与同仁们共同耕耘的历程，心中既有收获的慰藉，更怀揣着对未来的期许。这本书既是我们团队对岭南中医药文化教育实践的一次阶段性总结，更是对二十载躬耕教坛、薪火相传集体记忆的一次梳理与致敬。

首先要向王丽玲老师致以最诚挚的敬意。作为岭南中医药文化进校园的先行者，王老师二十年如一日扎根教育实践，从青丝到白发，用点滴积累构筑起文化传承的基石。她悉心保存的教学手记、师生对话实录、课程开发草稿，铺就了本书最坚实的实践底色。书中关于文化传承路径的思考，许多都源自她日复一日的教学耕耘与静默坚守。

在书稿编纂过程中，我虽承担主要统稿工作，但全书凝聚着编写组的集体心血。第一、二、三、八章的内容虽由我执笔，但其中大量鲜活案例源自团队成员的实践积淀，特别是王丽玲老师二十年来积累的原始素材，为理论框架注入了泥土气息。谢晓婷老师和孙静老师在文献考据和案例梳理中展现的专业素养，让章节脉络更加清晰可循。

王丽玲老师与谢晓婷老师合作的第四、五、六章，以平实的笔触还原了二十年实践历程。她们用一线教师的视角，如实记录了课程迭代中的困惑与突破、教学实践中的顿悟与反思，这些带着粉笔灰质感的教育叙事，恰是全书最触动人心的部分。孙静老师负责的第七章，将德育案例与中医智慧相融合，她在繁重的教学之余逐字推敲文稿，其治学精神令人感佩。

本书的诞生得益于太多人的护持。感谢中医药专家为书稿悉心把关，用专业学识筑牢文化根基；感谢各校教师无私分享课堂实践，特别是真光中学师生二十年来持续提供的反馈，让研究始终紧贴教育现场；也感谢出版团队以匠人之心反复打磨，使散落的实践珍珠得以串联成链。在此向所有默默支持本书的同仁深鞠一躬。

作为亲历者，我们在梳理书稿时愈发深切体会到：这二十载的实践探索，恰似中医文化中的"文火慢炖"——没有惊心动魄的变革，唯有细水长流的浸润。书中记录的课程案例、学生成长片段、教师手记，或许只是岁月长河中的几朵浪花，但若能唤起教育同行对传统文化育人价值的共鸣，便是我们最大的欣慰。

限于编写水平，书中难免存在疏漏浅薄之处，恳请各位读者不吝指正。未来我们将继续以"学徒"之心向传统智慧求教，以"耕者"之志在教育田野深耕。祈愿这本承载二十年光阴的小书，能化作一颗蒲公英的种子，随风落入更多教育的土壤，孕育出传承与创新的新芽。

2025年春于广州